KB151212

이것도 직장 내 괴롭힘인가요?

이것도
직장 내
괴롭힘
인가요?

개정증보판

직장 내
괴롭힘 예방과
갈등 해결
가이드북

문강분 지음

가디언

차례

제1장   고통의 새로운 이름, 직장 내 괴롭힘

제2장   이것도 직장 내 괴롭힘일까?

제3장 **직장 내 괴롭힘, 예방할 수 있다**

제4장 **괴롭힘을 넘어 존중 일터로**

　문강분 대표는 2016년 10월, 미국의 직장 괴롭힘 연구소^{Workplace Bullying} ^{Institute, WBI}가 운영하는 직장 괴롭힘 전문 프로그램^{Workplace Bullying University,} ^{WBU}(샌프란시스코 개최)에 아시아 최초로 참여했습니다. 저는 그녀와 밤 깊은 줄 모르고 대화를 나누면서, 그녀가 직장에서 고통받는 사람들에게 얼마나 깊이 공감하는지 알 수 있었습니다. 고용과 노동 문제에 정통한 실무가이자 분쟁 해결 분야에 대한 깊은 이해를 바탕으로, 그녀는 기존의 경험과 지식에 머무르지 않고, 사회와 조직이 어떻게 직장 내 괴롭힘을 예방하고 해결해야 하는지에 대해 끊임없이 탐구하고 있었습니다.

　저는 무수한 고민을 행동으로 옮겨 현실적인 방안까지 이끌어 내는 그녀의 추진력에 특별한 존경을 느낍니다. 2016년 당시 WBU에서 직장 괴롭힘의 개념을 논하던 그녀의 특별한 열정은 직장 괴롭힘 포럼을 지속적으로 개최하고 직장 괴롭힘 아카데미를 개설하는 것으로 이어졌고, 그녀는 지금도 밤을 지새우며 실효적 입법을 위해 연구하고 직장 내 괴롭힘을 방지하기 위한 매뉴얼을 만들며 행복한 일터를 일구기 위한 노력을 지속하고 있습니다.

마침내 2019년 노동관계의 질서를 형성하는 법률이 개정되었습니다. 기업이 스스로 직장 내 괴롭힘을 예방하고 해결하도록 하는 놀라울 정도로 창의적이고 선진적인 법제화가 이루어진 것입니다. 직장 내 괴롭힘으로 고통받는 이들은 그녀의 지혜와 헌신으로 도움을 받았고, 입법자들까지 그녀에게 관심을 기울였습니다. 문강분 대표의 리더십은 권력자들의 폭력적 행동과 갑질의 근절을 위해 한국의 근로 기준이 개정되는 데 큰 영향을 끼쳤습니다. 문강분 대표의 선구적인 지지 덕분에 한국은 직장 내 괴롭힘에 대해 인식할 뿐만 아니라 직장 내 괴롭힘이 노동자의 건강, 그들의 가족, 고용주 자신들에게 미치는 파괴적 영향에 관심을 기울이는 국가 리스트에 올랐습니다. 그녀는 한국이 직장 내 괴롭힘에 대처해 온 유럽이나 다른 선진국들과 함께하도록 도왔습니다. 미국에서 우리는 문 대표의 노력과 성과를 선망의 눈빛으로 지켜보고 있습니다. 우리 직장 괴롭힘 연구소WBI는 그녀를 '친구', '존경하는 동료'라고 부르며 자랑스럽게 생각합니다.

이 책은 개정된 법에 기초하여 독자에게 무엇이 직장 내 괴롭힘인지, 그리고 직장 내 괴롭힘에 대해 개인과 조직이 어떻게 대처해야 하는지를 알려 주는 소중한 작업의 결과입니다. 순수한 열정이 녹아 있는 이 책을 한국의 독자에게 기쁜 마음으로 추천합니다.

2020년 1월

미국 직장 괴롭힘 연구소 공동 창립자 & 대표

개리 나미Gary Namie

Gary Namie

나의 괴롭힘 이야기

버티기의 괴로움

2000년대 초, IMF 구제금융 위기로 나라 안팎이 혼란스럽고 고용 불안이 심각한 시기였습니다. 당시 저는 노사정위원회(현재 경제사회노동위원회)에서 금융 부문 특별위원회 전문위원으로 일하고 있었습니다. 금융기관들은 금융 위기를 계기로 이전까지 저低성과자 일부에 적용하던 '역직위役職位' 제도를 중고령자 전반으로 확대했고, 이에 대한 분쟁이 확대되고 있었습니다. 이 제도가 실시되면서 정년퇴직을 준비하던 50대 중반의 관리자들은 급작스러운 퇴직 압력에 직면해 커다란 고충을 겪었습니다. 조기 퇴직이 '명예퇴직'이라는 이름으로 강제되었고, 이에 응하지 않으면 보직이 해임되고 퇴직 시까지 큰 폭으로 임금이 삭감되었습니다. 드라마 〈응답하라 1988〉에서 주인공 덕선의 아빠 역할로 나왔던 은행원 성동일처럼 대부분은 그렇게 직장을 잃었습니다. 대상자들 중에는 저항하는 이들도 있었지만, 대부분 씻을 수 없는 모멸감을 견디다가 결국에는 직장 밖으로 밀려나야 했습니다.

당시 금융권에 광범위하게 실시되었던 이 제도는 해고가 어려운 우리나라의 노동법 구조에서 근로조건을 불리하게 낮추어 근로자가 제 발로 회사를 걸어 나가도록 압박하기 위한 구조조정 제도였습니다. 역직위 제도는 누가 보아도 퇴직을 압박하기 위한 강공법이었지만, '해고'가 아니라 근로조건 변경이었기 때문에 과반수를 차지하는 노조의 동의로 '합법적'으로 실시될 수 있었습니다. 역직위 제도는 정년 연장과 동시에 임금피크제도라는 이름으로 공기업 등에 광범위하게 보급되어 있습니다. 세월이 많이 지났지만, 딱딱한 해고법을 피해 다른 방식으로 근로자를 괴롭혀 근로자 스스로 회사를 그만두게 만드는 '가학적 인사 관리'는 여전히 만연합니다.

저는 당시 노동문제에 관해 크게 의문을 가졌던 주제를 박사 논문에서 다루었습니다. 〈해고와 근로조건 변경의 교차〉라는 다소 난해한 제목의 논문에서 구조조정의 상시화로 인한 고용 불안, 성과주의의 확산, 연봉제와 같은 근로조건의 개별화가 산업화 성장 시대에 구축되었던 노동 보호 체계에 커다란 위협이 되고 있음을 지적했습니다. 또한 이 논문에서 비심판적 분쟁 해결 방식의 도입과 금전 보상제의 확대를 통해 당사자의 의사를 최대한 반영하고 구제를 실효화하는 방안을 제안했습니다.

이러한 상황은 우리나라에만 고유한 것은 아닙니다. 이제 팽창 사회가 종결되고 이른바 '수축 사회'[0-1]로 진단되는 현재, 상시적인 구조조정은 계속되고 직장인들은 필연적으로 '가학적' 인사관리에 노출되기 십상입니다. 장기간의 근로계약 기간 중 발생하는 상황 변화에 대해 영국에서는 '의제 해고', 독일에서는 '변경 해지'라는 법리를 당사자 간 이해 조정을 도

모하는 분쟁 해결 방식으로 채택하고 있습니다. 하지만 제도와 법적 절차가 마련된다고 하더라도 그 과정이 쉬울 리 없습니다.

직장인이 감내해야 하는 직장에서의 고통, 갈등, 분쟁은 어떻게 해결할 수 있을까요?

새로운 해결 방법이 필요하다

그즈음 '갈등'이라는 분야에 새로이 눈을 뜨게 되었습니다. '갈등, 갈등 해결, 갈등 해결 시스템, 갈등 해결 시스템 디자인'이라는 개념을 접하면서 누를 수 없는 호기심이 생겼습니다. 그 호기심은 40대의 나이에 저를 미국 유학으로 이끌었고, 우연히 아름다운 미국 서부 말리부에 위치한 페퍼다인 대학교 로스쿨Pepperdine University School of Law에서 운영하는 슈트라우스 분쟁해결연구소Straus Institute for Dispute Resolution의 프로그램에 참여하게 되었습니다. 변변한 영어 실력을 갖추지 못한 채 시작한 유학 생활은 첫날부터 2년여 시간을 지나 돌아올 때까지 도전과 모험의 연속이었습니다.

미국 각지와 유럽, 중동, 남미, 중국 등 전 세계에서 분쟁 해결을 수학하기 위해 온 진지한 학습자들로 열기가 뜨거웠던 그곳에서 협상, 조정, 중재는 물론 심리학, 커뮤니케이션 등 학제적 분야에 대한 이론도 배웠습니다. 모든 수업에서는 제시된 문제를 해결하는 방법을 찾기 위해 원고와 피고, 조정인이 한 팀을 이루어 역할극과 토론을 진행했습니다. 법원과 비정부 기구Non-Governmental Organization, NGO 등에서 실제 조정을 수행하고 논문까지 제출해야 하는 과정이었습니다.

그 과정에서 미국의 분쟁 해결 구조를 목격했습니다. 입법, 사법, 행정 전 영역에서 제3자에 의한 판결보다 당사자 소통을 통해 분쟁을 해결하는 체계적 시스템 아래에서, 분쟁의 당사자는 민간에서 제공하는 다양한 서비스의 도움을 얻어 분쟁을 예방하고 해결할 수 있었습니다. 이러한 경험을 통해 분쟁이나 갈등을 회피하지 않고 해결의 대상으로 삼아 과학적 해결을 모색하는 접근 방법을 배울 수 있었습니다.

우리나라에서 조정은 노사관계 분쟁에 적용되고 있지만, 미국은 조정이 모든 영역에서 다양하게 응용되고 있습니다. 그중 해고와 근로조건, 그리고 성희롱과 괴롭힘과 같은 고용 분쟁은 가장 주목받는 분야에 해당합니다. 수업은 분쟁 조정에 대해 아는 것뿐만 아니라 '할 수 있도록' 하는 방법론을 배우는 시간이었습니다.

특히 첫 수업이었던 '사과, 용서, 화해'라는 수업이 기억에 남습니다. 당시 프로그램의 책임자였던 피터 로빈슨Peter Robinson 교수가 진행하던 이 수업은 공식 교재부터 논문까지 상당한 분량의 읽을거리를 먼저 주고 역할극과 토론, 그리고 프레젠테이션으로 마무리하는 전형적인 페퍼다인 방식의 수업을 채택하고 있었는데, 특별히 매 시간 사과, 용서, 화해에 대한 자신의 사례를 에세이로 제출해야 했습니다.

나름 헌신적으로 살아왔다고 자부하는 저였지만 제 자신의 사과 이야기를 찾지 못하고 이런저런 구실을 대면서 내가 아닌 남의 사과 이야기를 제출했습니다. 그리고 결국 중간 점수에서 낙제점을 받았습니다. 그런데 A+를 받았다는 동료의 과제는 참 소박한 이야기들이었습니다. 쌍둥이 남자아이의 다툼에서 중간 역할을 하며 진정한 사과가 무엇인지에 대한 문제로 당황했던 이야기, 수년 전 어머니 생신날 가족 모임에서 사소한 다툼 이후 절연한 형제들의 이야기, 파티를 즐기는 본인과 타인의 방문 자체를 불편해 하는 부인과의 갈등 이야기 같은 소소한 것들이었습니다. 명문 대학에 학생회장까지 지내고 변호사 실무를 10년 이상 수행한 그에게 '그럴듯한' 이야기가 없을 리 없었습니다. 그러나 그는 자신이 직면했던 갈등 상황을 토대로 수업 때 배운 사과, 용서, 화해에 대해 진솔하게 이야기했습니다.

부끄럽고 부끄러웠습니다. 자신의 부족함을 돌아보지 못한 저의 참모습을 마주하는 순간이었습니다. 전태일의 분신을 부른 열악한 노동문제, 광주의 비극을 불러온 국가 폭력 등에 저항하면서 '남의 탓'만을 해 왔던 지난 시간을 돌아보았습니다. 큰 불의를 행한 '괴물'에 맞서면서 작은 '불의'쯤은 불의라고 의식하지 못하는 또 다른 '괴물'이 되어 있는 나를 오롯이 마주하는 시간이었습니다.

2013년 말 귀국하면서 직업 조정인이 되기를 열망했지만, 현실은 녹록지 않았습니다. 당시 정부는 노동문제에 대체로 부정적인 기조를 유지했습니다. 공공기관을 '방만' 경영으로 비판하고 노동운동은 힐난의 대상으로 삼았습니다. 노사는 얼굴을 마주하고 협력하기 위한 방안을 모색하기보다는 불신 속에서 상호 반목하고, 스스로 주도하기보다는 외부 압력에 크게 좌우되는 안타까운 상황에 놓여 있었습니다.

서울중앙지방법원에서 민사 사건에 대한 조정을 수행하고 있지만, 법원에 도달한 분쟁은 이미 골든 타임을 지난 경우가 많습니다. 아직 조정이 본격화되지 않은 한국에서 분쟁 예방을 본격화할 수 있는 단위는 결국 사업장이라는 사실을 깨달았습니다. 1993년 공인노무사 자격시험에 합격했지만 박사학위를 취득하고 노사정위원회 전문위원에다 NGO 회장까지 역임하느라 제대로 실무에 몰입한 적이 없는 과거 20여 년을 뒤로하고, '분쟁 예방'과 '갈등 해결'이라는 콘텐츠를 중심으로 공인노무사로서 본연의 업무에 복귀해 '평화 구축' 사업의 활로를 모색했습니다. 그러나 분쟁 예방과 갈등 해결이라는 새로운 콘텐츠에 대해 시장의 관심이 낮았을 뿐 아니라 동료의 이해도 구하기 어려운 상황에 무력감이 몰려왔습니다.

고통의 새 이름, '직장 내 괴롭힘'

그 무렵, 어느 회사 연수생 간 대화를 누군가 제보하면서 성희롱 문제가 언론에 크게 보도됐습니다. 해당 기관이 전체 연수생을 대상으로 간이 조사를 실시한 결과 성희롱 관련 사항이 추가로 조사되었습니다. 그런데 사건에서 문제가 된 사람들은 대부분 중장년 경력직 연수생들이었습니다.

조사 과정에서 수개월의 연수 기간 동안 청년 연수생과 경력직 중장년 연수생 간의 '다름'이 크고 작은 갈등을 빚어 왔고, 갈등은 결국 회복할 수 없는 결과로 이어졌음을 알게 되었습니다. 성실과 근면의 가치에 큰 의미를 두며 직장에 헌신적인 경력직들의 태도는 청년 동료의 직업관이나 생활 태도와 많이 달랐습니다. 또 중장년 연수생들은 현실 생활에서 성 역할에 대한 고정 관념을 강하게 드러내거나, 젊은 세대의 느긋함을 혐오하며 가르치려 들거나, 연장자라는 이유로 하대하는, 이른바 '꼰대질'을 했습니다. 다수의 청년 연수생들이 주도하는 수개월의 연수 과정에서 경력직 그룹은 지속적으로 고립되고 배제되었습니다. 한편 언론에 보도된 성희롱 사건에 대해 막상 당사자는 그런 대화가 있었는지조차 제대로 기억하지 못했습니다. 피해자는 사건의 공식적 처리를 명시적으로 반대했지만 언론에 노출된 사건에 대해 기관은 그들을 중징계하는 방향으로 '안전하게' 마무리하는 방법을 선택했습니다.

저는 사건 조사를 지원하면서 이 사건의 본질은 소수의 연장자 경력직 그룹의 '꼰대적 행태'와 이에 대한 다수 청년 그룹의 불편함에 있다고 느꼈습니다. 연수 기간 중 청년들로부터 배제되고 고립된 경험은 연장자들에게 울분으로 남았고, 중징계를 받으며 직장 생활을 시작해야 하는 그들의 깊은 한숨과 절망이 오래 마음에 남았습니다. "아, 이건 도대체 뭐지?" 연장자들의 '고통'에는 이름이 없었습니다.

2015년 9월쯤으로 기억됩니다. 한국젠더법학회로 인연이 된 전남대학교 법학전문대학원의 차선자 교수로부터 직장 내 괴롭힘에 대한 미국 기업의 분쟁 해결 현황에 대한 발제를 부탁받았습니다. 로스쿨 졸업 논문에서 간략히 다루었던 직장 내 괴롭힘에 대해 자료를 찾아 보면서 미국의 개리 나미 박사가 오랫동안 법제화 운동에 헌신하고 있으며, 유럽을 중심으로 세계적으로 직장 내 괴롭힘에 대한 논의가 활발히 벌어지고 있다는 것을 알게 되었습니다. 이 분야야말로 사업장 단위에서 발생하는 분쟁을 예방하고 갈등을 해소해 줄 핵심적인 분야라는 것을 단번에 알 수 있었습니다. 며칠 동안 두근거리는 가슴을 진정하지 못해 잠을 설쳤던 기억이 생생합니다.

바로 이것이었습니다. 구조조정 과정에서 겪어야 했던 깊은 모욕감, 소수의 연장자가 느껴야 했던 고립감과 울분, 성희롱 분쟁에서 승소했지만 직장으로 복귀하는 길을 가로막았던 강고한 적대감, 그로 인한 절망과 단절…. 우리를 낙담하게 하고 한숨짓게 하고 결국 직장을 포기해야 했던 순간순간 느꼈던 고통의 이름은 '직장 내 괴롭힘'이었습니다.

'직장 괴롭힘' 포럼과 아카데미의 시작

2016년 5월 23일은 직장 괴롭힘 포럼을 시작한 날입니다. 직장 내 괴롭힘에 대한 이론과 제도화는 북유럽을 중심으로 유럽에서 시작되었습니다. 우리나라에는 주로 유럽의 사례가 소개되어 있었지만, 저는 경쟁적 여건이나 사회구조 측면에서 우리 사회와 좀 더 유사한 미국에서 민간이 주도하는 반反직장 괴롭힘 운동에 주목했습니다.

개리 나미 박사는 심리학자로서 부인인 루스 나미Ruth Namie가 직장 내 괴롭힘으로 고통을 겪었던 사건을 계기로 척박한 미국에서 이 분야를 개척하고 있습니다. 직장 내 괴롭힘 예방 전문 컨설팅 회사 워크 닥터Work Doctor Inc.를 운영하며 실무가로서 풍부한 경험을 쌓은 그는 서던캘리포니아 대학교University of Southern California, USC 교수라는 순탄한 삶을 마다하고 직장 괴롭힘 연구소WBI를 개설해 피해자 상담을 시작하고, 전미 실태조사를 통해 미국 내에 직장 내 괴롭힘의 심각함을 알리며 활동하고 있습니다. 무엇보다 법률가, 인사관리Human Resource, HR 전문가 등 각계의 전문가와 연계해 입법 운동을 전개하면서 30여 년간 꾸준히 미국에서 반괴롭힘 운동을 이끌고 있습니다. 저는 국가의 힘에 기대기보다 자발적으로 각계와 연대해 입법까지 이끄는 민간 주도 방식에 깊은 인상을 받았습니다.

국내에서는 우선 가장 쉬운 방법, 공론화를 위한 포럼부터 시작했습니다. 발제, 토론, 사회 등 포럼의 모든 활동은 재능 기부로 이루어지며, 격월 또는 분기별로 정기 개최되어 국내 유일의 상시적인 논의 공간을 유지하고 있습니다.

그러나 우리나라에서는 직장 내 괴롭힘에 대한 학문적·실무적 관심이 대단히 저조한 상황이어서 직장 내 괴롭힘의 정의나 개념을 어떻게 설정해야 할지부터가 난제였습니다. 포럼을 통해 초기 독일, 일본 등 외국의 직장 내 괴롭힘 금지법을 살펴보는 등 노력했지만 직장 내 괴롭힘이 무엇인지 실체를 파악하기 어려웠습니다. 2016년 10월 나미 박사가 운영하는 3일 과정의 직장 내 괴롭힘 전문 프로그램인 WBU에 참여한 것은 이러한 목마름을 해결하기 위한 노력이었습니다.

샌프란시스코에서 하루 8시간, 3일 동안 빡빡하게 진행되는 전통 있는 이 프로그램에서 나미 박사 부부로부터 연구와 경험을 고스란히 배울 수 있었습니다. 수업은 물론 프로그램 종료 후 별도로 샌프란시스코 관광까지 시켜 주신 그와 직접 만나 많은 이야기를 나누고 활동에 대해 조언을 들은 것은 큰 행운이었습니다.

2016년 11월 개최된 제4회 직장 괴롭힘 포럼에서 WBU의 내용을 간략히 소개하자 본격적으로 프로그램을 운영하자는 제안이 빗발쳤습니다. 마침내 2017년 2, 3월 직장 괴롭힘 아카데미Workplace Bullying Academy, WBA를 열었습니다. 이 과정은 2017년 1기부터 2018년 2기, 2019년 3, 4기에 이르는 동안 변호사, 노무사, NGO, 기업, 노조, 국가 및 지방자치단체 공무원 등 50여 명의 수료자를 배출했습니다. 현재는 WBU의 교육 내용에 우리나라의 법제화 과정과 사례가 추가되어 훨씬 풍부한 내용을 갖추게 되었습니다.

시련을 통해 '괴로움을 알다'

귀국 직후인 2016년 7월 5일, 호우주의보가 내려질 만큼 비가 많이 오는 아침이었습니다. 7시 15분부터 한 시간 동안 국회의원과 보좌관, 그리고 나중에 추가된 당직자를 대상으로 '성희롱과 리더십'이라는 제목으로 성희롱 강의를 진행했고, 당시 강의는 무사히 마무리되는 듯했습니다. 그런데 이후 몇 가지 질문을 했던 모 일간지 기자가 전화로 "성희롱은 참는 게 미덕이라고 주장하고 가해자를 옹호하는 발언을 했다"라며 필자를 비난하는 기사를 게재했습니다. 놀라운 것은 그 기사의 내용을 거의 모든 신문사가 앞다투어 퍼 나르고 영상을 편집해 방송에까지 연일 내보내는 상황이 벌어졌다는 것입니다.

강의에서 여성가족부가 조사한 성희롱 피해 대처 유형 중 "참고 넘어감"이 78.4퍼센트에 이른다는 결과 화면을 지적하면서 "참는 게 미덕이죠?"라는 반어적 표현을 쓴 게 문제였습니다. 결론을 주장하는 방식이 아니라 자료와 조사 내용을 토대로 참석자가 스스로 생각할 수 있게 질문을 던지고, 참여를 지속적으로 유도하며, 전체 청중의 반응도 함께 이끌어 내는 것이 저의 강의 방식이었지만, 몇 가지 편집상의 발췌와 압축 앞에서는 무력했습니다.

청중 중에 제보자가 있었다는 것을 안 뒤에는 누군가 나의 강의에 매우 불쾌했을 수도 있다는 자책감, 자리의 중대성을 감안해 좀 더 신중하게 강의했어야 하지 않았나 하는 후회가 들었고, 주로 젊은 여성들이 올리는 비난 댓글을 접하면서 약자의 지위에 있는 여성들의 아픔에 너무 둔감하지는 않았는지 뼈아프게 돌아보았습니다. 자포자기로 꽤 오랜 밤을 지내면서 '사람이 죽는다는 것', '사람이 무섭다는 것', '삶을 포기한다는 것'들에 대해 진지하게 마주하는 시간을 가질 수 있었습니다. 또 누군가는 지금 이 시련이 타인의 '고통'을 이해하는 시간이라고 생각한다면 위로가 되지 않겠느냐는 조언도 해 주셨습니다.

방법을 찾고 내용을 채우고 기운을 북돋우면서 언론중재위원회에 53

건 이상을 제소해 결국 정정·반론 보도를 내고 기사를 삭제할 수 있었습니다. 그렇게 많은 언론사가 있는지 새삼 놀라면서, 기사를 퍼 나른 포털 사이트와 블로그, SNS까지 찾아내 유해 기사로 신고하는 시간은 견디기 쉽지 않았습니다. 그러나 힘들 때마다 주변에서 내밀어 주는 따뜻한 손을 잡으며 일어날 수 있었습니다.

이 과정에서 많은 것을 배웠습니다. 의도하지 않게 누군가에게 상처를 줄 수 있다는 점, 그래서 언행에 신중해야 한다는 점을 배웠습니다. 아직도 운동화를 신고 뛰어다니는 젊은 친구들의 곁에 있다고 느끼지만 그들의 눈에 나는 노회하고 가진 것 많은 꼰대로 보이겠구나 하는 뼈아픈 자각도 하게 되었습니다. 나아가 오류가 있는 정보라 하더라도 생산되자마자 다시 무서운 속도로 전달되는 공포스러운 미디어의 생리를 알게 되었습니다. 사회적 신뢰와 소통이 부족한 가운데 누구든지 겪을 수 있는 고통의 한 토막이겠지요. 아마도 괴롭힘의 세계로 나아가기 위한 선물 같은 '괴로움'이었던 것 같습니다. 그 터널을 지나면서 저도 조금은 '고통'을 아는 사람이 되었습니다.

직장 내 괴롭힘, 법제화되다

그동안 코디네이터로서 격월 또는 분기별로 직장 괴롭힘 포럼을 개최해 지난 2019년 12월 12일, 어언 19회를 마쳤습니다. 포럼은 초기에 (사)여성노동법률지원센터와 함께 주최했고, 현재는 서울고용노동청의 공간 지원으로 행복한 일 연구소가 학회 등 다양한 주체와 함께 운영하고 있습니다. 직장 괴롭힘 포럼과 아카데미의 성장은 절대적으로 정책 어젠다 선정과 법제화의 계기가 되었다고 자부합니다.

직장 괴롭힘 포럼 7회 차를 끝내고 나니 노동을 존중하는 정권으로 들어섰고, 정부의 100대 국정 과제 중 직장 내 괴롭힘의 근절이라는 어젠다가 선택되었습니다. 제3회 차 괴롭힘 아카데미를 진행하는 중간에 2018년 9월 12일, 드디어 국회 환경노동위원회에서 직장 내 괴롭힘 금지법이 통과되었습니다. 한국노동조합총연맹 출신 국회의원 9명이 주관한 제11회 직장 괴롭힘 포럼을 끝내고 난 2018년 12월 26일, 국회 법제사법위원회(이하 법사위)를 최종 통과하고, 2019년 1월 15일, 직장 내 괴롭힘 금지법이 공포되었습니다. 그리고 2019년 7월 16일부터 직장 내 괴롭힘 금지법이 실시되고 있습니다.

국내 유일의 상시적 논의 공간으로 자리 잡은 포럼을 통해 직장 괴롭힘에 대한 실태조사, 외국 법제 연구, 정부의 정책 현황, 노사의 입장, 사업장의 사례, 그리고 산업안전, 산업재해, 근로자 지원 프로그램Employee Assistance Program, EAP 등 인접 분야에 대한 발제가 누적되며 우리나라의 괴롭힘 논의 수준은 꾸준히 성장했습니다. 포럼의 논의를 바탕으로 수행한 2017년 직장 내 괴롭힘 대책 마련을 위한 실태조사와 2018년 직장 내 괴롭힘 매뉴얼 연구 과제는 그 내용이 전부 법제화에 반영되었고, 매뉴얼은 사실상 정부 지침으로 활용되고 있습니다.

연구 책임자로서 직장 괴롭힘 관련 연구에 임하면서 가장 크게 고민한 부분은 직장 내 성희롱 법제의 전철을 되밟지 말아야 한다는 것이었습니다. 성희롱의 경우, 예방 교육이 법으로 의무화되었으나 사업장의 다양성을 증진하고 평등한 직장으로 나아갈 수 있도록 인식을 개선하는 수준에 이르지 못하고 법조문을 전달하는 수준에서 답보하고 있기 때문입니다. 사업장에서는 사건 발생 시 행위자를 '징벌'하는 사후 조치에 급급했습니다. 여성 차별을 해소하는 차원에서 만들어진 직장 내 성희롱 금지법이 20여 년 넘는 세월 동안 지속적으로 강화되어 왔지만, 성차별을 해소하고 양성평등으로 나아가는 역할을 했는지는 의문이 있습니다. 여성 노동에 대한 차별은 더욱 교묘해지고 근무 현장에서의 여성 배제는 완전히 사라지지 않았기 때문입니다.

직장 내 괴롭힘 금지법은 성희롱 판단의 경계선에 있는 모든 괴롭힘을 포함해 규율하므로 직장 내 성희롱을 보완하는 법이기도 합니다. 또한 괴롭힘의 신고와 조사 및 징계 등 사후 절차에 대한 규정은 그동안 강화되어 온 성희롱 법제의 내용을 거의 그대로 담았습니다. 직장 내 성희롱에 대한 고충 처리 시스템이 구축된 사업장에서는 동일한 절차를 활용할 수 있는 반면, 기존 시스템이 미비한 경우 괴롭힘을 둘러싸고 증가하는 복잡한 사내 분쟁 처리에 난항을 겪을 수 있습니다. 따라서 직장 내 괴롭힘이 실효적으로 작동하기 위해서는 현장에서 사업주 스스로 직장 내 괴롭힘을 예방하고 해결하는 리더십을 발휘하는 것이 가장 중요합니다.

직장 내 성희롱은 근거 법률과 법률 규정이 다르지만 직장 내 괴롭힘 중 '성적' 부분에 한정된 특별법이라 볼 수 있습니다. 성희롱의 근거 법률인 '남녀고용평등과 일·가정 양립 지원에 관한 법률(이하 남녀고용평등법)'은 성희롱을 비롯해 성차별에 대한 강력한 처벌 규정을 두고 있지만 우리나라의 남녀 차별 상황은 크게 개선되지 못하고 있습니다. 직장 내 괴롭힘 금지법의 가장 큰 특징은 구체적인 예방과 사후 처리에 대한 내용을 취업규칙으로 규정하도록 사업장에 권한을 위임한 것입니다. 그 자체에 처벌 규정이 없다는 이유로 실효성 논란이 있기도 하지만, 오히려 선한 사용자의 행동을 이끄는 차원에서 활용한다면 성희롱 법제의 실패를 피할 수 있을 것입니다. 따라서 직장 내 괴롭힘 금지법이 실질적으로 사업장 내 괴롭힘을 줄이고 행복한 일터로 가는 데 일조해, 우리 사회의 행복지수를 높이도록 잘 활용할 필요가 있습니다.

내가 먼저 시작해야

필자는 여러 동료와 함께 기존의 포럼과 아카데미를 운영하면서 기업의 직장 내 괴롭힘 예방 노력을 돕기 위한 직장 괴롭힘 조직 진단, 외부 상담 채널Hot-line을 통한 통합적 고충 처리 지원, 사업장 내 전문가 양성과 캠페인 지원 등 기업 현장에 필요한 서비스를 제공하기 위해 노력하고 있습니다.

세계적으로 인공지능과 모바일의 성장 등 기술 변화로 노동환경에 급격한 변화가 예고되고 있습니다. 직장에서 구성원에게 작용하는 고통의 유형도 변화에 직면할 가능성이 높습니다. 이를 예방하고 해결하는 핵심 역량으로 일방적인 지시나 명령 방식이 아니라 대화와 소통, 문제 해결 능력이 주목받고 있습니다.

성별, 나이, 종교, 출신 지역, 신념 등 그 어떤 개인적 차이도 괴롭힘의 이유가 되어서는 안 됩니다. 각각의 다양성에 대한 깊은 이해를 바탕으로 한 경청과 공감, 소통이 필요합니다. 저성장 시대, 무한 경쟁 시대에 기업 생존이 위급하다는 이유로 일터에서의 괴롭힘을 정당화할 수는 없습니다. 괴롭힘을 넘어 상호 존중하는 일터, 행복한 일터가 되어야 합니다. 행복한 일터가 높은 성과를 보장합니다. 그런 직장이 많아져야 우리 사회가 살 만해집니다.

우리 속담에 가는 말이 고와야 오는 말이 곱다는 말이 있습니다. '너'에게 지키라고 하기보다, '내'가 먼저 시작해야 합니다. '갑'은 정해져 있는 것이 아닙니다. 우리는 언제나 '갑'과 '을'의 지위를 동시에 가지고 있습니다. 인간은 '갑질'을 할 수 있는 '힘'이 있지만, 한편으로는 고통받는 타인에게 위로를 건넬 수 있는 '마음'도 갖고 있습니다. 우리 모두 당장 오늘부터 타인에 대해 무례한 태도를 버리고, 신뢰하고 배려하는 태도로 바꾸는 노력을 시작해야 합니다.

이 책이 나오기까지

새로 제정된 직장 내 괴롭힘 금지법은 전문가도 이해하기 어려운 법입니다. 법문만으로 어찌 대응해야 할지를 분명하게 파악하기 어렵습니다. 아직 가 보지 않은 길이라 기업에서도 많은 시행착오를 겪게 될 것입니다. 괴롭힘이 무엇인지 알 수 있으려면 어떤 책을 보면 되느냐는 질문을 수없이 받았습니다. 법제 해설에 그치지 않고 개인과 조직이 어떻게 해야 하는지 해결책을 제시하는 가이드북이 절실하다고 생각했습니다. 부족하지만 이 책이 감히 그런 역할을 감당할 수 있다면 더할 수 없이 영광이겠습니다.

이 책은 3개의 장으로 구성돼 있습니다. 제1장에서는 직장 내 괴롭힘에 대한 이론적인 개념과 개정된 괴롭힘 법제에 대한 이해를 돕기 위한 내용을 정리했고, 제2장에서는 필자가 직접 관여했던 직장 내 괴롭힘 경험을 가공해 네이버 인터비즈에 연재했던 사례와 추가 사례를 다듬어 실었으며, 제3장에서는 예방 시스템 구축 사례를 정리했습니다. 제가 참여했던 서울의료원 간호사 사망 사건과 특별히 관심을 가져 왔던 미국 우정공사United State Postal Service, USPS 사례를 중심으로 살펴봅니다.

이 책은 행복한 일 연구소와 노무법인의 노력과 경험으로 이루어진 공동의 작업이기도 합니다. 행복한 일 연구소의 민대숙 부대표와 조은정 상임연구위원은 사례 단계부터 내용 구성, 교정 단계까지 전 과정을 함께했습니다. 멘토링에 대해 세심하게 조언해 주신 오세임 자문위원님, 외국어 자료의 번역 작업을 도와준 곽영준 노무사께 특별한 감사의 마음을 전합니다. 귀한 조언과 노고에 깊이 감사드립니다. 이끌어 주신 행복한 일 연구소의 변녹진 자문위원, 이 책이 나올 수 있도록 애써 주신 가디언 출판사의 신민식 대표와 섬세한 손길로 다듬어 주신 편집팀 분들께 특별히 감사의 인사를 전합니다. 마지막으로 엄마의 손길 없이 세상을 향해 용감하게 도전하고 있는 소연이에게 응원과 감사의 마음을 전합니다.

2020년 1월
문강분

개정증보판을 발간하면서

2020년 1월 22일. 《이것도 직장 내 괴롭힘인가요?》라는 제목으로 이 책을 세상에 내놓은 날이다.

2019년 7월 16일 직장 내 괴롭힘 방지법이 시행되면서 현장에서 겪는 혼란을 다소나마 줄이고자 서둘러 출간하면서 감히 '직장 내 갈등 해결과 괴롭힘 예방 가이드북'이라는 부제를 달고 출간했다.

국회도서관부터 구립도서관까지 여러 기관에서 '이 주의 도서'로 추천해 주셨고, 여러 독자들로부터 이 책이 괴롭힘의 개념을 이해하는 데 도움이 되었다는 말씀도 들을 수 있었다. 직장 내 괴롭힘에 대한 이해를 넓히는 데 다소나마 기여한 듯해 기쁜 마음이다.

출간 이후 직장 내 괴롭힘에 직간접적인 영향을 미치는 법의 제개정과 사회환경의 급격한 변화를 반영하여 개정판을 준비하게 되었다.

우선 2021년 4월 13일 직장 내 괴롭힘의 조사책임 등 사용자 의무를 강화하는 방향으로 근로기준법이 개정되어 2021년 10월 14일부터 시행되고 있다. 한편 사업주의 보호 의무를 대대적으로 확대하는 방향으로 전부 개정된 산업안전보건법이 2020년 1월 16일 시행되었으며, 논란이 많았던 중대재해처벌법령이 제정되어 2022년 1월 17일부터 시행된다. 이러한 법제화는 사업주의 법적 책임 강화로 이어지며, 최근 사업장 내 근로자의 인권에 주목하는 ESG에 대한 관심 증대로 사업장에서 직장 내 괴롭힘에 적극 대응해야 할 필요성은 더욱 높아지고 있다.

법개정 내용은 제1장에서 반영하였고, 기업이 대응하는 데 필요한 내용은 제4장을 신설하여 보완하였다. 전반적인 오탈자 수정과 법개정 관련 내용은 행복한 일 노무법인의 정다예, 김용선 노무사가 도와주었고, 신설되는 제4장은 행복한 일 연구소의 민대숙 부대표와 임범식 본부장의 조언과 제언을 반영하였다. 개정판을 위해 힘을 모아 준 행복한 일 구성원에게 감사의 마음을 전하며, 독자님들의 응원을 부탁드린다.

2022년 1월
문강분

제1장

고통의 새로운 이름, 직장 내 괴롭힘

01

우리나라의 **괴롭힘 현상**

재벌경제와 갑질

/ 2014년, '땅콩 회항' 사건은 우리 사회를 떠들썩하게 했다. 해당 사건은 재벌 중심의 경제체제를 가진 우리나라에서 소유주 일가와 구성원에 의해 이루어지는 이른바 '갑질'의 전형을 보여 주었다. 대한항공 소유주 일가인 조현아 부사장이 마카다미아를 봉지째 서비스한 것을 문제 삼아 승무원에게 폭언하고 사무장을 불러 무릎 꿇리고 빌도록 했는데, 그래도 화가 안 풀려 뉴욕 공항에서 서울로 향하던 항공기를 돌려 사무장을 내려놓은 뒤 출발한 것이다.

이 사건은 미국에서 항공 법률 위반으로 문제가 되었고 우리나라에 알려지면서 '직장 갑질'의 대명사가 되었다. 해당 부사장에 대한 형사 사건은 결국 집행 유예로 종결되었지만, 무소불위의 권력을 휘두르는 소유주 일가의 갑질에 대해 고민하게 하는 데 중요한 계기가 되었다.

하나의 조직이 목표를 정하는 경우 내부 구성원은 그 목표에 헌신할 것을 요구받는다. 이에 협조하지 않는 구성원은 배신자로 낙인찍혀 사회적으로 고립되기 쉽다. '문제' 있는 동료를 외면하지 않는다는 것은 생각보다 어렵다. 이에 대한 보복이나 불이익 또는 따돌림을 두려워하기 때문이다. 그러나 땅콩 회항 사건의 주인공 격인 박창진 사무장은 괴롭힘의 긴 터널을 빠져나온 생존자로서 용기 있는 발언을 했다.

내가 겪은 일은 누구라도 언제든지 겪을 수 있는, 어쩌면 오늘도 우리 주위에서 누군가는 겪고 있을 일이다.[1-1]

— 전 대한항공 사무장 박창진

양진호와
침묵하는 직원들

/ 2018년 말에는 신생 IT 기업 위디스크의 양진호 회장이 퇴직한 직원을 불러 사무실에서 무차별로 폭행하는 영상이 공개되면서 위협적이고 폭력적인 그간의 행적이 드러나 사회에 큰 충격을 주었다. 해당 영상은 많은 직원이 근무하는 사무실 공간에서 촬영되었는데, 퇴사한 직원이 무릎 꿇은 채 무차별적인 폭력을 당하는 동안 사무실 내 직원들 모두 자신의 업무를 계속할 뿐 그 누구도 양 회장의 행동을 저지하지 않아 더욱 섬뜩했던 영상이다.

내부 고발자가 촬영한 영상을 공개한 후, 이 사건은 언론의 사후 고발로 이어졌다. 결국 외견상 신흥 IT 우량 기업으로 평가받아 왔던 기업은 불법 동영상을 유통해 막대한 이익을 챙기는 등 부도덕한 경영으로 고속 성장을 해 온 점이 드러났다. 이 사건으로 소유주인 양진호 회장은 법정 구속되었고, 기업은 사업 전반에 대해 법적 평가를 받았다.

전공의 폭행과
간호사 자살

/ 의료계에서 '도제 시스템'으로 이루어지는 수련 과정에서 일어나는 전공의 폭행은 일종의 관습으로 남아 종종 심각한 폭행 사례가 보도되곤 한다.[1-2] 온몸에 피멍이 들고 고막이 터질 정도로 수년간 수술 도구로 전공의를 폭행하거나, 수술 보조를 제대로 하지 못했다고 생리 식염수를 전공의 얼굴에 뿌리고 정강이를 발로 차고 주먹으로 가슴을 때리는 등 의료계의 가혹 행위는 빈번하게 문제가 되었다. 그러나 이러한 폭력은 대부분 무마되었고, 문제가 불거진 경우에도 사과 수준에서 마무리되었을 뿐 형사 처벌로 이어진 경우는 극히 드물다.

2018년 2월 16일, 서울아산병원의 신입 간호사가 "태움 때문에 일하기 힘들다"라는 유서를 남기고 극단적인 선택을 한 사고도 있었다.[1-3] 간호사 간 폭언과 폭행을 일컫는, 괴롭힘의 대명사처럼 되어 버린 이른바 '태움'이 부각된 사건이었다. 근로복지공단은 이를 업무상 재해로 인정했는데, '업무에 대한 상사의 교육 미흡', '고인의 과도한 업무 스트레스', '인력 부족으로 인한 상당한 초과 근무 수행(피로 누적)', '의료 사고 발생으로 인한 정신적 중압감' 등 열악한 업무 환경을 주요한 근거로 판단했다.

재벌 일가의 무례하고 비상식적인 행태부터 신흥 IT 기업 회장의 폭행과 위협, 그리고 의료계의 의사 폭행과 간호사 자살까지, '갑질', '태움', '왕따', '텃세'로 불리는 고통은 남성과 여성, 민간과 공공, 재벌 대기업과 중소기업, IT와 의료, 항공 등 다양한 산업에 걸쳐 우리 직장의 모든 영역에 다양한 모습으로 실재한다. 이 실체는 사람들이 모여 있는 직장에 어김없이 존재하며, 심할 경우 신체적 질병과 정신적 질환으로 이어지고 종국에는 극단적 선택에 이르게 할 수 있는 파괴적 갈등이다.

앞의 사례에서 문제가 된 조직들은 해당 조직의 구성원에게 고통을 가했을 뿐 아니라 관련 법률에 의한 실정법을 위반하고, 해당 조직을 건강하게 운영해야 할 사용자의 의무를 제대로 준수하지 못했다. 사례로 든 조직은 모두 숫자로 나타나는 재무적 지표나 서비스 대상인 고객의 만족에만 몰두해 정작 챙겨야 할 구성원들의 삶과 일의 균형을 이루는 데는 실패했다. 나아가 구성원의 인격을 무시하고 심지어 정신적·육체적으로 학대했다.

이러한 학대에 대해 드물게는 사내 고충 제기나 노동조합 결성, 또는 소송으로 목소리를 내지만(박창진 사무장 사례) 통상적으로는 상황을 모면하기 위해 다른 부서로 배치 전환하거나 여의치 않으면 사직하는 방식으로 갈등 상황을 벗어날 것이다(간호사의 퇴직 결정). 다른 직장을 구하기 어려운 상황이라면 대부분은 그 상황이 끝나길 기다리거나 다른 직장이 나타날 때까지 버티는 방식을 선택할 것이다(전공의, 위디스크 직원들). 이 중에는 조직이나 상사가 원하는 목표를 달성하기 위해 감당하기 어려운 지경까지 자신을 소진하다가 과로사에 이르는 극단적인 경우도 있다.

02/

괴롭힘이란 무엇인가

직장 내 괴롭힘에 대한 최초의 관심은 독일 출신의 스웨덴 임상심리학자인 하인츠 레이만Heinz Leyman이 임상 경험을 통해 동료, 상사 등으로 이루어진 직장 집단 내에서 개인에 대한 소문, 위협, 고립 등으로 노동자가고통받는 문제에 주목하면서부터였다. 그는 이러한 문제를 이해하는 데동물들이 외부 침입자를 공격하는 집단 따돌림Mobbing 개념을 사용했다. 영국에서는 방송인 앤드리아 애덤스Andrea Adams가 자신이 진행하는 라디오 프로그램과 여러 저서, 논문을 통해 직장 내 괴롭힘Bullying의 심각성을 널리 알렸으며,[1-4] 영국 노조는 이를 '정신적 폭력Psycho Terror'으로 명명하고 근절을 위한 운동을 전개했다.[1-5]

괴롭힘 행위를 발생시키는 요소들

국제노동기구의 상호작용 모형

국제노동기구International Labor Organization, ILO는 2012년에 사업장에서의 종합적인 산업 안전 및 건강 증진 예방 교육 프로그램으로 솔브SOLVE를 개발해 지속적으로 보급하고 있다. 솔브는 직장 내 괴롭힘이 폭력 경험, 젠더, 연령, 정신 건강, 폭력 유발 상황, 대인관계 역량, 연령, 외모, 기술, 성격과 기질, 태도와 기대 등 개인 수준의 위험 요인과 환경, 물리적 특성, 조직 환경, 경영 방식, 조직문화, 외부 환경의 영향, 과업 상황 등 조직 수준의 위험 요인이 상호작용해 발생한다고 설명한다.[1-6]

괴롭힘은 심리적으로 공격성의 표출에 해당하는데, 이는 폭력 경험, 성격(나르시시스트, 마키아벨리안 등 이상 성격), 연령이나 업무 기술 등의 인적 특성과 더불어 조직의 연혁, 구조, 전략 및 과업 구조 등 조직의 특성과 맞물려 발생한다고 분석하고 있다.

미국 균등고용기회위원회의 위험 요소 모형

미국 균등고용기회위원회Equal Employment Opportunity Commission, EEOC는 태스크 포스Task Force 팀을 구성해 2016년 직장 내 괴롭힘 연구 보고서를 작성했다. 이 보고서는 미국이 성희롱을 규율한 지 30년을 맞아, 그간 법적 규제와 예방 교육을 꾸준히 추진해 왔음에도 불구하고 괴롭힘이 왜 근절되지 않고 있는지에 대해 18개월간 이론가와 실무가들이 함께 과거를 돌아보고 대안을 제시한 보고서이다. 이 보고서는 미국 내 경험을 통해 사업장에서 괴롭힘을 유발할 수 있는 위험 요인을 11가지로 도출하고 개선 방

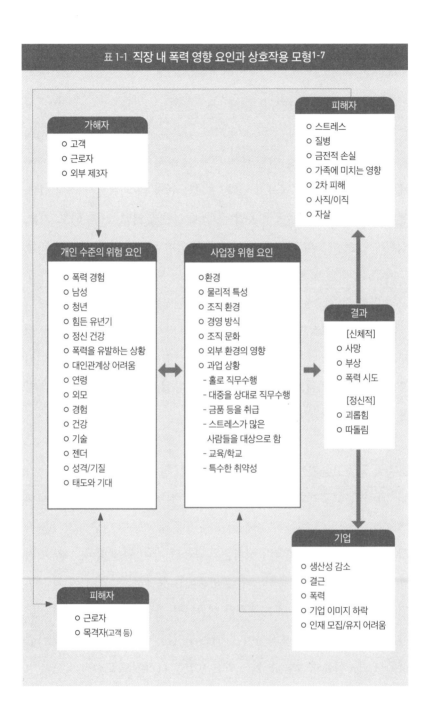

표 1-1 직장 내 폭력 영향 요인과 상호작용 모형1-7

가해자
- 고객
- 근로자
- 외부 제3자

개인 수준의 위험 요인
- 폭력 경험
- 남성
- 청년
- 힘든 유년기
- 정신 건강
- 폭력을 유발하는 상황
- 대인관계상 어려움
- 연령
- 외모
- 경험
- 건강
- 기술
- 젠더
- 성격/기질
- 태도와 기대

사업장 위험 요인
- 환경
- 물리적 특성
- 조직 환경
- 경영 방식
- 조직 문화
- 외부 환경의 영향
- 과업 상황
  - 홀로 직무수행
  - 대중을 상대로 직무수행
  - 금품 등을 취급
  - 스트레스가 많은
    사람들을 대상으로 함
  - 교육/학교
  - 특수한 취약성

피해자
- 스트레스
- 질병
- 금전적 손실
- 가족에 미치는 영향
- 2차 피해
- 사직/이직
- 자살

결과

[신체적]
- 사망
- 부상
- 폭력 시도

[정신적]
- 괴롭힘
- 따돌림

기업
- 생산성 감소
- 결근
- 폭력
- 기업 이미지 하락
- 인재 모집/유지 어려움

피해자
- 근로자
- 목격자(고객 등)

안을 제시했다. 이는 법으로써 성희롱을 금지하고 있으나 여전히 만연해 있는 우리 조직의 제도와 시스템을 돌아보고 직장 내 괴롭힘 금지법에 맞춰 직장 문화를 개선해야 하는 우리에게도 상당한 시사점을 제공해 주고 있다.

| 미국 균등고용기회위원회가 제시한 11가지 직장 내 괴롭힘 위험 요인[1-8]

☐ 1 성, 직종, 출신 학교 등 동질적인 근로자로 구성된 경우

☐ 2 직장 내 형성된 비공식적 관행을 따르지 않는 경우

☐ 3 직장 내 문화 및 언어에 차이가 있는 근로자의 경우

☐ 4 청년 근로자가 많은 경우

☐ 5 높은 보수를 받는 핵심 인재가 있는 경우

☐ 6 근로자 집단 간의 권력 차이가 큰 경우

☐ 7 고객 서비스나 고객 만족을 우선시하는 경우

☐ 8 작업이 단조롭거나 강도가 낮은 경우

☐ 9 사업장이 고립된 경우

☐ 10 음주가 용인되는 경우

☐ 11 작업장이 분산된 경우

괴롭힘 행위를
체크해 보자

／ 직장 내 괴롭힘의 정의는 다양하나, 통상
'상사, 동료, 부하의 조직적인 학대Systematic Mistreatment로 반복될 경우 피
해자에게 심각한 사회적·심리적·심신의 문제를 유발할 수 있는 행위'로
정의된다.[1-9] 그렇다면 괴롭힘의 행동 유형에는 어떤 것이 있을까?

세계적으로는 북유럽에서 직장 내 괴롭힘 연구를 주도하고 있는 노르
웨이의 조직심리학자인 스탈레 에이나르센Stale Einarsen이 헬지 호엘Helge
Hoel, 가이 노트레이어Guy Notelaers와 함께 2009년 서구 문화에 맞게 수
정·개발한 '부정적 행위 설문지Negative Acts Questionnaire, NAQ'가 직장 내 괴
롭힘 행동 유형을 파악하는 데 광범위하게 활용되고 있다. 처음 개발한
2001년 질문지에는 22개 유형 가운데 2가지 이상의 행위를 주 1회 이상
의 빈도로 6개월 이상 지속적으로 경험하는 경우를 괴롭힘 피해로 규정
했으나, 2003년부터는 하나의 행위를 주 1회 이상 빈도로 6개월 이상 지
속되게 경험하는 경우를 피해자로 규정하고 있다.

한국직업개발원은 서구에서 보편적으로 사용되는 '부정적 행위 설문지
개정판Negative Acts Questionnaire-Revised, NAQ-R'을 기반으로 하되, 한국적 특
성을 반영해 NAQ-R의 22개 문항에 구체적인 예시와 자세한 설명을 추
가하고 3개의 행위를 추가해 25개 문항으로 구성된 '한국 대인 갈등 설문
지Korean Interpersonal Conflict Questionnaire, KICQ'를 개발했다. KICQ에는 특이
조항으로 성희롱(15)과 관혼상제(10), 음주·흡연 강요(20)가 추가되어 있
다. 사업장에서 괴롭힘 행위가 있는지 면밀히 조사하고 싶다면 다음의 항
목을 활용하면 된다.

한국 대인 갈등 질문지(KICQ)

□ 1 나의 업무 능력이나 성과를 인정하지 않았다.

□ 2 훈련, 승진, 보상, 일상적인 대우 등에서 차별했다.

□ 3 나에게 모두가 꺼리는 업무를 주었다.

□ 4 허드렛일만 시키거나 일을 거의 주지 않았다.

□ 5 업무와 관련된 주요한 정보나 의사 결정 과정에서 나를 제외
했다.

□ 6 내 성과를 가로채거나 성과 달성을 방해했다.

□ 7 나에게 휴가나 병가, 각종 복지 혜택 등을 쓰지 못하도록
압력을 주었다.

□ 8 일하거나 휴식하는 모습을 지나치게 감시했다.
(예: CCTV로 감시)

□ 9 사고 위험이 있는 작업을 할 때 나에게 주의사항이나 안전
장비를 전달해 주지 않았다.

□ 10 나에게 상사의 관혼상제나 개인적인 일상생활과 관련된 일
을 하도록 했다. (예: 개인 심부름)

□ 11 나에게 부서 이동 또는 퇴사를 강요했다.

□ 12 누군가 사소한 일에 트집을 잡거나 시비를 걸었다.

□ 13 누군가 내 개인사에 대한 뒷담화나 소문을 퍼뜨렸다.

□ 14 나에게 신체적인 위협이나 폭력을 가했다.
(예: 물건 던지기, 주먹질 등)

☐ 15 성적 수치심을 느끼게 하는 말 또는 행동을 나에게 했다.
       (예: 성적 농담, 성추행 등. 이메일, 전화 포함.)

☐ 16 나에게 욕설이나 위협적인 말을 했다.

☐ 17 나를 부적절하게 의심하거나 나에게 누명을 씌웠다.

☐ 18 누군가 내 물건을 허락 없이 가져가거나 망가뜨렸다.

☐ 19 다른 사람들 앞에서(또는 온라인상에서) 나에게 모욕감을 주
       는 언행을 했다.

☐ 20 내 의사와 관계없이 음주·흡연을 강요했다.

☐ 21 내 의사와 관계없이 회식 참여를 강요했다.

☐ 22 나를 업무 외의 대화나 친목 모임에서 제외했다.

☐ 23 나의 정당한 건의사항이나 의견을 무시했다.

☐ 24 나의 의사와 관계없이 불필요한 추가 근무를 강요했다.
       (예: 야근, 주말 출근 등)

☐ 25 나에게 부당한 징계를 주었다. (예: 반성문, 처벌 등)

03

직장 내 괴롭힘, 이제는 참지 말자

조직 차원의 노력으로 직장 내 괴롭힘을 예방할 수 있을까?

답은 '그렇다'이다.

직장 내 괴롭힘에 대한 최근 연구에 따르면, ① 국가가 직장 내 괴롭힘을 금지하는 법 제도를 분명히 갖추고, ② 사업장 단위의 조직에서도 괴롭힘을 용인하지 않는다는 명확한 정책을 세우는 한편, ③ 지위 고하를 막론하고 구성원들이 일관되게 이러한 원칙을 준수하는 경우, 괴롭힘을 통제할 수 있어 구성원들에게 보다 건강한 근무 환경을 제공할 수 있다.[1-10] 반대로 관련 법 제도가 부재하거나 실질적으로 작동하지 않는 상태에서 해당 조직이 직장 내 괴롭힘 문제에 소극적인 경우에는 구성원들의 공격적 성향이 통제되지 않아 고통이 증가하고, 누적된 피해 감정이 조직 내 폭력으로 분출되면 갈등이 증폭되어 조직에서 괴롭힘이 만성화되며, 갈등 상황에 취약한 구성원은 심할 경우 자살에 이를 수 있다고 한다.

이론에 따르면, 조직 차원에서 괴롭힘에 대해 명확한 정책을 세우고, 세부적인 지침과 제도를 통해 인적 자원HR 전 영역에 걸쳐 괴롭힘을 금지하는 시스템을 작동시킬 경우 괴롭힘을 예방할 수 있다. 이를 따른다면 괴롭힘에 대한 제도화와 법제화가 필수적이라는 결론에 도달하게 된다. 국제노동기구ILO가 직장 내 괴롭힘 철폐를 선언한 제190호 협약에서 '일하는 세계에서의 폭력과 괴롭힘 근절'에 대한 정책 수립과 법제화를 강조한 것도 이러한 근거에 따른 것이다.

직장 내 괴롭힘의 법제화와
국제 협약 채택

／ 국제기구의 관심과 학문적 진전, 그리고 선진국의 법제화는 이제까지 직장에서의 봉건적 질서를 벗어나 상호 존중의 시민적 질서를 생활 속에서 실현해 나갈 수 있는 국가 차원의 기준을 마련하도록 하는 원동력으로 작용했으며, 우리나라의 법제화에도 영향을 미쳤다. 1980년 직장 내 괴롭힘에 대한 학문적 연구가 시작된 이후, 조직 차원에서 직장 내 괴롭힘을 예방하고 조치해야 한다는 근거가 마련되었고, 이에 관한 대책이 북유럽을 중심으로 법제화되기 시작했다. 1990년대 초반, 스웨덴 등 북유럽 국가들은 선도적으로 괴롭힘 금지를 법제화했고,[1-11] 2000년대에는 프랑스 등 유럽 국가들이,[1-12] 근래에는 호주와 캐나다 등 유럽 외 대륙에서도 법제화를 진행하고 있다. 미국은 전국적으로 건강일터법Healthy Workplace Bill 제정 등 민간을 중심으로 한 반괴

롭힘 법제화를 추진하고 있다. 미국 직장 괴롭힘 연구소^{WBI}의 개리 나미 박사는 1990년대 말부터 전국 단위의 직장 내 괴롭힘 실태조사와 민간 차원의 괴롭힘 추방 운동을 확대하고 있다.

2019년 100주년을 맞은 국제노동기구^{ILO}는 2019년 6월 직장 내 폭력과 괴롭힘 철폐를 촉구하는 협약과 권고(제190호 협약 및 제206호 권고)를 채택하기에 이르렀다. 행정 지침을 통해 규율해 오던 일본도 2019년 5월 직장 내 괴롭힘을 법제화하는 등 우리나라를 시작으로 아시아에서도 반괴롭힘의 법제화가 진전되고 있다.

우리나라에서 직장 내 괴롭힘은 비교적 짧은 논의 기간을 거쳤다. 문재인 정부가 촛불 혁명으로 집권하면서 2017년 7월 100대 정책 과제 중 하나로 직장 내 괴롭힘 문제를 채택했고, 같은 시기 정부의 종합 대책이 발표된 이후 계획보다 빨리 입법화되었다.

2013년부터 국회에서 발의되어 왔던 6개 법안의 통합 법안은 2018년 9월 12일, 여야 전원 합의로 환경노동위원회를 통과하면서 입법이 현실화되는 듯했으나, 2018년 9월 20일 개최된 법사위에서 정의 규정이 불명확하다는 이유로 반대에 부딪혀 좌절되었다. 하지만 같은 해 10월부터 양진호 회장의 충격적인 폭력 영상으로 사회적 공분이 증폭되면서 재차 법사위에 상정되었고, 결국 2018년 12월 26일 법사위를 통과해 다음 날인 12월 27일 본회의를 거쳐 이듬해인 2019년 1월 15일 공포되었다. 근로기준법과 산업재해보상보험법 개정안은 2019년 7년 16일부터 시행되고, 직장 내 괴롭힘에 대한 정부의 책무를 규정하는 산업안전보건법은 2020년 1월 16일자로 시행되었다.

이는 북유럽에서 시작해 호주나 캐나다의 주에서 법제화하고 있는 선진국법과 지난 2019월 6월 21일 ILO가 채택한 '직장 내 폭력과 괴롭힘 근절 협약'에 부응하는 직장 내 괴롭힘 금지법을 아시아 최초로 제정한 것으로 평가할 수 있다.

종속 노동에서
존중 노동으로

/ 근로관계는 '근로자가 사용자의 지휘·감독 하에 근로를 제공하고 임금을 지급받는 관계'이다. 근로자는 생존을 위해 취업할 수밖에 없으며, 이때 시키는 대로 일하는, 이른바 '종속 노동'을 하게 된다. 그런데 그동안 근로관계에서 인격을 모욕하거나 폭력을 휘두르는 행위가 만연했으나, 이를 규제하는 법률은 없었다.

2019년 1월 15일에 공포된 '직장 내 괴롭힘 금지법'은 우리나라의 사회·경제적 환경과 근로자 특성, 기존 법률 체계를 반영한 통합적 차원의 법으로서, 무엇보다 직장 내 괴롭힘을 예방하고, 괴롭힘이 발생하는 경우 사내에서 신고·조사해 피해 근로자를 보호하도록 하는 의무를 부과한다. 또한 재해 근로자에게는 산업재해 보상을 행하며, 국가가 괴롭힘 예방조치를 강구하도록 한다.[1-13]

우리나라는 노동법의 근간인 근로기준법에 새 장을 신설해 '직장 내 괴롭힘 금지'를 천명했다. 이제 형사상 범죄에 해당하는 모욕이나 명예훼손, 폭행은 물론, 직장 내에서 일어나는 인격 침해 행위가 포괄적으로 금지된 것을 의미한다. 이른바 종속 노동에서 존중 노동으로 전환하는 '기업시민법'이 제정되었다고 평가할 수 있다.

노동에 대해 '남의 돈 먹기가 쉽냐', '스트레스의 대가가 연봉이다', '까라면 까야지 별수 있냐'는 자조 섞인 푸념은 적어도 법적으로는 옛이야기가 되었다.

04

직장 내 괴롭힘 금지법, 이렇다

근로기준법 제76조의2는 직장 내 괴롭힘을 "사용자 또는 근로자가 직장에서의 지위 또는 관계 등의 우위를 이용해 업무상 적정 범위를 넘어 다른 근로자에게 신체적·정신적 고통을 주거나 근무 환경을 악화시키는 행위"로 정의한다. 구체적으로 어떤 행위가 괴롭힘인지에 대해서는 열거하지 않고, 포괄적이고 추상적인 정의 규정을 명시하고 있다.

제76조의2 (직장 내 괴롭힘의 금지)

사용자 또는 근로자는 직장에서의 지위 또는 관계 등의 우위를 이용해 업무상 적정 범위를 넘어 다른 근로자에게 신체·정신적 고통을 주거나 근무 환경을 악화시키는 행위(이하 "직장 내 괴롭힘"이라 함)를 해서는 아니 된다.

법인과 개인, 노사 모두에 적용된다

／ 사용자는 직장 내 괴롭힘 행위를 해서는 안 된다. 사용자란 사업주만을 의미하지 않으며, 사업주 또는 사업 경영 담당자, 그 밖에 근로자에 관한 사항에 대하여 사업주를 위하여 행위하는 자(근로기준법 제2조 제2호)로서 일반적으로는 경영진과 관리자를 사용자로 볼 수 있다.

근로자도 직장 내 괴롭힘 행위를 해서는 안 된다

사용자뿐 아니라 근로자의 직장 내 괴롭힘 행위가 금지된다. 근로자라면 정규직은 물론 기간제, 파트타임 또는 파견 근로자까지 적용된다. 상사, 동료, 부하 등 어떤 지위에 있는 근로자든 예외 없이 직장 내 괴롭힘 행위를 해서는 안 된다. 다만 근로자 신분이 아닌 보험 모집인, 골프장 캐디, 퀵서비스 배달원 등 법상 근로자의 신분이 아닌 '특수 고용 근로자'에게는 적용되지 않는다.

또 지위고하를 막론하고, 누구든지 직장 내 괴롭힘 행위를 하면 안 된다. 특히 사용자와 그 친족인 근로자가 직장 내 괴롭힘 행위를 하는 경우 과태료 대상이 될 수 있다. 과태료 처분 대상인 사용자의 친족은 근로기준법 시행령 제59조의3에서 '사용자의 배우자, 사용자의 4촌 이내의 혈족, 사용자의 4촌 이내의 인척'으로 제한하였다.

직장 내 괴롭힘은 사업의 종류에 관계없이 모든 사업장에 적용된다. 다만 5인 미만의 영세사업장에는 적용이 되지 않는다.

근로기준법

제116조 (과태료)

① 사용자(사용자의 「민법」 제767조에 따른 친족 중 대통령령으로 정하는 사람이 해당
사업 또는 사업장의 근로자인 경우를 포함한다)가 제76조의2를 위반하여 직장 내
괴롭힘을 한 경우에는 1천만 원 이하의 과태료를 부과한다.

근로기준법 시행령

제59조의3 (사용자의 친족인 근로자의 범위)

법 제116조 제1항에서 "대통령령으로 정하는 사람"이란 다음 각호의 사람을 말
한다.

1. 사용자의 배우자

2. 사용자의 4촌 이내의 혈족

3. 사용자의 4촌 이내의 인척

민법

제767조 (친족의 범위)

배우자, 혈족 및 인척을 친족으로 한다.

제777조 (친족의 범위)

친족관계로 인한 법률상 효력은 이 법 또는 다른 법률에 특별한 규정이 없는 한
다음 각호에 해당하는 자에 미친다.

   1. 8촌 이내의 혈족

   2. 4촌 이내의 인척

   3. 배우자

표 1-2 사용자 또는 사용자 친족이 괴롭힘을 한 경우 과태료 부과기준 (근로기준법 시행령 별표7)				
행위 유형	위반 행위	과태료 금액 (단위: 만 원)		
		1차 위반	2차 위반	3차 이상 위반
사용자의 반복적 괴롭힘	사용자가 한 사람에게 수차례 직장 내 괴롭힘을 하거나 2명 이상에게 직장 내 괴롭힘을 한 경우	500	1,000	1,000
사용자의 괴롭힘	사용자가 그 밖의 직장 내 괴롭힘을 한 경우	300	1,000	1,000
사용자 친족	사용자의 친족인 근로자가 직장 내 괴롭힘을 한 경우	200	500	1,000

사용자 또는 사용자의 친족이 법 제76조의2를 위반하여 직장 내 괴롭힘을 한 경우 법 제116조 제1항에 의해 과태료 1천만 원 이하가 부과될 수 있으며, 그 부과기준은 동법 시행령에서 표 1-2와 같은 기준을 명시한 바 있다.

사용자는 인사나 복무 관련 제도를 수립하거나 집행할 때 괴롭힘 행위가 발생하지 않는지 충분히 검토할 필요가 있다. 무엇보다 법인의 임원이나 관리자는 직장 생활에서 괴롭힘 근절에 귀감이 되도록 할 책무가 있다.

이런 경우
직장 내 괴롭힘이다

／ 직장 내 괴롭힘 행위가 성립하기 위해서는 다음 3가지 요건을 모두 만족해야 한다.

지위 또는 관계 등의 우위를 이용하는 경우

지위나 관계상 우위가 있는 경우이다. 일명 '우위성 요건'이라고 한다. 지위상 우위란 기본적으로 지휘계통상 상위에 있는 직상급자나, 직장 내 직위·직급 체계상 상위직인 경우가 전형적이다. 임원과 부·차장의 관계는 직급상 우위성이 명백한 경우로 판단할 수 있다.

한편 관계상의 우위는 지위상 우위처럼 외관상 명확하게 드러나지 않는다는 특성이 있다. 통상 그 직장의 여건상, 개인 대 집단과 같은 수적 측면, 나이·학벌·성별·출신 지역·인종 등 인적 속성 측면, 근속 연수·전문 지식 등 업무 역량 측면, 노조·직장협의회 등 근로자 조직의 구성원 여부, 감사·인사부서 등 업무의 직장 내 영향력, 정규직 여부 등 상대방이 저항하기 어려울 개연성이 높은 경우 우위를 인정할 수 있다고 설명한다.

전형적으로 나이가 많고 경험이 출중한 상사가 업무적으로 마감 시간을 임박하게 주어 부하의 고통이 크다고 하면, 어렵지 않게 상사의 우위성을 인정할 수 있다. 그러면 다수의 부하 직원이 팀장인 상급자를 팀 회식에 초대하지 않아 상사가 사회적 배제로 인한 고통을 호소하는 경우는 어떨까? 이러한 경우는 지위의 우위성과 관계상 수의 우위성이 경합하기 때문에 보다 신중한 판단이 필요할 것이다.

사내 구성원 간 우위성이 없는 경우에는 직장 내 괴롭힘이 아니라 '수평적 갈등'으로서, 당사자 간 해결의 영역이 될 것이다.

업무상 적정 범위를 넘는 경우

직장 내 괴롭힘의 성립 요건 중 가장 논란이 되는 요건이다. 직장 내 괴롭힘 금지법이 적용되는 당사자 사이에서 우위성을 이용하여 다른 근로자에게 신체적·정신적 고통을 주거나 근무 환경을 악화시켰다 하더라도 '업무상 적정 범위'를 넘어서지 않았다면 괴롭힘이 성립하지 않는다. 다른 요건이 만족되었을 때 부정적 행위로 고통을 받았다면 괴롭힘이 성립

되겠지만, '업무상 적정 범위'를 넘어서지 않았다면 괴롭힘이 성립하지 않는다고 보는 것으로, 이른바 소극적 요건인 셈이다. 예컨대 업무 수행을 위한 지휘 명령이 정당한지, 불응할 만한 업무인지를 가리는 문제가 발생할 수 있다.

괴롭힘 방지법이 나태한 구성원의 핑곗거리로 악용되는 것이 아닌지에 대해 우려하는 분들이 종종 있다. 이 문제는 조직 차원에서 업무의 적정 범위를 구체화하는 과정으로 바라볼 필요가 있다. 당사자 간 약정된 업무가 업무상 필요성이 분명하고, 예측 가능한 일정으로 정해진 절차에 따라 건설적인 방식으로 수행할 수 있는 정도라면 적정 범위일 것이다.

새벽에 갑작스럽게 출근을 요구해 정상적인 수면을 취하지 못하거나 휴식 시간도 없이 나의 업무 분장에 없는 일을 해야 해서 심신이 고통스러웠다면 통상 '괴롭힘'이라 주장할 수 있다. 그러나 갑작스러운 천재지변으로 시설 침수를 막기 위해 비상 동원령이 발동된 상황에서 벌어진 일이라면 괴롭힘 성립이 어려울 것이다. 그런데 비상 업무를 지시하는 공장장이 반말이나 욕설을 섞어 가며 폭언을 했다면 정황과 상관없이 명백히 괴롭힘 행위라고 판단할 수 있다.

근로계약상 약정된 업무와 다른 업무의 수행을 요구하는 경우(간호사에게 행정 업무 지시 등), 갑작스러운 업무 명령이 반복되어 야간 근로와 휴일 근로를 반복해야 하는 경우(법정 연장 근로 초과, 반년 동안 연차 휴가 미실시 등), 무의미한 일을 반복해서 지시하는 경우(전산 작업이 가능함에도 수기로 기록을 옮기도록 하는 지시 등)는 일반적으로 업무상 적정 범위를 넘는 사례이다.

유기적 협력이 필요한 직장일수록 다양한 신념과 가치 체계를 가진 구성원들이 조화를 이루어야 그 조직이 효과적으로 성과를 낼 수 있다. 업무 분장과 책임이 모호한 경우 구성원들 간 분쟁이 생길 수 있기에 효율적으로 일할 수 있는 체계적인 시스템을 갖추고 조율하는 것이 필요하다. 궁극적으로 구성원을 존중하고 행복한 일터를 만들고자 하는 강력한 리더십이 이러한 시스템의 토대를 만들고, 구성원 간의 관계적인 문제를 효과적으로 관리할 수 있다. 직장 내 괴롭힘 금지법은 반괴롭힘 시스템을 지속적으로 구축하는 계기를 제공함으로써 일 잘하는 직장을 만드는 법으로 활용할 수 있다.

신체적·정신적 고통을 주거나 근무 환경을 악화시키는 행위

직장 내 괴롭힘은 근로자에게 신체적·정신적 고통을 준다. 건강한 상태인 경우에도 지속적인 스트레스에 노출되면 심신이 허약해진다. 게다가 업무 성과도 떨어져 결국 저성과자로 전락하기도 한다. 이로 인해 원하지 않게 다른 보직으로 이동하거나, 잦은 병가로 업무에서 분리될 수 있고, 이런 경우 임금이 저하되는 등 근무 환경이 악화될 수 있다.

미국 직장 괴롭힘 연구소WBI의 조사에 따르면 직장 내 괴롭힘은 피해자 중 절대 다수가 조직을 떠나는 것으로 종결된다. 대부분은 해고되거나 사직하며, 드물게 이직하는 것으로 조사되었다. 직장 내 괴롭힘으로 인한 질병은 산재보상의 대상이 된다.

직장 내 성희롱,
'성적 괴롭힘'에 해당한다

/ 성적 괴롭힘은 1970년대 미국의 여성 차별

반대 운동을 계기로 국제적으로 규범화되었고 우리나라도 1999년 남녀평등 차원에서 법제화됐다. 괴롭힘은 북유럽에서 사회·정신적 건강에 대한 관심이 확대되면서 1990년대 이후 제도화가 진전되었고, 우리나라는 2019년 1월 공포와 동시에 2019년 6월 ILO 협약도 채택했다. 성희롱이 괴롭힘보다 20여 년 먼저 법제화된 상황이다. 양자의 법적 구조는 다음과 같다.

표 1-3 직장 내 성희롱과 직장 내 괴롭힘의 법적 차이[1-14]		
구분	남녀고용평등법	근로기준법
행위자	사업주, 상급자 또는 근로자 고객 등 제3자	사용자 또는 근로자
피해자	다른 근로자	다른 근로자
업무 관련성	직장 내의 지위를 이용하거나 업무와 관련	업무상 적정범위
행위 태양	"성적 언동 등" "그 밖의 요구"	지위, 관계에서의 우위 이용
행위로 인한 피해	성적 굴욕감 또는 혐오감을 느끼게 하거나 성적 언동 또는 그 밖의 요구 등에 따르지 아니하였다는 이유로 고용에서 불이익을 주는 것	신체적·정신적 고통 또는 근무 환경 악화

성희롱은 '섹슈얼 허래스먼트Sexual Harassment, 성적인 괴롭힘'를 번역한 표현으로 법제화 과정에서 '희롱'보다 '폭력'으로 정의해야 한다는 논란이 있었다. 직장 내 괴롭힘은 '허래스먼트Harassment' 또는 '불링Bullying'을 번역한 표현이다. 개념적으로 희롱과 괴롭힘은 동일한 개념이며, 성희롱은 괴롭힘 중 '성적' 괴롭힘에 해당하는 특별 영역으로 파악할 수 있다.

성희롱이란

성희롱은 '지위를 이용하거나 업무와 관련하여 성적 언동 등으로 성적 굴욕감 또는 혐오감을 느끼게 하거나, 성적 언동 또는 그 밖의 요구 등에 대한 불응을 이유로 고용에서 불이익을 주는 것'으로 정의할 수 있다. 양성평등기본법과 남녀고용평등법, 국가인권위원회법 등 다양한 법률에서 성적 괴롭힘을 정의하고 있다.

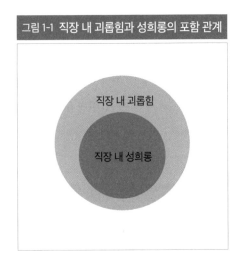

그림 1-1 직장 내 괴롭힘과 성희롱의 포함 관계

직장 내 괴롭힘

직장 내 성희롱

표 1-4 성적 괴롭힘의 법률적 정의	
양성평등기본법 제3조 제2호 및 동법 시행령 제2조	"성희롱"이란 업무, 고용, 그 밖의 관계에서 국가기관·지방자치단체 또는 각급 학교 및 공직 유관 단체의 종사자, 사용자 또는 근로자가 다음의 어느 하나에 해당하는 행위를 하는 경우를 말한다. - 지위를 이용하거나 업무 등과 관련하여 성적 언동 등으로 상대방에게 성적 굴욕감이나 혐오감을 느끼게 하는 행위 - 상대방이 성적 언동 또는 요구에 대한 불응을 이유로 불이익을 주거나 그에 따르는 것을 조건으로 이익 공여의 의사표시를 하는 행위
국가인권위원회법 제2조 제3호 라목	"성희롱"이란 업무, 고용 그 밖의 관계에서 공공기관의 종사자, 사용자 또는 근로자가 그 직위를 이용하거나 업무 등과 관련해 성적 언동 등으로 성적 굴욕감 또는 혐오감을 느끼게 하거나 성적 언동 그 밖의 요구 등에 대한 불응을 이유로 고용상의 불이익을 주는 것을 말한다.
남녀고용평등법 제2조 제2호	"직장 내 성희롱"이란 사업주·상급자 또는 근로자가 직장 내의 지위를 이용하거나 업무와 관련하여 다른 근로자에게 성적 언동 등으로 성적 굴욕감 또는 혐오감을 느끼게 하거나 성적 언동 또는 그 밖의 요구 등에 따르지 않았다는 이유로 근로조건 및 고용에서 불이익을 주는 것을 말한다.

다양한 법률에 따라 중층적으로 규율된다

성희롱에 대한 근거 법률은 다양하며 법률마다 성희롱의 당사자인 행위자와 피해자의 범위에 차이가 있고, 구제기관도 상이하다. 양성평등기본법과 국가인권위원회법은 국가기관과 민간기관의 사용자와 근로자 모두를 행위자로 보며, 피해자를 특정하지도 않아 성희롱의 범주를 매우 넓게 규율하고 있다. 반면, 남녀고용평등법에는 행위자의 소속을 국가기관이나 공공 부문으로 명시하지 않고, 피해자도 근로자에 한정해 강제력이 높은 방식으로 규정하고 있다.

표 1-5 성희롱에 대한 다양한 근거 법률			
구분	양성평등기본법	국가인권위원회법	남녀고용평등법
행위자	'국가기관 등'(국가기관·지방자치단체, 각급 학교, 공직유관단체)의 종사자 (민간사업체의) 사용자 또는 근로자	'공공기관'(국가기관·지방자치단체, 각급 학교, 공직유관단체)의 종사자 (민간사업체의) 사용자 또는 근로자	사업주·상급자 또는 근로자
피해자	불특정	불특정	다른 근로자
업무 관련성	업무, 고용, 그 밖의 관계에서 지위를 이용하거나 업무 등과 관련하여	업무, 고용, 그 밖의 관계에서 지위를 이용하거나 업무 등과 관련하여	직장 내의 지위를 이용하거나 업무와 관련
행위 태양	"성적 언동 등" "그 밖의 요구"		
행위로 인한 피해	성적 굴욕감이나 혐오감을 느끼는 행위와 상대방이 성적 언동 또는 요구에 대한 불응을 이유로 불이익을 주거나 그에 따르는 것을 조건으로 이익 공여의 의사표시를 하는 행위	성적 굴욕감 또는 혐오감을 느끼게 하거나 성적 언동 또는 그 밖의 요구 등에 따르지 아니한다는 이유로 고용상의 불이익을 주는 것	성적 굴욕감 또는 혐오감을 느끼게 하거나 성적 언동 또는 그 밖의 요구 등에 따르지 아니하였다는 이유로 근로조건 및 고용에서 불이익을 주는 것

한편, 남녀고용평등법은 고객의 성적 언동으로 고통을 겪는 근로자의 고충을 처리하여야 하고, 해당 고충 제기 등으로 인한 불이익도 금지하도록 사업주의 의무를 규정하고 있다.

남녀고용평등법 제14조의2 (고객 등에 의한 성희롱 방지)

① 사업주는 고객 등 업무와 밀접한 관련이 있는 자가 업무수행 과정에서 성적인 언동 등을 통하여 근로자에게 성적 굴욕감 또는 혐오감 등을 느끼게 하여 해당 근로자가 그로 인한 고충 해소를 요청할 경우 근무 장소 변경, 배치 전환 등 가능한 조치를 취하도록 노력하여야 한다.

② 사업주는 근로자가 제1항에 따른 피해를 주장하거나 고객 등으로부터의 성적 요구 등에 불응한 것을 이유로 해고나 그 밖의 불이익한 조치를 하여서는 아니 된다.

성희롱의 성립 요건

법률상 직장 내 성희롱이 성립하려면 업무 관련성, 성적 언동, 성적 굴욕감 또는 혐오감을 느꼈는지 또는 행위로 인한 피해가 발생했다는 것이 인정되어야 한다. 성희롱에 대한 해석은 20여 년간 누적되어 왔으므로 향후 직장 내 괴롭힘의 해석에도 참조할 수 있을 것이다.

업무 관련성이 있어야 한다

'직장 내 지위를 이용하거나 업무 등과 관련하여'를 업무 관련성이라 한다. 업무 관련성은 직접적으로 업무와 관련되는 경우가 아니라 하더라도 널리 인정된다. 업무 시간 중에 발생하지 않거나, 발생 장소가 근무 장소가 아니거나, 사적인 만남으로 보이는 자리였다 하더라도 포괄적인 업무 관련성이 인정될 수 있다.

> 업무수행의 기회나 업무수행에 편승하여 성적 언동이 이루어진 경우뿐 아니라 권한을 남용하거나 업무수행을 빙자하여 성적 언동을 한 경우도 이에 포함된다. — 대법원 2006. 12. 21. 선고 2005두13414 판결

성적 언동이 있어야 한다

성적 언동은 상대방이 원하지 않는 성적 의미가 내포된 육체적·언어적·시각적 언어나 행동을 말한다. 상대방이 원하지 않는 행동이란 상대방이 명시적으로 거부 의사를 표현한 경우뿐만 아니라, 적극적으로나 소극적으로 또는 묵시적으로 거부하는 경우도 포함된다. 대법원은 '성적 언동'을 "남녀 간의 육체적 관계나 남성 또는 여성의 신체적 특징과 관련된 육체적·언어적·시각적 행위(대법원 2008. 7. 10. 선고 2007두22498 판결)"로서 성적 굴욕감이나 혐오감을 야기하는 행위로 해석하고 있다.

성희롱 행위로 인한 피해가 있어야 한다

성적 굴욕감 또는 혐오감을 느낄 것: "성적 굴욕감 또는 혐오감"이란 성적 언동 등으로 피해자가 느끼는 불쾌한 감정을 말한다. 법원의 판례는 피해자가 굴욕감 또는 혐오감을 느꼈다는 주관적인 판단 외에 "객관적으로 상대방과 같은 처지에 있는 일반적이고도 평균적인 사람으로 하여금

성적 굴욕감이나 혐오감을 느끼게 하는 행위"여야 한다는 판단 기준을 제시하고 있다.

　최근의 대법원 판결은 일반적이고 평균적인 사람에서 더 나아가 피해자와 같은 처지에 있는 평균적인 사람의 입장에서 성적 굴욕감이나 혐오감을 기준으로 심리·판단하여야 한다고 판시하여, "합리적인 피해자의 관점"을 분명히 제시하고 있다.

> 판단 대상이 된 행위가 일회적인 것이 아니라 계속적으로 이루어져 온 정황이
> 있는 점 등을 충분히 고려하여 우리 사회 전체의 일반적이고 평균적인 사람이
> 아니라 피해자들과 같은 처지에 있는 평균적인 사람의 입장에서 성적 굴욕감
> 이나 혐오감을 느낄 수 있는 정도였는지를 기준으로 심리·판단해야 한다.
>
> ― 대법원 2018. 4. 12. 선고 2017두74702 판결

　근로조건 및 고용상의 불이익을 주는 것: 성적 요구에 불응한 것을 이유로 고용상의 불이익을 주는 것은 채용 탈락, 감봉, 승진 탈락, 징계, 강등, 전직, 정직, 휴직, 해고와 같은 인사조치를 말한다. 근로조건에 대한 불이익은 공식적인 인사조치가 없더라도 업무를 과도하게 부여하거나 휴가 사용을 방해하는 등 근무를 힘들게 만드는 것을 말한다.

직장 내 괴롭힘,
사내 구제를 요청할 수 있다

제76조의3 (직장 내 괴롭힘 발생 시 조치)

① 누구든지 직장 내 괴롭힘 발생 사실을 알게 된 경우 그 사실을 사용자에게 신고할 수 있다.

② 사용자는 제1항에 따른 신고를 접수하거나 직장 내 괴롭힘 발생 사실을 인지한 경우에는 지체 없이 당사자 등을 대상으로 그 사실 확인을 위하여 객관적으로 조사를 실시하여야 한다.

③ 사용자는 제2항에 따른 조사 기간 동안 직장 내 괴롭힘과 관련해 피해를 입은 근로자 또는 피해를 입었다고 주장하는 근로자(이하 "피해 근로자 등"이라 한다)를 보호하기 위해 필요한 경우 해당 피해 근로자 등에 대해 근무 장소의 변경, 유급휴가 명령 등 적절한 조치를 해야 한다. 이 경우 사용자는 피해 근로자 등의 의사에 반하는 조치를 해서는 아니 된다.

④ 사용자는 제2항에 따른 조사 결과 직장 내 괴롭힘 발생 사실이 확인된 때에는 피해 근로자가 요청하면 근무 장소의 변경, 배치 전환, 유급휴가 명령 등 적절한 조치를 해야 한다.

⑤ 사용자는 제2항에 따른 조사 결과 직장 내 괴롭힘 발생 사실이 확인된 때에는 지체 없이 행위자에 대해 징계, 근무 장소의 변경 등 필요한 조치를 해야 한다. 이 경우 사용자는 징계 등의 조치를 하기 전에 그 조치에 대해 피해 근로자의 의견을 들어야 한다.

⑥ 사용자는 직장 내 괴롭힘 발생 사실을 신고한 근로자 및 피해 근로자 등에게 해고나 그 밖의 불리한 처우를 해서는 아니 된다.

⑦ 제2항에 따라 직장 내 괴롭힘 발생 사실을 조사한 사람, 조사 내용을 보고받은 사람 및 그 밖에 조사 과정에 참여한 사람은 해당 조사 과정에서 알게 된 비밀을 피해근로자 등의 의사에 반하여 다른 사람에게 누설하여서는 아니 된다. 다만, 조사와 관련된 내용을 사용자에게 보고하거나 관계 기관의 요청에 따라 필요한 정보를 제공하는 경우는 제외한다. 〈신설 2021. 4. 13.〉

제109조 (벌칙)

① 제76조의3 제6항을 위반한 자는 3년 이하의 징역 또는 3천만 원 이하의 벌금에 처한다.

제116조 (과태료)

① 사용자(사용자의 「민법」 제767조에 따른 친족 중 대통령령으로 정하는 사람이 해당 사업 또는 사업장의 근로자인 경우를 포함한다)가 제76조의2를 위반하여 직장 내 괴롭힘을 한 경우에는 1천만 원 이하의 과태료를 부과한다. 〈신설 2021. 4. 13.〉

② 다음 각호의 어느 하나에 해당하는 자에게는 500만 원 이하의 과태료를 부과한다.

2. 제76조의3 제2항·제4항·제5항·제7항을 위반한 자

직장 내 괴롭힘 금지법은 2019년 7월 16일 발효되어, 법 시행 이후 발생한 직장 내 괴롭힘에 한해 법적으로 신고할 수 있다. 수년간 지속적으로 괴롭힘 행위를 해 왔더라도 법 시행 이후의 행위만을 법적으로 신고할 수 있다.

다만, 공공기관이나 일부 민간 기업은 2018년 12월 국회에서 법이 통과된 이후 법이 시행되기 전에 자체적으로 제도화한 사례들이 꽤 많다. 이 경우, 법 시행 시점이 아니라 해당 사내 규정이 제정된 시점 이후의 행위를 신고하는 것이 가능하다.

누구든지 신고할 수 있다

말 그대로 '누구든지' 신고할 수 있다. 당사자는 물론 직장 동료, 노조,

직장협의회 등 직장 내 구성원이 포함된다. 해당 사건과의 관련성이나 관계를 요구하지 않으므로, 이론적으로는 지나가는 행인이 괴롭힘을 목격했다면 그 행인도 신고할 수 있다. 물론 피해자의 가족, 지인 등 제3자도 가능하도록 널리 열어 두었다. 회사가 직장 내 괴롭힘 발생 사실을 인지할 수 있도록 구두, 우편 및 이메일, 전보 등 다양한 방법으로 신고할 수 있다.

직장 내 성희롱에 관한 남녀고용평등법 제14조 제1항과 동일한 내용으로 입법화된 것으로, 신고 자격에 제한을 두지 않음으로써 괴롭힘의 2차 피해를 예방하고, 피해 구제 가능성을 확장하고자 한 취지이다.

즉시 조사를 개시하고 객관적으로 조사해야 한다

회사는 직장 내 괴롭힘을 조사하고 조치할 의무가 있다. 조사와 조치는 사건 처리의 가장 핵심적인 단계이다. 직장 내 성희롱 조사 및 조치도 흡사하게 규정되어 있다.

조사의 개시 시점은 2가지로, 직장 내 괴롭힘 발생 신고가 들어왔을 때, 또는 회사가 직장 내 괴롭힘 발생을 인지했을 때이다. 어떤 경우에도 '지체 없이' 조사를 개시해야 한다. 조사는 조사 담당자 또는 담당 조직을 결정함으로써 개시되고, 이후 담당자 또는 담당 조직에서 조사 방법과 절차에 따라 당사자(피해 주장 근로자, 행위자로 지목된 자, 목격자 및 신고자 등)에 대해 사실을 확인하게 된다. 조사 결과가 나오면 그 사실관계가 법률상 직장 내 괴롭힘 개념에 비추어 볼 때 직장 내 괴롭힘에 해당하는지 여부를 판단하게 된다. 회사는 조사를 지체하지 않았다고 볼 수 있는, 가능한 빠른 시일에 조사를 시작해야 한다. 2021년 4월 13일에 개정된 근로기준법은 사실 확인을 위한 조사를 '객관적'으로 실시하도록 명시하였지만 과연 어떻게 조사하는 것이 객관적인지 논란이 될 수 있다. 따라서 사실 확인이 될 수 있도록 충분한 절차가 진행되어야 할 것이다. 사실을 입증하기 위한 서면기록, 녹취, 사진 등 증거자료를 충분히 검토할 수 있다면 객관성을 높일 수 있다. 신고인과 피신고인의 진술이 일치하지 않고 증거도 충분하지 않다면 참고인 조사를 통해 객관성을 확보할 수도 있다.

괴롭힘 사건의 특성상 사실 확인을 위해 최선을 다했음에도 사실관계에 대해 양 당사자의 상반된 주장과 진술만 있을 뿐, 이를 확인해 줄 물증 등 기타 증거가 없거나 확보가 불가능한 경우가 많다. 이럴 때는 현실적으로 양 당사자 진술의 객관성과 신빙성을 토대로 판단할 수밖에 없다.

법원은 직장 내 성희롱 관련 판례에서 어떤 사실이 있었다는 점을 시인할 수 있는 고도의 개연성을 증명하는 것이면 충분하다는 법리를 정립한 바 있다(대법원 2018.4.12. 선고 2017두74702 판결). 조사과정 전반에 거쳐 동일한 사실관계에 대해 다양한 측면에서 반복적인 질문을 하는 등 최대한 진술의 신빙성 및 일관성을 확인하고 기록을 남겨 두는 것이 중요하다. 또 괴롭힘 사건은 당사자의 심리적인 요인과 조직 내 관계가 사건에 미친 영향 등을 함께 고려하는 조사도 필요하다.

사실관계 판단 관련 판례 (대법원 2018. 4. 12. 선고 2017두74702 판결)

어떠한 행위에 대한 존부를 입증하는 방법은 명백한 객관적인 증거를 통해서만 인정되는 것은 아니며, 형사책임을 지는 형사사건과 달리 직장 내 성희롱 사건의 경우 법원은 "추호의 의혹도 없어야 한다는 자연과학적 증명이 아니고, 특별한 사정이 없는 한 경험칙에 비추어 모든 증거를 종합적으로 검토하여 볼 때 어떤 사실이 있었다는 점을 시인할 수 있는 고도의 개연성을 증명하는 것이면 충분하다"는 입장에서 성희롱 사실 존부를 판단하는 데 피해자의 진술을 가벼이 배척하여서는 안 된다.

한편 직장 내 괴롭힘 발생 사실을 조사한 사람, 조사 내용을 보고받은 사람 및 그 밖에 조사 과정에 참여한 사람은 해당 조사 과정에서 알게 된 비밀을 피해근로자 등의 의사에 반하여 다른 사람에게 누설하여서는 안 된다. 사내에서 상급자에게 보고하거나 관계 기관의 요청에 따라 필요한 정보를 제공하는 경우는 법에서 비밀유지의무의 예외로 명시하고 있다.

조사와 관련하여 법상 의무를 위반하는 경우 과태료 부과 대상이 될 수 있으며 동법 시행령에는 구체적인 부과기준을 명시하고 있다.

표 1-6 직장 내 괴롭힘 사후 조치 위반 시 과태료 부과기준 (근로기준법 시행령 별표7)				
행위 유형	위반 행위	과태료 금액(단위: 만 원)		
		1차 위반	2차 위반	3차 이상 위반
조사의무 위반	사용자가 법 제76조의3 제2항을 위반하여 직장 내 괴롭힘 발생 사실 확인을 위한 조사를 실시하지 않은 경우	300	500	500
신고인 등 보호조치 위반	사용자가 법 제76조의3 제4항을 위반하여 근무 장소의 변경 등 적절한 조치를 하지 않은 경우	200	300	500
행위자 필요조치 위반	사용자가 법 제76조의3 제5항을 위반하여 징계, 근무 장소의 변경 등 필요한 조치를 하지 않은 경우	200	300	500
비밀 누설	법 제76조의3 제7항을 위반하여 직장 내 괴롭힘 발생 사실 조사 과정에서 알게 된 비밀을 다른 사람에게 누설한 경우	300	500	500

조사 후 조치

괴롭힘 사실이 인정된 경우

조사를 거쳐 직장 내 괴롭힘 사실이 인정되는 경우, 피해 근로자에게는 '적절한 조치'를, 행위자에게는 '필요한 조치'를 해야 한다. 두 조치의 공통된 목적은 직장 내 괴롭힘의 피해의 회복과 재발 방지이다. 이를 실현하기 위해 피해 근로자에게는 피해로부터 회복해 온전한 일상생활과 노동력 제공이 가능하도록, 행위자에게는 자신의 괴롭힘 행위에 대해 응당 책임을 지게 하고 재발하지 않도록 다른 조치를 해야 한다. 또한 행위자에게 필요한 조치를 할 때에는 피해 근로자의 의견을 반드시 들어야 한다. 다만, 피해 근로자의 의견에 따라 조치를 해야 하는 것은 아니다.

이때 각 조치가 반드시 전보, 휴가, 휴직 등 인사상 조치일 필요는 없다. 괴롭힘의 근본적인 원인이 행위자의 심리 불안정에 있다면, 징계와 더불어 회사 차원에서 심리 상담을 지원하는 것도 필요한 조치가 될 것이다. 업무가 과다한 것이 문제였다면 업무 분장을 새로이 하거나, 직무 분석 및 설계를 통해 직무 합리화를 추진하는 것도 적절하거나 필요한 조치의 일환이 될 수 있다. 즉, 괴롭힘 사건의 해결책이 반드시 부서 이동과 징계로 한정되어 있지는 않다는 열린 시각에서 각 사안의 특수성을 고려한 조치들이 이루어져야만 직장 내 괴롭힘의 재발을 근본적으로 방지할 수 있다.

괴롭힘이 아닌 것으로 종결된 경우

신고할 당시에는 직장 내 괴롭힘이라고 믿고 있었지만, 회사에서 조사한 결과 직장 내 괴롭힘이 아닌 것으로 결론이 나는 경우도 있을 것이다. 피신고인과의 의사소통 부재에서 오는 오해나, 인지의 차이에서 괴롭힘이 발생한 경우에는 신고인은 괴로워서 신고했더라도 괴롭힘이 아니라는 결론으로 종결될 수 있다.

법은 신고인에 대한 불이익도 피해자와 동등하게 보호하고 있으므로 신고로 인한 불이익은 불법으로 금지된다. 2차 피해를 방지하고 신고를 활성화하기 위한 입법조치로 이해된다. 실제로 피해자가 극심한 고통을 느꼈다 하더라도 우위성이 없거나 업무상 적정 범위 내에 있는 것으로 판단해 사건이 종결되는 경우, 신고 당사자들의 관계가 악화될 수 있다. 이를 대비해 분쟁 처리 절차에 비공식적 처리 절차를 보완해 관계 개선 시스템을 구축할 필요가 있다.

거짓 신고의 경우

그런데 의도적으로 거짓으로 신고하는 경우가 있다면 어떨까? 악의적인 신고는 피신고인에게 큰 고통을 주기 때문에 상대방 입장에서는 '거짓 혐의'로 오히려 괴롭힘 행위를 당한 상황이 성립된다. 거짓 신고를 접수해 고충처리 절차를 수행하는 회사도 불필요한 업무를 처리해야 하고, 경우에 따라 업무 진행에 큰 타격을 받기도 한다. 이러한 행위는 형법 제314조의 업무방해죄에 해당할 수 있으므로 거짓 신고인은 그에 상응한 사내 징계 대상이 되거나, 민형사상 책임을 피할 수 없을 것이다.

> **형법**
>
> **제313조 (신용훼손)**
>
> 허위의 사실을 유포하거나 기타 위계로써 사람의 신용을 훼손한 자는 5년 이하의 징역 또는 1천500만 원 이하의 벌금에 처한다.

> **제314조 (업무방해)**
>
> ① 제313조의 방법 또는 위력으로써 사람의 업무를 방해한 자는 5년 이하의 징역 또는 1천500만 원 이하의 벌금에 처한다.

다만, 괴롭힘이 성립되지 않았다고 해 거짓 신고로 몰고 가는 경우 신고자 보호 의무를 위반해 형사 처벌이 문제될 수 있으니, 거짓 신고의 기준을 분명히 설정해 처리할 필요가 있다.

신고인에 대한 불이익 조치 금지

직장 내 괴롭힘 피해 근로자와 피해 사실을 신고한 근로자는 해당 신고 기간과 조사 기간은 물론 사건 종결 후까지 엄격하게 보호해야 한다. 직장 내 괴롭힘 발생 사실을 신고한 근로자 및 피해 근로자 등에게 해고나 그 밖의 불리한 처우를 하는 경우, 기소되어 3년 이하의 징역 또는 3천만 원 이하의 벌금형에 처해질 수 있다.

한편 조사 기간 동안 회사는 피해 근로자 등을 보호하기 위한 적절한 조치를 취해야 한다. 잠시 휴가나 휴직 시간을 주어 심신을 회복할 수 있도록 배려하거나, 행위자로 지목된 자와 근거리에서 근무하고 있다면 일시적으로 근무 장소를 변경하는 조치를 취할 수 있다. 단, 피해 근로자 등의 의사에 반하는 조치를 해서는 안 된다.

조사 절차를 위반하면 과태료가 부과된다

2019년 1월 15일 공포된 직장 내 괴롭힘법은 근로기준법 제76조의2

에 괴롭힘 금지를 선언하고, 동법 제76조의3에 발생 시 조치를 명시하였으며, 신고인 등에 대한 불이익조치 시 형사처벌 규정(동법 제76조의3 제6항) 외에는 제재 규정을 두지 않았다. 그런데 2019년 7월 16일 시행된 이후 불과 20여 개월 만에 사용자나 그 친척이 괴롭힘 행위를 한 경우 1천만 원 이하의 과태료를 부과하도록 하고, 괴롭힘 발생 시 사후처리 의무 위반에 과태료를 부과하는 내용으로 법개정이 단행되어 시행 중이다.(2021.4.13. 공포, 2021.10.14. 시행) 신설된 과태료의 부과기준에 대해서는 2021년 11월 19일 근로기준법 시행령 개정(별표7)을 통해 구체적으로 제시한 바 있다.

괴롭힘에 대한 법적 보상과 처벌

직장 내 괴롭힘으로 인한 질병, 산재보상을 받을 수 있다

직장 내 괴롭힘은 근로자의 스트레스를 유발하고, 이는 곧 신체적·정신적 질병으로 이어진다. 산업재해보상보험법 개정 전에도 업무 관련성을 입증하는 경우 자살 등 정신질환에 대한 보상이 승인된 적이 있다. 그러나 법 개정으로 근로자가 직장 생활 중 우울증, 적응장애, 외상후 스트레스장애 등 질병이 발생한 경우에도 업무상 재해(산업재해)로 인정해 국가로부터 산재보상을 받을 수 있다. 물론 절차상 직장 내 괴롭힘, 고객의 폭언 등으로 인한 업무상 정신적 스트레스가 원인이 되었다는 것을 증명해야 한다. 법 개정으로 재해 인정 기준이 명시적으로 법제화되면서 괴롭힘으로 인한 질병에 대한 보상 가능성이 높아졌다.

《피로사회》의 저자 한병철은 우리 사회를 우울증 사회로 진단하고 있다. 우울증은 광범위하게 발생하는 질병으로서 적극적 치유가 필요하지만, 우리나라에서는 정신 질환을 드러내지 않는 경향이 있어 결국 치료 시기를 놓쳐 극단적 상황에 이르는 경우가 있다. 정신적 스트레스에 대해서도 산재보상을 적극 활용하기를 권한다.

산업재해보상보험법 제37조 (업무상의 재해의 인정 기준)

① 근로자가 다음 각호의 어느 하나에 해당하는 사유로 부상·질병 또는 장해가 발생하거나 사망하면 업무상의 재해로 본다. 다만, 업무와 재해 사이에 상당인과관계(相當因果關係)가 없는 경우에는 그러하지 아니하다.

1. (생략)

2. 업무상 질병

　가. 나. (생략)

　다. 「근로기준법」 제76조의2에 따른 직장 내 괴롭힘, 고객의 폭언 등으로 인한 업무상 정신적 스트레스가 원인이 되어 발생한 질병

　라. (생략)

직장 내 괴롭힘 피해, 손해 배상 청구의 대상이다

건강하고 역량 있는 직장인도 직장 내 괴롭힘에 시달리다 보면 심신의 병을 얻고, 성과도 낮아져 결국 자의 반 타의 반 직장을 상실하게 된다. 이러한 경제적·정신적 손해에 대한 손해 배상 청구가 가능할까? 원칙적으로 민사상 손해 배상 청구를 통해 금전 보상이 가능하다.

현실적으로 직장 내 괴롭힘 행위가 명백히 비난받을 만하고 피해 정도

가 심각한 상황이라면 민사 소송 절차를 통해 행위자와 사용자에게 손해 배상을 청구할 수 있다. 소송 절차를 진행하기 위해서는 사실 '입증'을 준비해야 한다. 과정에는 모든 사실 관계와 건강 상태를 기록한 증거를 준비하고 법률가의 지원을 받아 추진해야 하는 어려움이 있다.

사용자는 근로자의 인격을 존중하고 보호할 의무, 일을 하면서 손해를 입지 않도록 조치를 강구할 의무, 생명과 건강에 해를 끼치지 않는 쾌적한 근로 환경을 제공할 의무 등 상당한 주의 의무, '보호 의무'가 있다. 이러한 보호 의무를 다하지 않은 경우 민사적으로 손해 배상의 대상이 될수 있다. 직장의 특성을 반영하는 실효적인 규정 마련과 살아 있는 교육, 캠페인을 통한 예방에 최선을 다함으로써 손해 배상의 책임을 방어할 논거가 될 것이다. 하지만 안타깝게도 아직까지 기업의 직장 내 괴롭힘의 예방 대책은 매우 소극적인 수준에 머물러 있다. 법적 분쟁으로 비화하는 경우를 대비하는 방안으로도 예방 노력이 유의미하다는 점을 고려해 보다 적극적 대안 마련에 나서야 할 것이다.

민법
제750조 (불법행위의 내용)
고의 또는 과실로 인한 위법행위로 타인에게 손해를 가한 자는 그 손해를 배상할 책임이 있다.

제751조 (재산 이외의 손해의 배상)
① 타인의 신체, 자유 또는 명예를 해하거나 기타 정신상 고통을 가한 자는 재산 이외의 손해에 대해도 배상할 책임이 있다.

② 법원은 전항의 손해배상을 정기금채무로 지급할 것을 명할 수 있고 그 이행을 확보하기 위해 상당한 담보의 제공을 명할 수 있다.

제752조 (생명침해로 인한 위자료)

타인의 생명을 해한 자는 피해자의 직계존속, 직계비속 및 배우자에 대해는 재산상의 손해없는 경우에도 손해배상의 책임이 있다.

제756조 (사용자의 배상책임)

① 타인을 사용해 어느 사무에 종사하게 한 자는 피용자가 그 사무집행에 관해 제삼자에게 가한 손해를 배상할 책임이 있다. 그러나 사용자가 피용자의 선임 및 그 사무감독에 상당한 주의를 한 때 또는 상당한 주의를 해도 손해가 있을 경우에는 그러하지 아니하다.

② 사용자에 갈음해 그 사무를 감독하는 자도 전항의 책임이 있다.

③ 전2항의 경우에 사용자 또는 감독자는 피용자에 대해 구상권을 행사할 수 있다.

행위자의 형사처벌이 가능하다

사실 근로기준법에 직장 내 괴롭힘 행위자를 처벌하는 직접적인 규정은 없다. 사용자의 의무를 설정하고, 그 의무를 위반한 사용자의 처벌 기준을 규정한 근로기준법의 체계에 따라 입법한 결과이기도 하다.

그러나 직장 내 괴롭힘 행위자를 아예 처벌할 수 없다는 의미는 아니다. 직장 내 괴롭힘이 매우 다양한 형태로 이루어지는 만큼 이미 여러 법률에서 규제하고, 처벌 규정을 둔 경우가 있기 때문이다. 가령 형법에서는 폭행, 상해, 모욕, 명예훼손, 협박, 강요, 나아가 성폭행 또는 성추행 등에 대한 규정이 있으며, 근로기준법에서는 폭행, 부당징계나 부당 전보, 연장·야간·휴일 근로 한도 초과, 휴게 시간 미부여, 임금 지급 원칙 위반 등에 관한 규정 등이 있다. 따라서 직장 내 괴롭힘 행위가 있었고, 그 행위가 회사 내에서의 관계를 떠나 개인 대 개인으로 발생한 사건으로서 형사상 처벌의 대상이 될 수 있다면 처벌이 가능하다.

다만, 형사 사건에 승소하기 위해서는 입증 과정에서 치열하게 다투어야 하므로 이에 준비하는 충분한 시간과 법률가의 도움을 받는 비용을 고려해야 한다.

제2장

이것도 직장 내 괴롭힘일까?

#01

"낙하산 꼰대, 메롱~ 집에 가!" 베테랑 점장 미선 씨의 호소

**문제
상황**

고등학교 때 커피 매장에서 아르바이트를 시작해 38세에 20년 경력자가 된 김미선 씨. 성실성과 집중력으로 소속 커피 매장을 1등으로 만드는 노하우를 터득했으며, 그 노하우는 소속 대기업 체인의 운영 매뉴얼로 만들어질 만큼 탁월함을 인정받았다.

미선 씨가 대기업 조직에서 고졸 출신으로 느끼는 성장의 한계에 부딪혀 고민할 무렵, 신생 벤처 수제 맥주 회사인 R사로부터 '서비스의 선진화'를 목표로 1년 내 성공할 경우 본부장 직책과 현재 연봉의 두 배 보수를 주겠다는 제안을 받고 주류 유통 판매 회사, 즉 다른 '물'회사로 스카우트되었다.

이직 후 첫날, 사장이 공식 월례 회의에서 신임 점장을 소개하겠다고 공식 카톡을 통해 공지했는데, 매장 직원 50여 명 중 참석자는 채 10명이 되지 않았다. 그나마도 전혀 집중하지 않고 휴대 전화를 쳐다보거나 두런두런 소란을 피우다 회의가 끝나기 전 두어 명을 빼고 모두 퇴장했다.

다른 차원의 조직에 맞닥뜨린 미선 씨. R사 매장은 레시피를 직접 개발해 스스로 맥주를 제조하는 파트와 홀 서빙과 주방 파트로 나누어지는데 핵심적인 인력 대부분은 20대 초중반의 맥주 마니아 남성들이다. 외모와 복장, 개성을 표현하는 방법에 이르기까지 강한 개성이 엿보이고, 명령에 따른다는 개념 자체가 없는 듯 보였다. 손님이 자리에서 일어난 후 신속히 정리해야 할 테이블들은 다른 손님이 와서 기다릴 때까지 방치되는 경우가 비일비재했다. 친구가 왔으니 접대를 해야 한다며 업무 시간에 친구와 테이블에서 노닥거리는 상황도 어렵지 않게 볼 수 있었다. 손님 응대도 바쁜 피크 타임에 전에 일하던 주방장이 방문했다며 주문하지도 않은 안주를 임의로 제공하거나 친했던 직원들이 몰려 홀 서빙이 마비되는 경우도 있었다. 출근 시간이 정해져 있는 것이 의심스러울 정도로 정시 출근율이 낮고, 업무 중 이탈하거나 당일 통보 후 조기 퇴근을 하는 데도 거리낌이 없었다.

사장의 해외 일정으로 환영식은 나중으로 미루자고 한 이후, 직원들과 흉금을 터놓고 진정성 있는 대화를 할 시간도 없이 미선 씨는 급하게 현업에 그대로 투입되었다. 미선 씨는 근태 관리를 위한 기본 시스템을 정비하고, 고객 만족 차원에서 필수적인 내용을 탑재한 서비스 처리 지침을 제정해 이를 교육시키는 등 서비스 개선 사업을 본격 추진하기 시작했다.

첫 출근일 이후 어느 누구도 '점장'이나 '본부장'이라는 호칭으로 정확히 부른 적도 없이 6개월이 지났다. 직원들은 정면으로 마주치는 경우에도 빤히 쳐다보고 인사는커녕 아는 체도 하지 않았다. 삐딱한 표정으로 미선 씨를 보면 얼굴을 돌리고, 그들끼리 눈빛을 교환하면서 수군거리며, 식사 때도 어느 누구도 함께하자는 직원이 없었다.

미선 씨는 시간이 지날수록 예민해지고 피로감이 누적돼 갔다. 병원에서 불면증, 과로와 영양실조 진단을 받으면서 수차례 사장에게 고충을 알렸지만 아르바이트생 중에서 점장을 뽑던 관행이 있었고 술 한 방울 못하는 미선 씨를 보면 직원들의 반발도 이해는 된다면서 알아서 하라는 반응이었다.

미선 씨가 6개월간의 매장 분석 결과와 향후 지침을 공지하기 위해 정기

월례 회의 날에 맞춰 전 직원에게 꼭 참석하라는 멘트를 친절하게 넣어 전체 단톡방에 공지했으나, 회의실에는 아무도 없었다. 사장의 해외 출장 기간 동안 새롭게 관계를 형성해 보려 했던 미선 씨가 낙담하며 나오는데 게시판 포스터에 낙하산에 매달려 있는 마녀 복장을 한 흉하게 비쩍 마른 할머니 그림에 "낙하산 꼰대~ 메롱~ 집에 가!"라는 말풍선이 큼직하게 그려져 있었다.

무엇이 직장 내 괴롭힘에
해당하는가?

　　　　／　R사의 직원들 사이에서는 맥주 마니아 커뮤니티의 서비스 매뉴얼을 수직으로 관리하려는 신규 관리자에 대한 집단적 저항의 요소가 강하게 작용하고 있다. 직원들이 이른바 '텃세'를 부리는 것으로 보인다. 기존에 점장 보직이 아르바이트로 오랫동안 근무한 직원 중 맥주 마니아로서의 자격과 헌신이 충만한 구성원의 몫이었던 것과 달리, 조직 밖에서 맥주를 전혀 모르는 여성이 신임 점장으로 전격 임명된 것에 반발해 신임 점장을 조롱하고 고립시키는 행동으로 표출된 것이다.

R사는 기존 관행과 달리 해당 분야에 대한 애정이나 전문성이 부족하다고 보일 만한 이력을 가진 점장을 채용하면서, 이러한 인사 정책이 회사 성장을 위한 서비스 개선의 일환으로 진행됐다는 점에 대해 기존의 구성원에게 충분한 동의나 이해를 구하지 않았다. 그런 탓에 구성원 간 갈등이 증폭된 측면도 있다고 판단된다. 게다가 새로운 업무 스타일은 기존

구성원의 행동에 전면적 수정을 요구하는 것이니 매우 거북할 수 있다. 회사의 규범과 방향이 명확하지 않은 상황에서 문제가 불거지면 자칫 신설 조직 전체가 큰 혼란에 빠질 수도 있다.

이슈1 - 괴롭힘의 2가지 개념

이 사례에서는 한 명의 신임 상사에 대해 다수의 기존 직원들이 집단적으로 보이콧을 벌이는 양상이 나타나고 있다. 수직적인 권력 관계에 의해 원하지 않는 괴롭힘 행위를 감내해야 하는 전형적인 괴롭힘 사례와는 다르다.

괴롭힘은 직접적 괴롭힘Bullying과 집단 따돌림Mobbing으로 구분하기도 한다. 집단 따돌림은 피해자가 집단 내 다수의 다른 구성원과 이질적인 특성이 있는 경우에 발생하며, 우위성 있는 상사보다는 동료, 부하 등 조직 내 다수가 집단적으로 행위자에 포함된다는 점에서 직접적 괴롭힘과 구분된다. 이는 통상 다른 구성원과 이질적인 경력을 보유한 피해자가 기존의 다수가 누리던 기득권을 파괴할 때 나타나는데, 주로 성격이나 인간성 등 사적 영역에 대한 공격과 뒷담화로 시작해 해당 피해자가 퇴출당할 때까지 다양한 형태의 괴롭힘 행위가 진행된다. 해당 조직에서 이를 명확히 금지하거나 방어하지 못하고 방조하거나 조장하는 경우 피해가 커지는 것이 전형적인 집단 따돌림의 특징이다. 이 사례는 전형적인 집단 따돌림 유형의 특징을 보여 주고 있다.

이슈2 - 상사도 괴롭힘 피해자가 될 수 있다

2019년 7월 16일 발효된 근로기준법은 직장 내 괴롭힘의 성립 요건으로, 행위자가 직장 내의 지위 또는 관계 등에 우위가 있을 것을 명시하고 있다. 미선 씨는 업장 전체를 통솔할 지위를 가진 점장이고, 경력이나 나이 면에서 우위성이 있다. 그러나 R사가 구성원의 특성상 직급에 따른 권위에 별다른 가치를 부여하지 않는 상황에서 미선 씨는 맥주 마니아, 20대, 남성 등 지배적인 조직문화에 속하지 못하는 아웃사이더에 불과했다. 직책과 상관없이 다수가 소수를 괴롭히는 행위이므로 관계에서의 우위는 직원들이 가지고 있다고 판단된다. 비록 직책이 높고 공식적 권위가 있다고 하더라도 조직 구성원 다수의 괴롭힘 행위로 고통당하는 피해자에 해당할 수 있다.

이슈3 - 직원들의 괴롭힘 행위

이 사례에서는 신임 점장이 기대하던 기존 승진 방식이 아닌 외부 영입 방식으로 임명되었다. 이에 직원들이 점장을 집단적으로 고립시키고 배제하는 행동이 발생하고 있다. 이를 사장이 리더십을 발휘해 해결하지 못하고 방조하면서 미선 씨의 피해가 더욱 커지고 있다. 구체적으로 문제되는 행위들을 살펴보면 다음과 같다.

① 무시와 배제 행위의 지속

- 사장이 공식 월례 회의에서 신임 점장을 소개하겠다고 공식 카톡을 통해 공지했음에도 불구하고 매장 직원 50여 명 중 참석자는 채 10명이 되지 않았다. 그나마도 전혀 집중하지 않고 휴대전화를 쳐다보거나 두런두런 소란을 피우다 회의가 끝나기 전

두어 명을 빼고 모두 퇴장했다.

- 첫 출근일 이후 누구도 '점장'이나 '본부장'이라는 호칭으로 정확히 부른 적도 없이 6개월이 지났다. 직원들은 마주치는 경우에도 빤히 쳐다만 보고 인사는커녕 아는 체도 하지 않는 상황이 지속되었다. 식사 때도 누구도 함께하자는 직원이 없었다.

사례에서 R사 직원들은 미선 씨가 부임한 첫날부터 업무 시간에 신임 점장이 인사하는 공식 행사에 대다수가 특별한 이유 없이 불참하고, 참석해서도 집중하지 않는 등 미선 씨를 철저히 무시하는 행위를 하고 있다.

② 외모와 나이 등 개인에 대한 모욕적 표현

- 게시판 포스터에는 낙하산에 매달려 있는 마녀 복장을 한, 흉하게 비쩍 마른 할머니 그림에 "낙하산 꼰대~ 메롱~ 집에 가!"라는 말풍선이 큼직하게 그려져 있었다.

직원들은 전원 모두 회의에 참석하지 않았고, 빈 회의실 게시판에 미선 씨의 나이와 마른 체형을 '매우 마른' 할머니로 묘사한 포스터를 붙여 외모와 나이를 노골적으로 조롱했다. 또한 '마녀 복장을 한 낙하산 꼰대'라는 표현은 채용 과정에 대한 그간의 불만을 공식적으로 드러낸 것으로서 미선 씨를 조직적으로 배제하는 상황을 명백히 보여 주고 있다.

③ 조직 이탈을 압박하는 표현

• "집에 가!"

직원들은 점장의 공식적인 회의 소집에 아무도 참석하지 않는 행동 등으로 미선 씨를 철저히 무시하고 고립시키는 데서 그치지 않고, 과감하게 "집에 가!"라고 하는 공격적 언어를 드러내 사용했다. 이는 단순히 문화적 차이에서 비롯된 무시나 텃세 수준을 넘어 미선 씨에게 사직을 압박하고 근무 환경을 악화시키는 구체적 표현이다.

이렇게 하면 어떨까?

／ 미선 씨 입장에서는 직업적 양심을 가지고 진정성 있게 일하는 가운데 집단적으로 고립과 멸시, 조롱을 당하면서 극심한 고통을 느끼고 있는 상황이므로 이에 상응한 위로와 대책 마련이 필요하다. 미선 씨는 구성원이 점장(상사)의 지시에 따르는 것이 기본이라고 생각하지만, 구성원들은 상명하복 문화에 대해 부정적 정서가 강하다. 미선 씨가 추진하는 서비스 개선에 대한 저항이 높은 상황에서 월례 회의 참여 전원 거부라는 집단행동까지 불사하고 있다.

조직 멘토링

R사에는 직원들의 행위 규범이 정립되어 있지 않고, 사장도 이에 대해 명확한 기준을 가지고 있지 않은 채로 현 상황을 방조하고 있다. 사용자가 이 상황을 인지하거나 미선 씨가 신고하는 경우, 사용자는 조사를 통해 행위자에게는 징계를, 피해자에게는 휴직 등 적절한 조치를 취해야 한

다. 그런데 어느 정도 범위를 행위자로 파악해 징계 대상으로 해야 할지, 징계 수위는 어느 정도가 되어야 할지, 피해자에게는 어떤 조치를 해야 적절하다고 할 수 있는지 모두 난감한 상황이다. 기존의 자유로운 사업장 운영 방식을 고려한다면 회의 불참을 명령 불이행으로 처분해 징계조치를 하기도 쉽지 않다.

우선 경영진이 충분한 준비 없이 외부에서 신임 점장을 영입해 서비스 개선을 추진하게 되면서 발생한 사안이니만큼 적극적으로 사안에 개입해 이 사건의 배경과 개선에 명확한 방향을 제시해야 한다. 조사를 통해 그간의 행동을 주도한 직원에게는 중하게, 단순 가담한 직원에게는 그에 알맞은 징계조치를 해야 할 것이다. 이때 피해자의 의견을 적극적으로 반영할 필요가 있다. 미선 씨가 화해할 의사가 있다면 행위자들에게 사과와 향후 정당한 지시에 적극 따르겠다는 약속을 받고 사건을 종결할 수도 있다.

징계 절차와는 별도로 경영진은 점장과 직원의 고충을 모두 수렴하고 직원 참여를 통한 서비스 개선 계획을 수립하는 한편, 점장에게는 그동안의 고통에 대해 충분히 배려해야 한다. 특히 미선 씨가 이직을 원할 경우, 그간 부담했던 고통과 앞으로의 위험성을 감안해 심리 치료와 전직 지원 서비스, 적정한 유급 휴가 부여, 고통에 상응하는 금전 보상 등을 고려할 필요가 있다.

또한 경영진은 직원들 또한 예기치 않게 외부에서 신임 점장이 부임하고 서비스 개선의 필요성에 대한 충분한 의사소통 없이 갑작스럽게 지시에 따라야 하는 상황에 불만과 충격이 컸고, 이러한 감정이 미선 씨에 대한 공격으로 드러났다는 점에도 유의해야 한다.

#02

퇴근 안 시키는 워커홀릭 상사.
신입은 사생활도 없는가?

**문제
상황**

이경민 씨는 '서류 전형 → OJT와 매장 실습 → 면접 → 신체검사'까지 모두 마
치고 결국 유명 패스트푸드 업체에 최종 합격했다. 학창 시절 여러 번의 매장
아르바이트 경험에다 만능 운동선수로 건장하고 성실하기까지 한 경민 씨는
장밋빛 꿈을 가득 안고 가장 매출이 높은 중심가 매장에 정직원 매니저로 첫
출근을 했다.

　　정시 출근 10분 전 출근한 경민 씨에게 점장 N은 잔뜩 찌푸린 얼굴로 "에
잇, 요즘 것들 태도하고는…. 쯧쯧" 하고 중얼거리며 딱히 답변할 시간도 주
지 않고 경민 씨를 노려보았다. 그것이 점장 N과의 첫 대면이었다. N은 부자
재 위생 관리 업무, 본사 업무 보고, 아르바이트 등 인력 관리 업무까지 매장
업무를 익히는 오리엔테이션 기간 내내 못마땅한 표정으로 경민 씨가 무엇을
하든 끊임없이 타박했다. 꼼꼼하게 업무를 처리하면서 시간이 걸리거나, 잘

이해되지 않아 질문하면 "대학 나온 미련 곰탱이"라고 대놓고 빈정거리는 것은 일도 아니었다.

식사하면서 여자친구와 통화할 때는 "그렇게 느려 터져서 연애는 어떻게 하고, 밥은 어떻게 처먹냐"고 하는 등 N은 사사건건 경민 씨를 빈정거리고 구박했다. 오랜만에 여자친구와 데이트를 하려고 경민 씨가 서둘러 일을 마치고 정시퇴근을 하려고 하면 "실력이 안 되면 몸으로라도 때워야지"라며 일을 던져 주었고, 그에 경민 씨는 여자친구와의 데이트도 거의 포기하며 지냈다.

경민 씨는 시간이 해결해 줄 것을 기대하며 1년을 버텼지만 상황은 더욱 악화되었다. 인건비를 회사 운영비의 8퍼센트 이하로 관리해야 하는 본사의 지침 때문인지 아르바이트생이 퇴사해도 적극적으로 충원하지 않아 경민 씨가 홀 서빙, 카운터, 심지어 주방 업무까지 지원해야 했다. 점장 외 유일한 정직원인 경민 씨에게 주어지는 대체 업무는 점점 늘어났다. 뜨거운 그릴 업무부터 홀 서빙에 빨대 꽂기까지, 쉼 없이 하루하루를 보내면서 경민 씨는 지쳐 갔다. 왕복 3시간이 걸려 출퇴근을 하고 하루 15시간씩 '야근 → 휴일 근무 → 야근'으로 근무한 지 거의 1년. 경민 씨는 이제 온몸이 무기력하다.

오늘 카톡 메시지에 10년 넘게 사귀었던 여자친구로부터 온 청첩장이 떴다. 경민 씨는 고개를 툭 떨구었다.

무엇이 직장 내 괴롭힘에 해당하는가?

／ 사례는 유명 프랜차이즈 매장에서 발생한 것으로, 이 회사는 전국 단위 매장을 운영하고 있다. 해당 사업장에는 아르바이트 등 젊은 구성원들이 다수 포함되어 있다는 점을 눈여겨보아야 한다. 이 회사는 대기업으로서 인적 자원 시스템을 갖추고 있겠지만, 각

매장은 해당 점장의 리더십 스타일이 크게 영향을 미친다는 점을 유념해야 한다. 이 사례는 신입 사원이 겪은 상황 그 자체로도 심각하지만 1년이 넘는 기간 동안 개선의 계기가 전혀 없었다는 점이 가장 큰 문제다. 문제가 되는 행동들을 짚어 보면 다음과 같다.

이슈1 - 괴로운 신입

① 과중한 업무 부여

- 하루 15시간씩 '야근 → 휴일 근무 → 야근'으로 지난 1년을 근무했다.

N은 매장의 책임자로서 신입 배치된 경민 씨에게 필요한 교육을 제공하고 지원해야 하지만, 숙련자인 본인의 업무 속도를 강요하면서 아르바이트생의 대체 업무까지 떠맡겨 결국 지속적인 장시간 근로로 경민 씨를 지치게 하고 있다.

장시간 근로는 직장 내 괴롭힘의 대표적 유형인 '과중한 근로'에 해당하며, 법적으로도 엄격히 금지하고 있는 행위다. 근로기준법에서는 근로시간을 1일 8시간, 주 40시간을 기본으로 규정하며, 휴일을 포함해 주 12시간의 시간 외 근로를 넘는 장시간 근로를 금지하고 있으므로, 사례와 같이 하루 15시간 근무, 야근, 휴일근로의 반복은 모두 근로시간 제한을 위반하는 과중한 업무에 해당한다.

② 상사의 무례한 언동

- 꼼꼼하게 업무를 처리하면서 시간이 걸리거나 잘 이해되지 않아 질문하면 "대학 나온 미런 곰탱이"라고 대놓고 빈정거리는 것은 일도 아니었다.

점장 N은 신입 사원 경민 씨의 고충을 듣거나 상사로서 적절한 코치를 하지 않고 조롱과 비난을 지속하고 있다. '곰탱이'라는 표현은 상대방을 조롱하는 무례한 표현으로서 상사에 의해 지속적으로 가해지는 경우 상대방은 커다란 상처를 받는다.

이렇게 하면 어떨까?

／ 회사로서는 목표 달성에 적극적으로 기여하는 점장 N을 당연히 우대할 것이다. 그러나 회사의 성공을 위해서는 뛰어난 한 명 외에도 구성원 모두의 적극적인 참여가 필요하다. 괴롭힘 리더를 용인한다면 그 조직은 결국 '괴롭힘 조직'이 될 것이다. 이 회사가 N을 우대한다면 경민 씨와 같은 구성원들은 회사가 안전하지도 정의롭지도 않다고 믿게 된다. 결국 우수 인력이 이탈하거나 의도적으로 일을 게을리하는 사보타주Sabotage 행동이 강화될 수 있다. 회사는 N의 행태를 조기에 파악해 이를 수정할 수 있는 방안을 마련할 필요가 있다.

조직 멘토링

강박적 근면 리더를 경계하라

회사의 지속적 성장을 위해서는 구성원을 희생해서 만드는 성공을 경계할 필요가 있다. 점장 N은 인건비 8퍼센트라는 달성하기 어려운 기준을 지켰다. 아르바이트생을 제때 뽑지 않고, 대체 근로를 시키면서 시간 외 근로수당을 주지 않는 방법을 모두 동원해서 직원을 자신의 성취 도구로 삼았다. 이러한 리더를 용인한다면 그 조직은 결국 '피로 조직'이 될 것이다.

직장 상사 중에서 점장 N과 같이 업무의 완벽성을 추구하면서 일 중독에 빠진 사람을 종종 볼 수 있다. 회사는 점장 N의 행태를 조기에 파악해 수정할 수 있는 방안을 마련할 필요가 있다. 점장 N은 사실 강박적 성향을 보여 주고 있다는 점을 눈여겨보아야 한다. 마라톤을 단거리 선수처럼 뛰어서는 성공할 수 없다. 적절한 휴식 없이 장시간 노동이 지속되면 피로 누적과 운동 부족으로 건강에 적신호가 켜지고, 사생활을 영위할 시간이 부족해 마땅히 누려야 할 삶의 영역이 위축되는 등 악영향이 초래된다. 아무리 실적이 좋아도 "괴롭힘 리더는 무능한 리더다"라는 원칙을 세울 필요가 있다. 그렇지 않을 경우, 장기적으로 우수 인력이 대거 빠져나가거나 직원들의 사보타주 행동이 촉진돼 생산성 저하에 직면할 수 있다.

전국에 수백 개 점포를 운영하는 대기업이라면 근로시간 제도 운영이나 신입 사원 교육에 대한 체계적 정책이 존재할 것이다. 그러나 실제로 각 매장에 근무하는 직원들의 삶은 사실상 점장의 리더십 스타일에 크게 좌우될 수 있다는 점을 유념해야 한다.

미국 균등고용기회위원회EEOC는 판매점이나 체인 음식점과 같이 '사업장이 분산된 경우' 본사 인사 시스템이 실질적으로 작동하기 어려워 현장에서 괴롭힘이 드러나지 않는 위험 요인이 있다고 경고한다. 이 경우

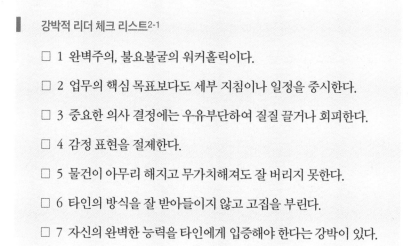

강박적 리더 체크 리스트2-1

□ 1 완벽주의, 불요불굴의 워커홀릭이다.

□ 2 업무의 핵심 목표보다도 세부 지침이나 일정을 중시한다.

□ 3 중요한 의사 결정에는 우유부단하여 질질 끌거나 회피한다.

□ 4 감정 표현을 절제한다.

□ 5 물건이 아무리 해지고 무가치해져도 잘 버리지 못한다.

□ 6 타인의 방식을 잘 받아들이지 않고 고집을 부린다.

□ 7 자신의 완벽한 능력을 타인에게 입증해야 한다는 강박이 있다.

관리자는 본사의 지침에 반하는 본인의 규범을 강요할 수 있다. EEOC는 사업장이 지리적으로 떨어져 있더라도 고충처리 교육이 전체 조직 차원에서 이뤄질 수 있도록 하고, 지역 관리자에게 담당 지역에서 발생한 고충에 대해 책임지고 교육해야 한다고 제시한다. 또한 지리적으로 분산된 근로자들이 서로 연결되고 의사소통할 수 있는 시스템을 구축하라고 제안한다.

점장 N은 현장 책임자로서 교육과 관리에 직접적인 책임을 맡고 있다. 그러나 그는 경민 씨의 업무상 고충을 들어 주고 지원하기는커녕 1년 넘게 사생활까지 포기해야 할 정도의 극단적인 근면을 강요하고 있다. 사례에서 신입 사원 경민 씨의 고충은 HR에 닿지 못하고 1년 넘게 방치되었다. 오히려 회사는 점장 N을 승진시킴으로써 괴롭힘 행동에 보상을 준 결과를 초래했다.

회사는 점장이 소속 구성원들을 괴롭히지 않고, 각 지점의 직원들도 자신의 권리를 알고 쉽게 해결할 수 있도록 고충처리 시스템을 정비해야 한다. 또한 점포 단위를 넘어서는 권역이나 전사 단위에서 접근이 용이한 고충처리 절차를 마련하고, 이를 적극적으로 알려야 한다. 특히 신입 사원의 경우 회사의 제반 시스템에 익숙하지 않다는 점을 감안해 특별히 주의를 기울일 필요가 있다. 직원들이 각 점포별로 분산된 경우 신입 사원들이 소통을 이어 갈 수 있도록 네트워크를 구축하고 모니터링하는 방안도 모색해야 한다.

개인 멘토링

실제로 경민 씨가 사내 고충처리를 요청하는 것이 쉽지는 않았을 것이다. 고충처리 시스템이 운영되고 있었다면 경민 씨가 1년 동안이나 큰 고통을 받도록 내버려 두지 않았을 것이다.

직장 내 괴롭힘에 대한 국내외 실태조사 결과에 따르면 경민 씨처럼 '참고 넘어가는' 직장인이 압도적으로 많다. 고통스럽지만 사내에서 그들을 구출해 줄 시스템을 찾기 어렵고, 실제로 해결되는 사례를 본 적이 없기 때문에 침묵하거나 퇴사하는 방법 외에 길이 없다고 느낄 수밖에 없다.

괴로움에서 벗어나고 싶다면 다음과 같이 해 보기를 권한다.

상사의 스타일을 파악하라

경민 씨는 N점장의 지시에 최선을 다하느라 심신이 지쳤고, 사생활에서의 생기도 상실한 상황이다. 이러한 상황에서 어떻게 대처할 수 있을까? N의 눈에 들려고 노력하면 할수록 더욱더 수렁에 빠질 뿐이다. 먼저 상사의 습성을 파악하고 대응 방법을 찾아야 한다.

강박증 상사의 괴롭힘 행위 특징2-2

□ 1 자신의 아이디어, 업무방식을 강요하고 따르지 않을 경우 심하게 질책한다.

□ 2 같은 결과가 나오더라도 자신의 방식이 아니면 인정하지 않는다.

□ 3 한번 부정적으로 평가하면 결코 그 평가를 바꾸지 않는다.

□ 4 주말, 휴일을 가리지 않고 일을 하며, 이를 직업윤리라고 여긴다.

□ 5 부하들도 그렇게 하기를 기대하면서 과중한 업무를 부여하고 장시간 근로를 강요한다.

점장 N은 '근면'이 신조이므로 그에게 변화를 기대하는 것은 불가능하다. 우선 다른 매장으로의 전환 등 회사에서 도움을 받을 만한 방법을 백방으로 모색해 볼 필요가 있다. 여의치 않다면 이제 1년이 넘는 경력을 갖추었으니 차분하게 준비해 나은 직장으로의 이직을 준비하자.

즉시 건강을 체크하고 WLB를 찾아라

경민 씨는 번아웃 증후군Burnout Syndrome 증상을 보이고 있다. 심신이 회복되기 어려운 지경에 처해 있는데도 스스로 벗어날 생각을 하지 못하고 있다. 경민 씨가 어려운 채용 시장에서 더 좋은 취업 대안을 찾을 수 없다고 생각할 수도 있다. 직장이 절실할수록 경민 씨는 현재의 일터를 포기할 수 없고, 달리 탈출구를 찾기 어렵다고 생각하기 쉽다. 특히 경민 씨처럼 착하고 성실한 사람들은 모든 상황을 자기 탓으로 돌리며 자책하는 경향이 있고, 심각할 경우 극단적인 선택으로 귀결되는 경우도 있다.

경민 씨에게는 현재의 상황을 벗어나고자 하는 용기가 필요하다. 일단 과중한 업무에서 벗어나 쉬면서 심신을 회복하는 것이 절대적으로 필요하다. 직장보다 더 중요한 것은 나 자신이라는 점을 명심해야 한다. 나 없이는 가족도 세상도 없다. 절대로 '참고 기다리면' 안 된다. "하늘은 스스로 돕는 자를 돕는다"라는 말을 새기고 적극적으로 대응하는 자세로 전환해야 한다.

우선 회사 내외에서 도움을 받을 수 있는 곳을 찾아 볼 필요가 있다. 다른 지점의 사정은 어떤지 확인해 보고 다른 매장으로의 전환도 적극 고려해 보자. 회사 인사부나 기업문화 팀 등 직원 고충을 처리하는 조직에서 지원이 가능한지, 위법한 사항에 대해는 법적 문제를 제기할 수 있는지 해결 방안을 적극적으로 모색해 보아야 한다.

또 법적 권리 확보를 위해 기록을 남겨 두는 것이 좋다. 1년 동안 일했으니 첫해 11일이 연차 휴가로 쌓여 있다. 지친 몸과 마음을 추스르고 그간 근무 시간 기록과 스스로 고통스러웠던 사건들에 대한 상세한 기록을 확보한다. 필요 시 증거로 쓸 수 있도록, 조롱이나 폭언 등을 녹취하거나 근무 시간을 기록해야 한다. 육하원칙에 따라 메모해 두고 관련 증거를 꼼꼼히 수집하는 게 유리하다.

#03

팀장과의 혈투는 하극상?

**문제
상황**

언더웨어 분야에서 최대 매출을 유지해 오고 있는 대기업 T는 비교적 안정적인 성장을 해 왔지만, 최근에는 패션 브랜드의 난립과 해외 직접 구매 선호로 인한 글로벌 경쟁, 그리고 저가 외국 제품의 범람까지 과거에 겪지 못한 경쟁 환경에 직면해 있다. 이에 소비자의 선호도를 지속적으로 파악하는 한편 경쟁력이 없는 브랜드를 조속히 폐지하고 상시적으로 조직을 변경하고 있다. 이러한 상황에서 구성원이 일당백으로 일하는 것이 요청되고, 당연히 실적이 저조한 고연봉자들에 대한 성과 관리가 강조되는 분위기다.

　T에서 5년 차인 정석현 과장은 당시 인기 패션 브랜드 회사 P를 합병하면서 입사한 41세 남성이다. 지방 명문대 출신으로 소규모였던 P사에서 혁신적 아이디어와 헌신적인 자세로, 선량한 성품에 성실하고 깔끔한 업무 처리로도 정평이 나 있던 석현 씨는 합병 후 T사의 P사업부로 전환되었다. 그러나 다양

한 시도에도 4년여 만에 결국 사업부가 폐지되었고, P사 출신 임원과 팀장급 관리자들이 모두 퇴출된 뒤 P사 출신 관리자 중 유일하게 살아남았다.

지난 번 정기 인사에 이어 이번 인사에서 연거푸 차장 승진에서 떨어지고, 사업부 폐쇄와 함께 타 부서로 전보된 석현 씨. 상사 S팀장은 명문대 출신에 핵심 인재 티오ᵀᴼ로 외국 MBA^Master of Business Administration까지 다녀왔으며, 패션 센스가 뛰어나고 사내 주요 사업을 연속 성공시킨 경험으로 향후 임원 승진이 유력시되는 39세의 패기만만한 남성이다.

정석현 과장이 부임한 첫날, S팀장은 "저런 촌티 나는 옷은 어디 가야 구하나?"며 그를 조롱거리로 만들었다. 이후 "걸음걸이가 느려서 어디 제대로 일은 하겠나!"라고 타박하는 등 정석현 과장을 보기만 하면 노골적으로 비아냥거렸다. 결재 문서에 줄이 안 맞거나 PPT 자료에 사소한 실수라도 있으면 "아휴, 망하는 데에는 다 그만한 이유가 있지. 루저는 그냥 루저가 아냐. 이것도 서류라고…"라며 서류를 휙 집어던지기 일쑤였다.

전보 3개월에 접어들면서 더욱 말이 없어지고 수척해진 정석현 과장은 동료가 힘들지 않냐고 하면 "사는 게 어디 쉽나요?"라며 웃어넘기면서, 어떻게든 적응하기 위해 애썼다. 최근에는 3주밖에 시간이 없는 신사업 발표를 준비하느라 야근과 휴일 근무를 마다하지 않고 있었다. 드디어 신사업 아이디어를 브리핑하고 브레인스토밍하는 전체 팀 회의의 날이다. 마지막 차례로 발표하는 동안 산만한 태도로 내내 집중하지 않던 S팀장이 모두에게 들리도록 "에이씨, 귀 버렸네. 이것도 아이디어라고 냈냐. P사업부 쫄딱 망한 게 다 이따위 멍청한 아이디어 때문이지, 나 참! 한심하기는"이라고 말했고, 무안해진 팀원들은 서둘러 방을 나섰다. S팀장은 정석현 과장이 들고 있던 커피잔을 툭 쳤고, 남아 있던 커피가 흘러 오랜만에 말끔하게 차려입은 정석현 과장의 바지에 흉한 얼룩을 남겼다.

얼굴이 벌겋게 달아오른 정석현 과장은 "에이, 씨ㅇ놈. 죽어, 이 자식아!"라고 소리를 지르며 번개같이 회의실 문을 잠근 후, S의 얼굴을 주먹으로 가격하고 발로 밟는 등 S에게 무차별 폭행을 가했다. S도 반격을 하면서 둘은 피범벅이 되어 엉켜 싸웠다. 싸움은 누군가의 신고로 관제실 직원이 마스터키로 회의실 문을 열고 들어가기 전까지 이어졌다.

거의 100여 명이 근무하는 20층 한가운데 위치한 유리방 회의실에서 업무 시간 중 발생한 이 사건은 직원들의 입방아에 오르내리고 있다. "부하 직원이 감히 상사에게 폭력을 휘둘러? 그것도 업무 시간에?"라는 놀라움과 "도대체 무슨 일이야?" 하는 궁금증과 함께 정석현 과장 동정론과 S팀장 지지 의견 등으로 갑론을박까지 이어지면서 회사 전체가 뒤숭숭하다.

무엇이 직장 내 괴롭힘에 해당하는가?

／ 일반적으로 기업에서는 이 사건에 인사 관련 규정을 적용해 상사에게 폭언과 폭행을 가한 정석현 과장을 중징계하는 방향으로 처리할 것이다. 업무 시간 중 사내에서 부하가 상사에게 폭력을 행사한 행위를 용인할 수 없다는 점은 명백하기 때문이다. 그러나 폭력의 원인인 S의 행위에 대해 회사는 어떻게 대처해야 할 것인지에 대한 고민이 남는다. T사가 우왕좌왕하며 적절히 대응하지 못할 경우 사건이 확대되면서 다양한 위험 상황이 발생할 수 있다.

정석현 과장이 장기간 괴롭힘을 당해 온 상황에서 일방적으로 징계를 받을 경우 이를 쉽게 용납하지 않을 가능성이 높을 뿐 아니라, 다수가 폭행 사건을 목격했고 이미 사건에 대한 소문이 돌고 있어 조직에 악영향을 미칠 수도 있다. 또한 정석현 과장과 S의 문제가 형사법적인 쌍방 폭행 문제로 진행되거나 언론에 노출될 경우, 시장에서 패션 분야에서 부드럽고 친근한 회사 이미지를 지향하고 있는 T사의 이미지가 훼손될 우려도 있다. 따라서 사건 자체를 정석현 과장과 S 간의 개인적인 사건으로 수습하기 어려운 상황이다. 정석현 과장의 폭행에 대한 징계, S의 행태에 대한 회사의 판단 기준을 세워 납득할 만한 처리를 해야 할 것이다.

이슈1 – 사내 폭력, 어떻게 볼 것인가

• 얼굴이 벌겋게 달아오른 정석현 과장이, "에이, 씨○놈! 죽어, 이 자식아!"라고 소리를 지르며, 번개같이 회의실 문을 잠그더니 S의 얼굴을 주먹으로 가격하고, 발로 밟는 등 무차별 폭행을 가했다.

평소 조용한 성품으로 상사의 업무에 부응하기 위해 노력하던 정석현 과장은 유리방 회의실에서 다수가 보고 있는 것을 개의치 않고 상사에게 폭언과 함께 폭행을 행사했다. 정석현 과장이 회의실 문을 잠그고, "죽어!" 등의 언어적 위협 행위도 수반했으므로 명백하게 범행 의사가 확인된다.

사례에서 T사가 겪고 있는 경쟁 환경과 조직 변경, 그리고 성과 강조 등은 우리나라 대부분의 기업이 가진 환경 요소다. 실적 압박은 팀장 등 성과를 관리해야 하는 관리자를 압박하고, 이러한 심리적 부담은 관리자의 리더십, 성격 요인과 결합하면서 구성원에게 공격적인 방식으로 드러날 가능성이 높다.

S팀장에게 승진에 연거푸 탈락한, 자신보다 두 살 위인 정석현 과장은 반갑지 않은 팀원이다. 강한 자기애적 성향의 S는 회사에 대한 기여도 없이 폐지된 P사업부 출신의, 개인적 연고도 없는 정석현 과장에 대한 불편

함과 부정적 태도를 여과 없이 표출했다. 이는 궁극적으로 정석현 과장이 퇴직하도록 압박한 과정으로 파악할 수 있다.

직장 내 괴롭힘이 법제화되기 이전에는 S팀장의 행동을 위법한 행위로 규정하기 어려웠으나, 2019년 7월 16일 이후 상황은 달라졌다.

이슈2 – S팀장의 괴롭힘 행위

S팀장은 정석현 과장이 합병으로 T사에 입사했고 P사업부 폐지로 전보까지 하게 된 상황인 데다 연속된 승진 탈락으로 상당한 고충이 있다는 것을 알고, 부적절한 언어적·비언어적 표현으로 정석현 과장을 괴롭혔다. 이는 T사의 전도유망한 임원 후보로 거론되는 S팀장이 성과와 조직 기여도가 낮다고 평가되는 정석현 과장을 조직으로부터 퇴출시키려는 의도로 개인적·업무적 조롱과 모욕을 주었다고 파악할 수도 있을 것이다.

① 모욕적 표현의 반복

- "걸음걸이가 느려서 어디 제대로 일은 하겠냐?", "저런 촌티 나는 옷은 어디 가야 구하냐?"며 조롱거리로 만들었다.

S팀장은 정석현 과장이 전임한 이후 3개월간 걸음걸이나 옷차림 등 업무와 관련 없는 부분을 사사건건 지적하며 모욕하는 표현을 서슴지 않았다.

② 사소한 실수에 대한 반복적 비난

- 제출한 문서에 오탈자라도 있으면 "아휴, (…) 루저는 그냥 루저
  가 아냐. 이것도 서류라고…."

정석현 과장은 S팀장의 부정적 태도에도 불구하고 어떻게든 S팀장의
기준에 맞추려고 노력했지만, S팀장은 사소한 업무 실수를 꼬투리 잡아
부적절한 표현으로 비난했다.

③ 거짓 혐의

- "이것도 아이디어라고 냈냐. P사업부 망한 게 다 이따위 멍청한
  아이디어 때문이지, 나 참! 한심하기는"

사례에서 P사업부의 부진이나 폐지에 대해 정석현 과장에게 책임을 물
을 만한 객관적인 정황이 드러나지 않는데도, S팀장은 틈만 나면 P사업
부 폐지를 정석현 과장의 역량이나 실적을 연결해 비난했다.

④ 위협이나 폭력적 행동

- "서류를 휙 집어던지기 일쑤였다."
- "들고 있던 커피잔을 툭 쳤고, 남아 있던 커피가 흘러"

S는 서류를 던지거나 커피잔을 쳐서 떨어뜨리는 등 부적절한 행태를
계속 보였다. 상대방에게 모욕감을 주는 이러한 행위들은 대표적인 직장

내 괴롭힘 유형에 해당한다.

이렇게 하면 어떨까?

／ 사례에서 T사의 구성원 간에 이 사건에 대한 찬반 논의가 분분한 점을 볼 때, 폭행과 직장 내 괴롭힘에 대한 구성원의 인식이 다양하게 나타난다는 것을 알 수 있다. 또한 S의 강한 자기애적 성향을 미루어 볼 때 괴롭힘 행위는 이번에만 나타난 것이 아닐 수도 있다. 하지만 유사한 리더들이 조직 내 우호적 평판을 유지하고 있을지도 모른다. 그대로 방치하면 S팀장, 정석현 과장 모두 소문의 피해에 노출될 수 있고, 결국 조직문화에 악영향으로 작용할 것이다.

조직 멘토링

T사가 괴롭힘을 근절하고 신뢰받는 조직으로 나아가기 위해서는 전 사원의 관심사가 된 이번 사건을 계기로 조직 내에 반괴롭힘 정책을 수립하고, 폭력 없는 일터로 거듭나기 위한 로드맵을 제시해야 한다.

정석현 과장의 폭행은 직접적으로 S의 전형적인 괴롭힘 행위로 인해 유발된 점이 인정된다. 따라서 정석현 과장에 대한 징계와 더불어 S의 직장 내 괴롭힘 행위에 대한 입장도 명백히 제시해야 할 것이다. 이 사건을 기계적으로 '부하가 상사를 폭행한 사건'으로 정의하고, 서둘러 정석현 과장만을 문제 사원으로 낙인찍어 징계하는 단기적 방식은 지양해야 한다.

본 사건을 S와 정석현 과장 둘만의 문제로 축소해서는 안 된다. 이 사건은 그간 S의 괴롭힘 행위를 목격해 온 팀원과 관련 직원들, 폭력 사건을 직접 목격한 20층 직원들, 소문으로 이 소식을 접한 조직의 전체 구성원이 연결되어 있다는 것을 명심해야 한다.

우선 임원 후보로 거론되는 S의 사건 관련 사실 관계와 리더십을 본격적으로 조사해야 한다. 해당 갈등이 폭행에 이르기까지의 경로를 상세히 파악하고, 이전 사업 부서의 사업 실적이 정당하게 평가된 것인지, 조직 내 평판이 부풀려지거나 왜곡된 것은 아닌지 조명해야 한다. 만약 그간의 성취가 부하 직원을 정신적으로 학대해 착취한 결과라면 성과를 재고하고 상응하는 조치를 취해야 한다.

중장기적으로는 유사 사건을 방지하기 위해 실적에 대한 정량적 평가뿐 아니라 다면 평가 방식으로 보완하거나, 주요 보직자 승진 시에는 리더십에 부정적 영향을 주는 성격 유형을 필터링해 괴롭힘 리더가 조직에 발붙일 수 없도록 대책을 마련해야 한다.

#04

보수적인 관행과 거짓 소문,
억울한 여성차별

**문제
상황**

N사는 무인 자동차 핵심 부품 제조사로 관련 특허 다수를 보유하고 있으며, 최근 성장세를 이어 가고 있는 중견 회사로 국내 유수의 자동차 업체를 고객사로 두고 있다. K대 공대 출신 엔지니어인 사장이 H사 연구소 근무 중 벤처 기업을 창업해 30여 년 동안 중견 기업으로 발전시켜 왔고 현재 300여 명의 임직원이 근무 중이다. 회사 내에서는 오래된 K공대 조기 축구회, H사와 함께하는 소규모 임원 골프 모임 등이 활발한 편이며, H사와 K공대 인맥이 주요 보직을 차지하고 있어 공식·비공식적인 핵심층으로서 큰 영향을 끼치는 것으로 알려져 있다.

최근 회사 성장에 따라 신입 사원이 늘어나고, 여성 직원도 꾸준히 채용해 전 직원의 거의 20퍼센트를 차지할 정도로 늘어났지만, 계약직이나 대리급 이하에 몰려 있어 사내 영향력은 미미한 편이다. 그러나 여직원이 증가하면서 근래 들어 성희롱 사건이 끊임없이 발생하고 있다. 공식적으로 문제가 제기된 경우는 없고 대부분 당사자끼리 해결하거나 심한 경우 행위자가 퇴직하는 수준에서 마무리되는 것으로 알려져 있다.

최근 최고 경영자는 회사 혁신을 위해 조직 내 다양성과 윤리 의식 제고를 모토로 강조하고 있다. 특히 유부남 팀장과 여직원 간 불륜 문제로 부인이 사장에게 찾아와 집기를 부수며 항의하는 사태가 발생한 이후 성 관련 이슈를 원 스트라이크 아웃제One Strike Out制로 엄격하게 처리하겠다는 입장을 밝힌 상태다.

산업디자인을 전공한 영업부 안미현 차장은 입사 10년 차로, 디자인 감각이 좋은 데다 업무 파악이 빠르고 추진력도 탁월해 디자인 파트의 성장을 견인하고 있다는 평가를 받고 있다. 여성으로서는 드물게 차장까지 승진했고, 공채 입사 동기 중 승진도 늦지 않은 편이다. 고객 니즈Needs 파악에 탁월한 능력을 발휘해 영업 실적에도 기여하기 시작했다. 부장 승진은 당연하고 최초 여성 임원 감이라는 평가를 받고 있으며 사장의 신임도 두터운 편이다. 게다가 최근 안미현 차장의 아이디어가 반영된 디자인 덕분에 올해 목표액을 능가하는 금액으로 H사와 계약을 체결하면서 사내에서 더욱 주목받게 되었다. 검증된 역량에 특별한 실적까지 내자, 안미현 차장이 정기 인사에서 승진할 것을 기정사실화하는 분위기가 지배적이다. 그러나 기존 임원과 상급자 사이에서는 보수적인 업계 특성상 여자 팀장이 말이 되냐는 의견이 공공연하게 제기되고 있다.

인사 발표가 있던 날, 발표된 승진자는 안미현 차장이 아닌 부장 승진 기회가 마지막이었던, 조기 축구회 회장인 K공대 출신의 40대 초반 B였다. 안미현 차장은 승진 심사에서 탈락한 것이 의아했다. 그러던 중 승진 심사 과정에서 자신의 도덕성이 문제 되어 탈락했다는 사실을 알게 되었다. 사내 지인을 통해 N사 내에 "안미현이 얼굴이 반반해서 원래 몸으로 영업한다", "안미현이 P에게 꼬리쳐서 계약을 따냈다", "P 때문에 안미현이 이혼했다더라", "P와 안미현이 모텔에서 나오는 걸 누가 봤다더라" 등 어처구니없는 소문이 돌고 있다는 것을 알게 된 것이다.

사실 소문은 H사에서 건너온 것이었다. 혁신의 아이콘으로 잘나가는 H사

신임 본부장 P와 안미현 차장이 늦은 시간 으슥한 골목에 있는 장면이 목격되면서 둘의 관계는 온갖 추측성 뒷담화의 소재가 되었다. "기러기 아빠 P가 모텔에 자주 드나든다", "P가 고객사 젊은 여자와 그렇고 그런 사이라더라", "P가 고객사 여자랑 모텔에서 나왔다" 등 떠도는 소문이 안미현 차장의 승진 심사에까지 영향을 미친 것이었다.

안미현 차장은 프로젝트 첫 회의에서 P를 처음 만났을 뿐이었다. 그날 기념으로 H사 인근 고깃집에서 팀 전체와 함께 저녁 회식을 가졌고, 회식은 한밤중에야 끝이 났다. 이 고깃집은 허름하지만 유명한 맛집으로 모텔 옆 작은 골목에 위치하고 있었다. 업무상 공식적으로 회식 자리를 한 번 가졌을 뿐 아무런 사적 관계가 없던 안미현 차장은 자신이 P와의 불륜설에 휩싸인 이유를 도무지 알 수 없었다. 전 남편의 사업 실패로 부채를 감당하지 못해 고통스럽게 이혼한 뒤, 이를 사내에 비밀로 한 채 남편이 남긴 부채를 해결하고 아픈 아이를 부양하기 위해 불철주야 일에 매달려 온 안미현 차장에게 돌아온 것은 사실무근의 추문과 승진 탈락이었다.

무엇이 직장 내 괴롭힘에 해당하는가?

N사는 최초의 여성 승진 문제에 봉착해 있다. 기존의 주류 구성원들은 회사에 대한 안미현 차장의 헌신을 인정하지 않고, 특정 대학의 특정 전공 출신, 그리고 남성이 승진해 왔던 기존의 관행, 즉 일종의 성 역할 규범을 침해한 것에 대해 적대적으로 대응하고 있다고 판단된다.

남성이 주요 구성원이었던 N사에서 상위직은 당연히 특정 인맥에서 배출되었다. 이러한 관행과 달리, 안미현 차장은 출신이 전혀 다른 데다 여성으로서 팀장이나 임원 자리에 오르려 하고 있다. 이러한 상황에서 직원들은 안미현 차장의 역량을 성적으로 비하하고 사생활을 왜곡해 퍼뜨렸으며, 사실과 관계없는 불륜 혐의까지 씌웠다. 이로 인해 결국 다시 기득권 집단이 팀장 보직을 차지하는 결과가 초래되었다.

안미현 차장은 N사에 헌신적이고 유능한 직원임에도 불구하고, 이혼한 개인사와 고객사 P 본부장과의 공식 만찬 장소가 우연히 모텔 옆이었다는 사실이 불륜으로 둔갑해 '카더라' 통신으로 왜곡되고 확대 재생산됐다. 이로 인해 승진 탈락은 물론 여성으로서 감내하기 어려운 명예훼손 상황에 처했다. 결국 승진 대상자는 사내 주류 집단에 속한 B에게 돌아갔고, 안미현 차장은 승진 누락뿐 아니라 10년간의 경력마저 한순간에 무너질 상황에 처하게 됐다.

안미현 차장은 이미 불면증으로 고통받고 있으며, 우울증 등 심각한 정신 질환으로 이어질 가능성도 높은 상황이다. 기회만 된다면 사직이나 이직을 고려할 것이며, 직을 유지한다 하더라도 예전만큼 헌신적으로 업무를 수행하기는 어려울 것이다. 이에 대해 법적으로 문제를 제기하는 것도 고려할 수 있다.

이슈1 - 여성 승진 차별

사례에서 N사는 특정 인맥과 학벌이 지배적인 전형적인 남초 조직으로 인적 다양성이 매우 떨어지는 조직이다. 전 직원 300여 명 중 20퍼센트인 60여 명이 여성임에도, 여성은 아직 팀장급이나 임원에 진출한 적이 없다. N사의 조직은 특정 대학과 전공 출신이 주류를 이루고 있으며 주요 비공식 조직도 모두 이들로 구성돼 있어, 결과적으로 남성이 보직을 독점하고 있다.

승진 심사 과정에서 주요 인사 대상자의 도덕성이 문제 된다면 당사자 진술이나 객관적 조사 등 사실 확인 작업이 수반되어야 한다. 최소한의 사실 확인 없이 '카더라' 통신에 기대어 승진 대상자가 결정된다면 N사의 인사 기준을 신뢰하기 어렵다. 문제가 된 불륜 관련 소문은 최소한의 사실 관계도 성립하지 않는 거짓 소문이었으나, 공식적인 승진 심사에서 사실을 분명히 파악하지 않은 채 불공정한 평가로 희생자만 만들어 내고 말았다.

남녀고용평등법은 채용이나 승진 및 교육 등 전 인사 영역에서 여성에 대한 차별을 금지하고 있다. 국가인권위원회 또한 성별로 인한 고용차별에 대해서는 인권 침해로 정의하고 있다. 안미현 차장이 이번 승진 누락에 대해 고용노동청과 국가인권위원회에 여성차별 차원에서 구제를 요청한다면 N사는 법적 분쟁을 피할 수 없을 것이다.

이슈2 – 소문과 인사 평가의 관계

"성적 이슈를 인사의 중요한 기준으로 삼겠다"라는 사장의 방침이 발표된 이후, 안미현 차장의 적극적 업무 태도와 탁월한 실적을 성적으로 폄하하고 조롱하는 거짓 소문이 퍼졌다.

① 업무에 대한 성적인 폄하

- "안미현이 얼굴이 반반해서, 원래 몸으로 영업한다."

- "안미현이 P에게 꼬리 쳐서 계약을 따냈다."

평소 눈에 띄는 외모와, 지위 고하를 막론하고 관계자들을 만나 소통하는 적극적 영업 방식, 중요 계약을 성사시켜 회사에 크게 기여한 업적을 "얼굴이 반반해서", "몸으로 영업한다", "꼬리를 쳐서"라는 매우 부적절한 표현으로 안미현 차장을 폄하했다.

② 사생활에 대한 거짓 소문

- "P 때문에 안미현이 이혼했다더라."
- "P와 안미현이 모텔에서 나오는 걸 누가 봤다더라."

안미현 차장이 이혼한 것은 사실이다. 2년 전 이혼하면서 굳이 회사 동료들에게 알리지 않았다. 다만 얼마 전 연말 정산 서류를 제출하면서 인사부에 사실이 알려졌을 뿐이다. 이혼은 6개월 전 공식 자리에서 P를 만나기 훨씬 전의 일이므로 P와 안미현 차장의 이혼은 명백히 무관하다.

한편 안미현 차장이 P와 처음 만나 브리핑을 마친 후 팀원들과 함께 회식한 장소는 H사 인근의 번화가로 식당가 옆에 모텔이 즐비한 곳이다. 인근에서 가장 유명한, 가성비 높은 이 고깃집은 ○○모텔의 현관과 매우 인접해 있을 뿐이다.

이렇게 하면 어떨까?

／ 미국 균등고용기회위원회^{EEOC}는 대표적인 괴롭힘 위험 상황으로 성 역할 고정 관념을 옹호하고, 기존의 조직 내 규범을 방어하는 경우를 제시한다. EEOC는 최고 경영자가 주도해 선제적·의도적으로 시민성을 높이고 근로자를 존중하는 문화를 정착시키는 경영 활동을 해야 한다고 권고한다. 우리는 이를 참고할 필요가 있다.

N사는 '다양성과 윤리'라는 가치를 천명하고 있으나, 현실은 달랐다. 건강한 의사소통 구조가 갖추어지지 않고 주류 파벌 세력이 뒷담화와 소문의 근원지로 의심받는 괴롭힘 조직으로 평가된다. 이러한 조직에서는 안미현 차장과 같은 유능한 인재가 버티기 어렵다. 시민성을 높이고, 존중 문화를 정착하기 위해 어떤 노력이 필요할까?

조직 멘토링

윤리 선언에만 그치지 말고 선언 내용을 실제 조직 내 모든 행동으로 연계해야 한다. 최고 경영자는 구호나 말이 아니라, 주류 구성원들이 일상생활에서 실질적인 변화를 이룰 수 있도록 행동으로써 변화를 주도해 나가야 한다. 괴롭힘 관련 베스트셀러 작가 로버트 서튼^{Robert Sutton}은 저서 《또라이 제로 조직^{The No Asshole Rule}》에서 괴롭힘이 없는 조직을 만들기 위한 몇 가지 의견을 제시했다.

만약 N사가 거짓 불륜 소문을 바로잡지 않은 채 안미현 차장에 대한 인사 처분을 그대로 유지하고 넘어간다면 향후 N사는 비윤리적이고 사내 정치가 난무하는 조직이 될 수 있다. 이러한 회사는 경쟁력 있는 조직이 되기 어려울 것이다.

> **괴롭힘 없는 조직을 만들기 위한 기본 요건**
>
> ☐ 1 실무, 정책, 시스템을 구축하라.
>
> ☐ 2 시스템뿐 아니라 조직 내 일상적인 상황에 주목하라.
>
> ☐ 3 윤리 선언에 그치지 말고 실제로 조직 내 행동으로 연계하라.
>
> ☐ 4 반괴롭힘 정책을 조직 내 모든 구성원에게 알려라.
>
> ☐ 5 대응 방안을 실제로 행동할 수 있도록 구체화해 교육하라.

개인 멘토링

이러한 누명을 쓰는 일은 여성 관리자에게 종종 일어나는 일이다.

안미현 차장은 상황이 이 지경까지 갈 때까지 본인이 이러한 음해성 소문에 둔감하지 않았는지 성찰해 볼 필요가 있다. 임원으로 올라갈 수 있는 위치에 있다면 네트워킹 관리가 아주 중요하다. 본인의 네트워킹을 분석해 볼 기회로 삼는 것이 좋다. 또한 승진 누락의 표면적인 이유가 불륜설이라면, 그리고 이것을 회사가 공식적인 이유로 내세웠다면 안미현 차장은 회사에 공식적으로 대응해야 한다. 단지 '설'에 의해 임원 인사를 좌지우지했다는 것에 이의를 제기함으로써 본인의 평판을 복원할 수 있기 때문이다.

또 이 회사에서 본인의 꿈을 지속적으로 펼칠 수 있는지 여부를 점검할 시기라고 보인다. 승진에서 누락된 것이 '설'에 의한 것이고, 본인이 강력한 이의를 제기해 회사에서 임원으로의 승진이 가능하다면 이 상황을 회사 문화를 개선하는 계기로 삼을 수 있을 것이다. 그러나 회사가 요지부동이면 이러한 회사에서 향후 경력을 계속 쌓는 것이 이득이 될지를 따져 결정을 내리는 것이 필요해 보인다.

안미현 차장이 회사를 상대로 이의 제기를 하는 과정에서 회사 내부에 안미현 차장을 심리적으로 지지해 주는 세력이 있다는 것은 매우 중요하다. 만약 지지 세력이 없다면 오로지 일만 해 온 본인의 업무 스타일이 임원으로서 승진하는 데 1퍼센트 부족하다는 것을 인정하고 변화해야 할 시기이다. 변화를 위해 커리어 코치나 멘토를 찾는 것도 도움이 될 것이다.

#05

비리 제보에 집단 왕따?!
정직해서 괴롭다

문제
상황

35세 김진성 주임은 지방 도시의 대중교통 서비스를 제공하는 T공사의 사업소에서 근무 중인 5년 차 엔지니어다. 지난 해 정부 관료 출신 사장이 취임해 청렴 경영과 근무 기강 확립을 강조하고 있지만, 소속 사업장에는 회사의 방침이 제대로 시행되지 않는다는 비판이 있다. 소장은 무슨 최고 경영자 과정을 다닌다며 반년간 거의 매일 조기 퇴근을 하고 있고, 부소장과 반장을 비롯한 소속 직원들은 소장의 비위를 맞출 뿐 안전사고 예방책 마련 등 본부에서 내려오는 각종 지침을 지연 처리하는 일도 허다하다.

업무에 열의를 가진 김진성 주임은 전체 회의 때 비용 산정과 영수증 제출을 체계화하는 방안과 업무 개선 방안을 수차례 건의했다. 김진성 주임의 건의에 대해 회의 참석자들은 "누군 몰라서 안 하는 줄 아나?", "쥐뿔도 모르면서 나대기는", "여기 도둑놈들만 있는 줄 알아? 거지 깽깽이 같은 새끼, 알지도 못하면서 쓸데없는 데 신경 쓰네"라며 노골적으로 핀잔을 주었다. 특히 부소장이 갑자기 흥분하면서 "에이, 재수 없는 새끼, 드럽게 깐죽거리네"라는 거친 언행으로 응수한 이후, 김진성 주임은 더 이상 의견을 제시할 엄두를 내지 못한 채 지내고 있다.

그러던 중 불시에 내부 감사가 진행돼 소장이 장기간 조기 퇴근을 해 온 것, 회식으로 장시간 자리를 비운 것 등 근무 기강 문제와 부적절한 부서 회식비 등 관리비 유용이 적발되었다. 소장과 관리자는 인사위원회에 회부되고 중징계 직전까지 갔으나, 감봉 등의 징계로 경감받고 마무리되었다. 징계조치가 종료될 무렵 사업소에서는 이른바 '제보자 색출' 작업이 진행되었고, 김진성 주임이 자연스럽게 제보자로 지목되었다.

이후 김진성 주임을 대하는 소장과 부소장의 태도가 점점 포악해지고 있다. 소장은 김진성 주임의 인사를 받지 않을 정도로 그를 완전히 무시하고, 부소장은 눈을 부라리고 노려보며 "에이, 재수 없는 배신자 새끼, 반역자 새끼", "꺼져 버려, 새꺄"라며 지속적으로 폭언을 퍼붓는다. 심지어 가까이서 만나면 손을 번쩍 올려 때릴 듯이 위협하기도 하고 김진성 주임 앞에 침을 뱉기도 했다.

소장은 이를 전혀 제지하지 않고 오히려 조장하고 있다. 김진성 주임은 시간이 갈수록 고립되는 상황이다. 구내식당에서도 거의 혼자 식사를 하는 데다 사업소의 정기 회식 장소도 통보받지 못했다. 상호 협의하던 근무표 작성 과정에서도 배제되어 휴일 근무는 물론, 통상 중년 이상 선배들이 처리해 오던 진상 고객 상대 민원 처리까지 떠맡게 되었다.

무엇이 직장 내 괴롭힘에 해당하는가?

／ 김진성 주임은 평소에도 바른말을 하면서 상사로부터 곱지 않은 시선을 받고 있던 중, 문제가 된 대상자를 내부 감

사에 제보했다는 의심을 받으며 괴롭힘을 당하고 있다. 진성 씨가 제보자로 밝혀지지 않은 상황이고, 실제 제보자이든 아니든 의도적인 사회적 고립, 신체적 위협 등의 보복 행위는 괴롭힘에 해당한다. 다음의 3가지 행위 유형이 괴롭힘에 해당한다.

이슈1 – 수행하기를 꺼리는 업무 부여

- 상호협의하던 근무표 작성 과정에서도 배제되어 휴일 근무는 물론, 통상 중년 이상 선배들이 처리해 오던 진상 고객 상대 민원 처리까지 떠맡게 되었다.

부정적 행위 설문지NAQ-R는 역량보다 낮은 업무 부여, 불합리한 마감 시한의 업무 부여, 수행하기 어려운 업무 부여 등을 괴롭힘 유형으로 제시하고 있고, 한국 대인 갈등 질문지KICQ에서는 한국적 정서를 반영해 '나에게 꺼리는 업무를 주었다'로 수정한 바 있다. 진성 씨는 근무표 작성 과정에서 배제된 뒤 휴일 근무와 민원 처리 등 다른 직원들이 기피하는 업무를 떠맡아 고통받고 있다.

이슈2 – 보복형 사회적 배제

- 시간이 갈수록 고립되는 상황이다. 구내식당에서도 거의 혼자 식사를 하는 데다 사업소의 정기 회식 장소도 통보받지 못했다.

두 번째로 사회적으로 배제하는 보복 행위가 있다. 이 사업소는 근무 불량이 감사에서 적발된 뒤 문제점을 개선하기는커녕 제보자 색출을 시도하고, 근거 없이 진성 씨를 제보자로 낙인찍었다. 이후 사업소에서는 그를 전체 회식에서 배제하는 등 집단 따돌림 행태가 나타나고 있다. 이는 직장 내 사회적 관계를 의도적으로 단절해 정신적·정서적 고통을 가하는 행동으로서 괴롭힘 행위에 해당한다.

이슈3 - 폭언과 신체적 위협

세 번째로 건의에 대한 폭언과 신체적 위협을 들 수 있다. 김진성 과장은 회의에서 업무 개선 방안을 수차례 건의했지만 "누군 몰라서 안 하는 줄 아나?", "쥐뿔도 모르면서 나대기는", "여기 도둑놈들만 있는 줄 알아? 거지 깽깽이 같은 새끼. 알지도 못하면서 쓸데없는 데 신경 쓰네", "에이, 재수 없는 새끼, 드럽게 깐죽거리네"와 같은 폭언, 손을 번쩍 올려 때릴 듯이 위협하기도 하고'와 같이 신체적으로 위협하는 행동 모두 직장 내 괴롭힘 행위에 해당된다.

이렇게 하면 어떨까?

조직 멘토링

이 사례에서 진성 씨는 실제로 공익 제보를 했는지의 여부와 상관없이 괴롭힘을 당하고 있다. 통상 해당 조직의 문제를 제보하는 경우 일종의 '배신자', '밀고자' 프레임이 씌워져 괴롭힘의 대상이 되기 쉽다. 공기업이 감사 대상에 오르면 구체적으로 사실 규명을 위해 상당한 양의 자료를 제출해야 하기 때문에 업무량이 폭증하고 외부에서 '비리 조직'으로 비난받는 경향이 있어 이슈화를 매우 꺼리는 분위기가 지배적이다.

직장 내 괴롭힘과 공익 제보는 대단히 밀착된 이슈로서 공익 제보에 대해 먼저 살펴보고자 한다.

공익 제보는 근로자가 주로 조직 내 상급자나 조직 외부의 권력자가 행한 부정 행위를 대내외에 알리는 행위다. 공익 제보자에 대한 괴롭힘은 1998년부터 별도 연구 분야로 성장할 정도로 전형적인 직장 내 괴롭힘 영역이라고 할 수 있다. 통상적으로 비리 제보는 행위자 한 사람에 한정되지 않고 조직 전체에 영향을 미칠 수 있다. 비록 비리 행위가 확실해서 특정인이 징계된다고 해도 기존에 용인되어 왔던 문제로 인해 조직 구성원 전체에 대한 위협으로 받아들여질 가능성이 매우 높다. 그래서 비리 제보에 앞서 그 심각성을 철저히 판단하고, 제보를 체계적으로 진행할 필요가 있다.

공익 제보자에게 일어날 수 있는 시나리오부터 알아보자. 제보자 괴롭힘과 관련한 연구에 따르면 제보자 중 30퍼센트는 징벌적 성격의 전환 배치가 이루어졌고, 20퍼센트는 정신건강의학과 및 심리치료 대상이 될 만큼 정신적으로 고통받으며, 전체 제보자 중 70퍼센트는 제보 이후에도 제보 의도에 대해 의혹 섞인 질문을 받을 뿐 아니라, 대부분은 사적인 영역에 대해서도 공격을 받는다고 한다.2-3 엔론사Enron社의 회계 부정을 폭로한 공익 제보자는 《타임TIME》의 '올해의 인물'로 선정되는 등 화려하게 주목을 받았지만, 조직 내에서 자행된 거대한 보복에 시달리다가 결국 실업자가 되었다. 조직 내 비리에 대한 제보 사건이 터지면 비리의 내용보

표 2-1 공익 제보자에게 일어날 수 있는 3가지 시나리오[2-4]

시나리오 A

조직 내 잘못된 행동 발생 → 직원의 인지 → 공익 제보를 하지 않음 → 아무 일도 일어나지 않음

시나리오 B

조직 내 잘못된 행동 발생 → 직원의 인지 → 공익 제보를 함 → 고발을 받은 사람이 자신의 잘못된 행동을 중단시킬 힘과 의지가 있음 → 잘못된 행동 중단

시나리오 C

조직 내 잘못된 행동 발생 → 직원의 인지 → 공익 제보를 함 → 공익 제보자에 대한 보복 프로세스가 시작됨 → 잘못된 행동이 중단되지 않음

공익 제보자에 대한 박해

부정적 행위가 반복됨 - 공익 제보자가 괴롭힘의 피해자가 됨

다 제보자에게 관심을 집중하는 경향이 있다. 침묵을 거부하는 데 따른 위험도는 대상의 비리 행위 정도가 심할수록 높고, 동료들의 사회적 지지

여부가 변수로 작용한다고 한다.

조직 내 비리가 발생하고 이것이 용인되는 경우, 조직의 도덕성이 붕괴되고 결국 조직 전체가 붕괴될 위험에 처할 수밖에 없다. 조직 구성원이 기존의 질서나 관행에 반해 사내·외에 비리를 신고하는 것이 비난과 보복의 대상이 되어 왔고, 집단주의적 성격이 강한 우리나라에서는 이러한 현상이 더욱 심각하게 나타날 수 있다.

넓은 의미에서, 기존 조직의 관행에 반하는 모든 행동은 크고 작은 비리를 막론하고 모두 유사한 원리가 작동한다는 것을 이해해야 한다. 괴롭힘 행위를 신고하는 경우도 이러한 과정과 동일하며, 대응 방안도 그대로 활용할 수 있다.

개인 멘토링

성공적 제보를 위한 팁과 정책 수립 시 유의사항

공익 제보는 조직의 중장기적 생존을 위해 필요하며 장려되어야 한다. 성공적인 제보를 위한 몇 가지 조언을 미리 알아 두면 좋다.

성공적인 제보를 위한 조언

☐ 1 부정행위의 심각성을 확인한다.

☐ 2 언론 등 외부 제보에 앞서 내부 절차를 최대한 사용한다.

☐ 3 증거를 제출한다.

☐ 4 지원을 확보한다.

☐ 5 '가치 있는' 제보자로 인식되도록 절차를 거친다.

이와 같은 조언을 따르면 조직에 대해 여유 있게 대응할 수 있으며, 해당 이슈와 사건을 자체적으로 조율할 수 있고, 제보 이후 괴롭힘 상황을 방지할 수 있다.

또한 제보자에 대한 괴롭힘을 예방하고 효과적으로 해결하기 위한 정책 수립 시 유의 사항도 언급하자면 다음과 같다.

> **공익 제보 정책 수립 시 유의 사항2-5**
>
> ☐ 1 책임에 대해 효과적으로 전달할 수 있도록 명시한다.
> ☐ 2 제보에 대한 명확한 절차를 마련한다.
> ☐ 3 제보 접수와 조사에 숙련된 인력을 확보한다.
> ☐ 4 적절한 조치를 취한다
> ☐ 5 보복 금지 의도와 보장을 명시한다.

직접적인 문제는 아니나, 조직 내에서 비리가 문제될 수 있는 상사나 동료를 알아내고 괴롭힘에 대처하는 데 실질적으로 유용하다. 또한 왕따 등 사회적 고립에 의한 고통뿐 아니라 상사의 반사회적 행태나 과도한 업무 부여 등 부당한 인사 처우와 근로조건 차별 행위에 대해서도 법적 분쟁을 고려할 수 있다.

반사회적Antisocial Personality Disorder, ASPD **괴롭힘 상사 체크 리스트**

- ☐ 1 습관적으로 타인의 권리를 무시하고 침해한다.

- ☐ 2 사익을 위해서나 그저 재미로 타인에게 거짓말을 한다.

- ☐ 3 타인에게 상처 입히거나 학대하는 행위를 합리화하고, 심지어는 즐긴다.

- ☐ 4 타인에게 상처 입히거나 학대하는 행위를 합리화하고, 심지어는 즐긴다.

- ☐ 5 괴롭힘의 한계가 없다. (＊최악의 상사, 최악의 동료, 최악의 부하)

- ☐ 6 부하에게 규칙을 따르지 않을 것을, 심지어 범죄를 저지를 것을 요구한다.

- ☐ 7 자신의 명령을 무조건 따를 것을 요구한다(거부할 경우 약자로 인식).

- ☐ 8 부하에게 무력감과 모멸감을 주는 언행을 일삼는다.

#06

실력자 임금피크제에 대한 압박, 나이가 죄인가?

문제 상황

52세 고진영 팀장은 L사에 입사해 20여 년간 근무했다. 외무고시에 도전하다가 취직하느라 입사가 늦었지만, 입사 후 사내 요직을 두루 거쳐 해외 영업팀장 5년 차에 접어들고 있다. 고 팀장은 회사의 전반적인 경영환경 악화에도 불구하고 베트남 정부에 5년간 L사 제품을 독점적으로 공급하는 계약을 체결하는 등 탁월한 영업 실적을 보여 왔다. 영어는 물론 중국어에 베트남어까지 3개 국어에 능통하고, 고객과 관련 업계의 신뢰가 두터운 데다 조직 운영 능력까지 갖추어 일찌감치 임원 후보로 거론되어 왔다.

그런데 L사는 3년 전부터 임금피크제를 시행하고 있고, 만약 고진영 팀장이 임원에서 탈락하는 경우 바로 임금피크제 대상이 될 수 있는 상황이다. 임금피크제는 원래 저성과자들에게만 적용되던 제도지만, 3세 경영이 본격화되면서 모든 직원에게 적용되는 방향으로 바뀌고 있다. 이 제도는 만 53세가

되는 날 적용되며, 당시까지의 직책은 모두 해제되고, 보수는 퇴직 시까지 최종 50퍼센트 수준까지 삭감된다.

최근 40대 초반인 3세의 경영이 본격화되면서 임원의 연령이 낮아져 사실상 50대가 임원으로 승진하는 것이 어려운 분위기라는 소문이 돌고 있다. 스스로 회사 생활에 최선을 다한 것은 물론 실력 면에서 최고라고 자부해 온 고영진 팀장도 나이의 벽을 넘지 못하고 승진에 탈락하고 말았다. 늦은 결혼으로 대학생 자녀가 둘이나 되는 고 팀장은 아내의 만류로 3년분 정도의 연봉을 일시금으로 수령할 수 있는 명예퇴직 프로그램을 선택하지 않고 조직에 남는 길을 택했다. 그는 53세 생일날 이메일로 팀장 보직 해임과 직책 수당 삭감, 그리고 법인 카드 반납 조치를 공지받았다.

신임 팀장은 컨설팅 회사에서 경력을 쌓은 40세 A차장이 파격적으로 발탁되었다. 스스로 신임 회장과의 개인적 친분을 과시할 뿐 아니라, 업무 성과에 대해서도 과장하는 경향이 우려되고 팀장이 이 점을 수차례 지적한 적이 있으나 별다른 변화를 보이지 않던 직원이다. 이제 베트남 계약 연장을 포함해 기존의 고영진 팀장이 맡았던 업무는 모두 신임 팀장 A가 처리하고 있다.

고진영 씨는 '해외 사업 데이터 시스템 구축'이라는 과제를 맡았다. 그는 상세 지침 없이 주어진 이 과제를 어찌 수행할지 막막한 일상을 보내고 있었다. 그러던 중 베트남 프로젝트 파트너인 고객사로부터 담당자 변경과 회사 정책 혼선에 따른 고충을 제기하는 전화와 메일을 받았다. 베트남 상황에 대한 이해가 부족한 신임 A팀장이 그간에 양 사 간에 형성되었던 크고 작은 업무상 양해 사항을 무시하고 '계약'만을 강조하고 있다며 분통을 터트리는 한편, 만약 개선되지 않는다면 거래선을 바꿀 수 있다는 경고까지 들어왔다. 상황이 심각하다고 보고 A팀장에게 수차례 상황을 설명했지만 무표정한 얼굴로 "팀장이 누구죠? 주제넘게 나서지 말고 본인 일이나 제대로 하세요"라며 반응을 보이지 않았다.

고진영 씨는 업계 동료와 경쟁사로부터 스카우트 제의를 받기도 했지만, 오랫동안 몸담아 온 회사를 배신할 수는 없다는 생각에 제의를 거절하고 새롭게 회사 생활에 적응하려고 노력하고 있다.

A팀장은 고진영 씨에게 주어진 과제에 대해 '다른 사람들의 업무를 방해하지 말고 그간의 경험을 토대로 독립적으로 업무를 완성하시오' 외에 구체적으로 지침을 주지 않았다. 데이터 시스템을 구축하기 위해서는 습관적으로 "팀장님"이라고 부르는 과거의 부하 직원들과 업무를 처리해야 하고, 유관 부서와의 협조도 필요하지만 '독립적'이라는 지침을 벗어나는 것 같아 적극적으로 업무를 처리하기가 어렵다. 또한 팀 회의 때 진영 씨가 전담하던 내용이 논의되어 도움이 되는 발언을 하자, A팀장은 "뻔한 내용을 회의에서 반복할 필요는 없다"며 일갈한 뒤, "딴 부서 노인네들은 너무 놀아서 걱정이라는데 왜 이리 나대는지"라며 면박을 주었다. 이후에 진영 씨는 팀 회의 일정도 통보받지 못하고 있다. 팀 정례 회식에서 '젊은 애들' 노는 곳이니 연세 드신 분은 안 오셔도 된다는 팀장의 코멘트로 회식에도 열외가 되었고, 팀원들이 진영 씨와 대화하는 것마저 꺼려지는 분위기가 되었다. 자연스럽게 진영 씨는 평소 식사를 혼자 하거나 다른 임금피크제에 해당하는 직원들과 함께하게 되었다. 게다가 베트남 프로젝트의 계약 연장이 실패하자 그 책임이 진영 씨에게 있다는 소문까지 듣고 있다. 진영 씨가 이직을 위해 일부러 베트남 프로젝트 관련 정보를 경쟁사에 흘렸다는 황당한 내용이다.

무엇이 직장 내 괴롭힘에 해당하는가?

고진영 씨는 출중한 실적을 쌓았음에도 불구하고 나이로 인해 승진이 좌절된 뒤 바로 임금피크제가 적용돼 저하된 근로조건을 받아들여야 하는 고충이 있다. 이에 더해, 사내에서 고립감에 시달리면서 프로젝트 실패에 대한 책임과 정보 유출 의혹까지 받고 있는 상황이다. 사례에서는 전형적인 사회적 고립형 괴롭힘 행위가 나타나고 있다.

이슈1 – 핵심 정보의 배제와 무시

- '다른 사람들의 업무를 방해하지 말고 그간의 경험을 토대로 독립적으로 업무를 완성하시오' 외에 구체적으로 지침을 주지 않았다. 데이터 시스템을 구축하기 위해서는 습관적으로 "팀장님"이라고 부르는 과거의 부하 직원들과 업무를 처리해야 하고, 유관 부서와의 협조도 필요하지만 '독립적'이라는 지침을 벗어나는 것 같아 적극적으로 업무를 처리하기가 어렵다.

회사는 진영 씨에게 명확한 지침과 관련 구성원과의 소통 창구를 마련하지 않은 채 추상적 과제를 부여해 실질적으로 업무를 수행하기 어려운 상황을 만들었다.

- 베트남 고객사로부터 온 긴급한 경고 상황을 A팀장에게 수차례 설명했지만 무표정한 얼굴로 "팀장이 누구죠? 주제넘게 나서지 말고 본인 일이나 제대로 하세요"라며 반응을 보이지 않았다.

A팀장은 진영 씨의 우려에 관심을 기울이지 않고 무시했으며, 팀 회의 때에는 공식적인 의견을 묵살하기도 했다.

이슈2 – 준고령자에 대한 사회적 배제

A팀장은 진영 씨가 구성원과의 협력을 통해 업무를 추진하고 오랜 경험을 통해 알고 있는 기업 노하우를 공유하는 것을 원천적으로 막고 있으며,

팀 회식에서 배제하는 등 사회적 관계를 방해해 진영 씨를 고립시키고 있다.

업무적 고립과 관계적 고립으로 나누어 살펴보자. 팀 회의 때 진영 씨가 전담하던 내용이 논의되어 도움이 되는 발언을 하자, A팀장은 "뻔한 내용을 회의에서 반복할 필요는 없다"며 일갈한 뒤, "딴 부서 노인네들은 너무 놀아서 걱정이라는데 왜 이리 나대는지"라며 면박을 주었다. 이후에 진영 씨는 팀 회의 일정도 통보받지 못하고 있다"는 내용은 업무적 고립에 해당한다. 그리고 "팀 정례 회식에서 '젊은 애들' 노는 곳이니 연세 드신 분은 안 오셔도 된다는 팀장의 코멘트로 회식에도 열외가 되었고, 팀원들이 진영 씨와 대화하는 것마저 꺼려지는 분위기가 되었다. 자연스럽게 진영 씨는 평소 식사를 혼자 하거나 다른 임금피크제에 해당하는 직원들과 함께하게 되었다"는 관계적 고립에 해당한다. 진영 씨는 업무적으로뿐만 아니라 관계적으로도 고립된 상황에 처해 있다.

이슈3. 업무 실패에 대한 책임 전가와 정보 유출에 대한 혐의

진영 씨는 자신의 노하우를 공유하는 등 업무 추진에 기여하려고 했으나 업무에 대해 관여하지 못하도록 통제당하고 있다. 그러다 베트남 프로젝트 계약을 연장하는 데 실패하자 그 책임을 진영 씨에게 떠넘기고 있다는 소문까지 돌고 있다. 게다가 진영 씨는 이직을 위해 일부러 베트남 프로젝트 관련 정보를 경쟁사에 흘렸다는 정보 유출 의혹까지 받고 있다.

이렇게 자신의 업무가 아닌 사항에 대해 책임을 추궁당하거나 정확히 확인되지 않은 정보 유출 의혹을 받게 되는 경우도 직장 내 괴롭힘의 한 유형이라고 볼 수 있다.

이렇게 하면 어떨까?

조직 멘토링
조기퇴직제와 임금피크제를 성찰할 때

조기퇴직제와 임금피크제에 관해서는 다음의 글을 우선 참조한 후 다시 살펴보자.

> 1990년대 초반 유럽에서 청년 실업이 사회 문제로 대두하자, 경제협력개발기구Organization for Economic Cooperation and Development, OECD는 '고령자들이 은퇴한 일자리를 청년들이 대체하리라'는 기대를 갖고 조기 퇴직 정책을 고려했다. 하지만 얼마 안 가 조기 퇴직 정책은 청년 실업 해소에 도움이 되지 않으며 사회적으로도 막대한 비용 부담만 초래한다는 사실이 드러나, 2006년 OECD는 고령자 조기 퇴직 권고를 폐기하고 고령자 고용 촉진 정책을 권고했다. [2-6]

우리나라 법률에 정년에 대한 법상 정의 조항은 존재하지 않으며, 공무원을 제외한 근로자들의 정년에 관한 문제는 노동관계법상 정함이 없이 취업규칙 또는 단체협약 등 기업의 자율에 맡겨져 왔다. 2013년 고령자촉진법 제19조에서 정년을 60세 이상으로 법률로 정했는데, '60세 이상'이라고 규정했을 뿐 몇 세라고 정한 것은 없다. 통상 기업들이 55세 정년을 채택하던 중 정년이 60세 이상으로 정해지자, 청년 고용과의 대체 등을 논거로 민간과 공공 부문에서 대부분 임금피크제를 도입했다.

정책 연구에서도, 외환 위기 이후 대규모의 기업 구조조정과 40대 이상 직장 근로자들의 명예퇴직이 계속 이어졌으나 청년 실업률이나 구직 난 문제가 완화되었다는 증거는 어디에도 없으며 오히려 더욱 가중되고 있다는 것이 드러났다. 다시 말해 청년 고용과 고령자 조기 퇴직의 대체 관계는 부정적으로 귀결된 상황이다.

실제 한국경영자총협회나 고용노동부 등의 조사 자료에 따르면, 300인 이상 대기업에서 청년층 신규 채용은 지난 10여 년간 증가해 온 것이 아니라 오히려 줄어들었으며, 신규 대신 경력직 채용이 큰 규모로 증가했다. 따라서 장·고령 근로자들의 고용 안정과 정년 문제를 세대 간 일자리 경쟁이라는 시각에서 보는 것은 노동 총량 이론의 잘못된 가설이라는 지적도 있다.[2-7]

임금피크제는 성과주의로 전환하여 연공서열 조직구조의 비효율을 개선하고자 도입하였으나, 실제 성과와 관계없이 연령과 임금을 직접 연동시키는 불합리성을 가지는 한편, 제도 도입 과정에서 당사자인 준고령자의 의사를 충분히 반영하지 못했다.

직장 내 괴롭힘 금지법에 따라, 앞으로 고령자에 대한 핵심 업무 배제는 문제가 될 수 있다. 국내 기업도 근로자의 성이나 나이와 같은 비업무적 요소로 근로조건을 차별하는 관행을 적극적으로 바꿔 나가야 할 시점이 되었다.

2019년 5월, 정부는 인구 정책 태스크 포스 팀[TFT]을 만들어 정년 연장과 임금 구조 개편에 대한 의견을 준비하고 있고, 65세 정년도 본격적으로 논의하고 있다. 이제는 청년과 고령자가 공존하는, 나이의 다양성 시대를 열어 가는 정책으로의 전환이 절실하다.

반괴롭힘 정책은 종합적인 괴롭힘 예방의 핵심 요소다. 반차별 정책의 일환으로 괴롭힘 정책을 시행해 온 미국 균등고용기회위원회^{EEOC}의 지침을 참고해 보자.

기업의 반괴롭힘 정책에 포함되어야 할 요소

☐ 1 어떠한 이유(성별, 인종 등 보호 집단에 해당하는 특성)에 의한 괴롭힘도 용납되지 않을 것임을 분명하게 선언한다.

☐ 2 금지되는 행동들을 쉽게 이해할 수 있도록 예시를 포함하여 설명한다.

☐ 3 괴롭힘을 경험했을 때뿐만 아니라 목격한 경우에도 신고할 수 있는 시스템, 근로자가 쉽게 접근할 수 있는 방식으로 다양한 경로를 통해 신고할 수 있도록 반괴롭힘 시스템을 구축한다.

☐ 4 신고 시스템을 통해 즉각적이며 철저하고 공정하게 조사를 할 것이라고 선언한다.

☐ 5 신고를 한 개인, 신고와 관련된 정보를 제공한 증인, 신고 대상자의 개인 정보는 철저하고 공정한 조사 동안 가능한 한 비밀로 유지한다.

☐ 6 조사를 통해 알게 된 어떠한 정보든 철저하고 공정하게 조사하고, 조사 동안 가능한 한 비밀로 유지한다.

☐ 7 괴롭힘이 발생했을 때 사업주가 즉각적이고 적절한 조처를 할 것을 확언한다.

☐ 8 신고(목격자를 포함)한 개인이나 신고와 관련된 정보를 제공한 증인이 동료와 상사의 보복을 받지 못하도록 보호할 것을 확언한다.

개인 멘토링
나이 차별, 똑바로 알고 대처하자

사례에서, 기업은 임금피크제 적용 직원에 대해 적합한 업무를 부여하고 관계를 재설정하는 등 사회적 관계를 고려한 배려 조치는커녕 오히려 진영 씨의 그간의 역량을 폄하하고, 사회적으로 고립시키며, 조직 내 책임을 전가시키는 등 사실상 사직을 압박하고 있다.

L사는 '만 53세'라는 나이 기준을 승진이나 임금피크제 적용의 기준으로 설정하고 있다. L사는 기본적으로 근로의 질적인 평가인 성과를 반영한 인사제도를 시행하고 있지만, 경력 후반에는 '나이'를 기준으로 임금피크제를 시행하고 있다. 이에 따라 진영 씨는 성과주의에 기초해 능동적으로 업무를 수행해 왔으나, 만 53세가 되자 업무 역량과 의욕이 충만함에도 불구하고 법정 정년 60세에 도달하기 전 임금을 크게 삭감당하는 임금피크제 대상으로 전락했다.

선진국의 경우, 나이를 고용 종료 기준으로 삼는 정년제를 차별로 보고 있으며, 이는 징벌적 손해 배상의 사례가 되기도 한다. 나이를 기준으로 임금을 저하시키는 임금피크제는 세계적인 기준에 부합하지 않으며, 우리나라 인권위원회도 임금피크제를 고령자에 대한 차별로 결정한 사례가 있다. 나이를 이유로 임금을 차별하는 것은 고용상 연령차별금지 및 고령자 고용촉진에 관한 법률 제4조의4(모집·채용 등에서의 연령차별금지) 제1항에 대한 위반 여부가 문제 될 수 있다. 다만 고령자촉진법 제4조의4 2항에 따르면 "제1항을 적용할 때 합리적인 이유 없이 연령 외의 기준을 적용해 특정 연령집단에 특히 불리한 결과를 초래하는 경우에는 연령차별로 본다"라고 명시돼 있으므로 합리적 이유에 대한 해석 논쟁은 불가피해 보인다.

표 2-2 민간 기업 도입 사례[2-8]

기업	도입 시기	조정기간 및 감액류
LS전선	2007년	58세 15%, 59세 15%, 60세 15%
린나이코리아(주)	2007년	55세 10%, 56세 15%, 57세 20%, 58-59세 25%
헤스본(주)	2008년	56세 30%
매일유업	2008년	(2008년 도입 당시) 56-57세 20%
유한양행	2010년	(2008년 도입 당시) 56-57세 20%
(주)포스코	2011년	52-55세 승급정지, 56세 10%, 57세 20%, 58세 40%, 59세 40%
GS칼텍스(주)	2012년	58세 20%
(주)오리온	2012년	55-56세 10%, 57세 20%, 이후

표 2-3 금융권 사업장 도입 현황(정년 60세로 단체협약으로 정함)[2-9]

사업장	정년	적용 기간	지급율(%)	총지급율(%)
우리은행	60세	55세부터 5년	70-60-40-40-30	240
하나은행	60세	55세부터 5년	70-60-40-40-40	250
국민은행	60세	55세부터 5년	50-50-50-50-50	250
산업은행	60세	55세부터 5년	90-75-50-40-35	290
기업은행	60세	55세부터 5년	90-60-40-40-30	260
광주은행	60세	55세부터 5년	70-60-40-40-30	240
전북은행	60세	55세부터 5년	70-60-40-40-30	240
경남은행	60세	55세부터 5년	70-60-40-40-30	240
수출입은행	60세	56세부터 4년	90-70-30-10	200

표 2-4 2016년 이전 임금피크제 도입 공공기관[2-10]

구분	도입 기관
공기업1	한국도로공사, 한국수자원공사, 한국전력공사, 한국철도공사, 한국지역난방공사, 한국토지주택공사
공기업2	부산항만공사, 인천항만공사, 여수항만공사, 울산항만공사, 한국방송 광고진흥공사, 한국광물자원공사
기금관리형	기술신용보증기금, 국민체육진흥공단, 신용보증기금, 한국주택금융공사
위탁집행형	도로교통공단, 우체국물류지원단, 한국전기안전공사, 한국철도시설공단, 한국환경공단, 한국국토정보공사
강소형	국제방송교류재단, 독립기념관, 선박안전기술공단, 정보통신산업진흥원, 한국노인인력개발원, 한국보훈복지의료공단, 한국보건산업진흥원, 한국산업기술평가관리원, 한국승강기안전기술원, 한국인터넷진흥원, 한국정보화진흥원, 한국승강기안전관리원(한국승강기안전기술원과 한국승강기안전관리원은 2016년 7월 1일 '한국승강기안전공단'으로 통합)

　　임금피크제는 적법한 절차를 거쳐 도입되었으나 사실상 명예퇴직을 촉진하는 차원에서 시행되어 실제로 사직 압력이 수반되는 경우가 많다. 임금피크제 대상자에게는 적절한 업무가 부여되지 않고 사회적 고립이 일상화되는 경우도 많다. 제도 초기에는 이러한 상황 때문에 대상자 대부분이 퇴직하는 경향을 보였으나 최근에는 임금피크제 대상자가 조직에 대거 잔류하면서 여러 가지 갈등을 빚고 있다. 임금피크제 대상자는 노조 등 스스로 방어할 수 있는 조직을 결성하거나 업무 시간에 신문을 보는 등 대놓고 업무에 몰입하지 않는 태업으로 저항하기도 한다.

　　임금피크제는 승진 적체와 청년 고용 등 정책적 이유로 적법한 과정을 거쳐 도입됐기 때문에 제도 자체의 위법·무효를 주장하기는 현실적으로 어렵다. 그러나 사례에서 나타난 행위들은 분명히 짚고 넘어갈 필요가 있다. 팀장은 베트남 프로젝트의 연장 계약 무산에 대한 책임을 전 상사에게 전가시키는 비열한 행위를 드러냈으므로 책임 전가형 리더십에 대한 책임을 물어야 한다.

한편, 법적으로 임금피크제가 나이 차별적 제도인지에 대해 인권위원회 등에 나이에 따른 차별로 구제 신청을 하거나, 사직을 압박당하거나 불이익이 발생하는 경우 부당한 인사 처분에 대해 노동위원회 등에 문제를 제기할 수 있다. 물론 이에 대한 증거 자료 수집 등 입증을 위한 세심한 준비가 필요하다.

#07

체리 피커로 비난받아
괴로운 육아휴직 복귀자

문제
상황

공기업인 H은행 10년차 35세 한영희 대리는 육아휴직을 마치고 복귀한 지 1개월째다. 3대 독자 집안의 맏며느리인 영희 씨는 몇 년간의 난임 시술 끝에 겨우 임신에 성공해 쌍둥이 남자아이를 출산하고 8개월 만에 서둘러 복귀했다. 정부에서 가족친화기업 인증을 받는 등 일·가정 양립 지원에 적극적인 H은행은 육아휴직을 촉진하기 위해 육아휴직 기간에 대해 근무 평가 전체의 중간에 해당하는 B를 부여하고 있다. 휴가 직전 승진 심사 대상이었던 영희 씨는 이번 인사에서 과장 승진을 예정하고 있다.

이에 대해 승진에서 누락한 직원을 중심으로 "뼈 빠지게 일하는 사람 따로 있고, 놀다 와서 승진? 어이없다", "역차별이 아니냐"며 수군거리는 분위기다. 직원들이 소통하는 회사 블라인드에는 "본부장에 줄을 댄 휴직녀 승진, 대박"이라느니, "시댁 빽으로 재주 부려 과장 먹었다"는 등 근거 없는 댓글을 시작으로 영희 씨의 승진을 문제 삼고 있다.

　M팀장은 면담에서 "한 대리, 사내 분위기가 좋지 않아. 업무도 파악해야 하니 이번에는 양보하는 게 좋을 것 같아"라며 운을 뗐다. 사실 난임 시술 기간 내내 담당 의사는 영희 씨에게 휴식과 절대 안정을 권유했다. 하지만 입사 후 6년간 원격지 근무를 포함해 야근과 휴일 근무까지 누구보다 성실히 근무했지만 승진 시기마다 가장인 남자 사원에게 양보한지라 마지막으로 올라탄 기회라 생각해 일거에 거절했다. 그러자 이제는 블라인드를 중심으로 "복지 시대의 체리 피커cherry picker, 자신의 실속만 챙기는 소비자"라며 비아냥거리는 댓글들이 달렸고, 영희 씨는 심사가 편안치 않다. 노골적으로 불만을 표시하는 그룹은 노조와 인사부에 정식으로 민원을 냈다는 이야기가 들리기도 한다.

　월말 마감으로 바쁜 시기에 시어머니로부터 마침 쌍둥이가 장염으로 입원했다는 연락을 받고 황급히 퇴근하는 영희 씨에게 팀장은 "회사가 한 대리 마음대로 하라고 있는 데야?", "이래서 과장은 어떻게 하겠어?", "이러니까 체리 피커라는 소리를 듣지"라며 핀잔을 줬다.

무엇이 직장 내 괴롭힘에
해당하는가?

　　　　／ 육아휴직 기간을 승진 소요 연한에 산입하고 해당 기간의 평정은 중간 수준인 B를 유지한다는 회사 정책이 명확히 존재하는데도 직원들 사이에 역차별 논란이 불거지면서 조직 구성원 전체가 개인을 공격하는 사태가 벌어지고 있다.

이슈1 – SNS를 통한 거짓 소문

- 승진에서 누락한 직원을 중심으로 "뼈 빠지게 일하는 사람 따로 있고, 놀다 와서 승진?" "역차별이 아니냐"며 수군거리는 분위기다.
- 직원들이 소통하는 회사 블라인드에는 "본부장에 줄을 댄 휴직녀 승진, 대박"이라느니, "시댁 빽으로 재주 부려 과장 먹었다"는 등 근거 없는 댓글을 시작으로 영희 씨의 승진을 문제 삼고 있다.

회사 제도가 정상적으로 실행되었지만, 직원들은 역차별 논란을 일으키며 따로 단톡방까지 만들어 개인사에 대한 근거 없는 뒷담화까지 하고 있다.

이슈2 – 승진을 양보하도록 권리 포기를 종용

- 팀장은 "회사가 한 대리 마음대로 하라고 있는 데야?", "이래서 과장은 어떻게 하겠어?", "이러니까 체리 피커라는 소리를 듣지"라며 핀잔을 줬다.
- M팀장은 면담에서 "한 대리, 사내 분위기가 좋지 않아. 업무도 파악해야 하니 이번에는 양보하는 게 좋을 것 같아"라며 운을 뗐다.

쌍둥이 엄마인 영희 씨의 입장을 충분히 알고 있는 팀장은 상사로서 불가피한 영희 씨의 형편을 지지해 주어야 하지만, 세간의 비난을 그대로 전달하며 영희 씨의 고충을 더욱 심화시키고 있다. 게다가 팀장은 회사 절차에 의해 정해진 승진을 양보하도록 해 권리를 행사하지 않도록 압력을 넣고 있다.

이렇게 하면 어떨까?

조직 멘토링

제도적으로 여성에 대한 처우가 개선되고 있기는 하지만 직장 생활과 임신, 출산, 육아를 병행하기는 여전히 힘들다. 2018년에 인구보건복지협회가 실시한 '육아휴직 사용 실태 및 욕구 조사' 결과, 육아휴직 사용의 어려움으로 '재정적 어려움(31.0%)'에 이어 '직장 동료 및 상사의 눈치(19.5%)'가 2순위로 나타났으며, 남성은 '퇴사 및 인사고과에 대한 불안감(46.9%)', 여성은 '회사의 복직 요구(57.5%)'로 인해 계획보다 휴직을 적게 사용한 것으로 나타났다. 특히나 최근 육아휴직은 허용하지만 휴직 후의 복직은 인정하지 않는 경우가 있고, 복직을 하더라도 부당하게 배치 전환을 하거나 직무를 없애는 등 조직에서 따돌리거나 괴롭혀 사직을 유도하는 방식이 횡행하고 있다.

사례에서 회사는 모성 보호에 부합하는 정책을 실행하려고 하지만, 직원들은 권리를 실행하려는 여성 직원을 체리 피커라 비난하고 회사의 정책을 역차별로 폄하하는 등 집단적 반발이 노골적으로 드러나고 있다.

가족친화제도를 적극적으로 활용하라

가족친화 사회 환경의 조성 촉진에 관한 법률(이하 가족친화법)은 국가와 지방자치단체에 가족친화 사회 환경 조성을 위한 종합적인 대책을 수립하고 시행할 의무를 부과하고 있다. 기업에는 가족친화제도의 도입·확대 등 근로자의 참여를 촉진하는 데 노력하도록 정하고 있다. 또한 가족친화제도를 모범적으로 운영하고 있는 기업 또는 공공기관에 대해 가족친화 인증을 할 수 있도록 하고 있다. 실제 2016년 12월 기준으로 가족친화 인증을 받은 기업과 기관은 1,828개소이며, 이 중 공공기관이 560개소, 중소기업이 983개소, 대기업이 285개소다. 인증기관에는 각종 인센티브가 부여되는데, 공공기관의 경우 인증 사실이 매년 경영 평가에 반영되고, 더불어 일·가정 양립 여건 조성 노력에 대한 평가 시 가점이 부여될 것으로 예상된다. 특히 2017년 3월부터는 가족친화법이 모든 공공기관에 대해 가족친화 인증을 의무화하는 내용으로 개정되었다. 가족친화 인증 심사 기준은 최고 경영층의 리더십, 가족친화제도 실행, 가족친화 경영에 대한 직원 만족도, 가족친화 프로그램 운영 등의 가점 요인으로 구성되어 있다. 사례에서 공기업은 여성 고용 지표를 관리해야 하는 기관이므로 여성의 기회 균등과 육아휴직자에 대한 승진 기준까지 불이익을 당하지 않도록 제도화되어 있는 상황이다.2-11

공기업은 경영평가지표를 조직관리의 기준으로 삼는다. 그런데 관리자들은 객관적 지표에서 정하는 요건을 충족시키기에 바빠, 실제로 이를

표 2-5 가족친화 인증 심사 기준2-12

심사 요소		심사 항목
1. 최고경영층의 리더십		1-1 최고경영층의 관심 및 의지
		1-2 가족친화 관련 프로그램 참여
		1-3 가족친화 관련 전담 인력 보유
2. 가족친화제도 실행	2-1 자녀출산 및 양육지원	2-1-1 여성근로자의 육아휴직 또는 육아기 근로시간 단축 이용률
		2-1-2 남성근로자 육아휴직 이용률
		2-1-3 남·여 근로자 육아휴직 후 복귀율
		2-1-4 출산 전·후 휴가 후 고용유지율
		2-1-5 배우자 출산휴가 3일 이상 이용률
	2-2 유연근무제도	2-2-1 유연근무제 활용률 (시차출퇴근제, 재택근무제, 시간제 근무, 스마트워크 등)
	2-3 가족친화 직장문화 조성	2-3-1 정시퇴근('가족사랑의 날' 등 시행)
		2-3-2 가족친화 직장교육 실시
3. 가족친화 경영 만족도*		3-1 자녀 출산 및 양육지원, 유연근무제도, 가족친화 직장문화 조성 관련 직원 만족도
가·감점		직장어린이집 설치(※의무이행사업장 제외)
		가족친화 관련 프로그램 시행
		가족돌봄휴직 이용
		임신기 근로시간 단축 이용
		연차 활용
		고용노동부 주관 '남녀고용평등 우수기업' 선정
		자동육아휴직제 시행
		대체인력 채용
		여성관리자 비율 목표제 시행
		조기퇴근제 시행
		시간선택제 일자리 활용
		고용노동부 주관 '적극적 고용개선조치'에서 여성근로자의 고용기준에 미달하는 기업

* 위 평가 항목 중 '가족친화제도 실행'과 '가족친화경영 만족도'는 유효기간 연장 및 재인증의 경우에도 심사 기준이 됨.

표 2-6 일·가정 양립의 성공적 운영 사례[2-13]

기업 유형		주요 내용
공공부문	경기관광	• 내용: 직원 맞춤형 시차출퇴근제 도입. 집중근무시간 도입. 가정의날 도입. 부모휴가 도입, 연차사용 권고
		• 성공요인: 기관장의 강한 의지, 직원 상호 간 배려하는 문화
		• 성과: 시간외 근무시간 하향조정. 1인당 영업수익 증가 등 생산성 향상, 정시퇴근문화 정착
	한국항공우주연구원	• 내용: 전환형 시간선택제 도입. 육아기 근로시간 단축제도 확대(법정 1년에서 3년으로 확대). 연구단지 내 공동보육시설 운용
		• 성공요인: 기관장의 추진의지와 구성원과의 지속적 소통. 제도를 쉽게 활용할 수 있는 조직문화
		• 성과: 경력단절 예방을 통한 전문인력 확보, 직원만족도 증진
	한국철도공사	• 내용: 남성육아휴직 3년 확대, 육아휴직 사용, 직장보육시설 운영, 유연근무제
		• 성공요인: 기관장의 추진의지, 구성원과의 지속적인 소통 노력, 제도개선 노력
		• 성과: 육아휴직 사용률 증가, 일과 가정의 조화, 직원만족도 증가
	한국수력원자력	• 내용: 가족친화경영 중장기 전략 수립, 양성평등위원회 구성
		• 성공요인: 공감대 형성 노력, 직원 의견 수렴한 과세 선정
		• 성과: 가족친화경영에 대한 임직원 인식수준 제고, 가족친화 및 양성평등 정책 관련 모니터링 체계 구축
	병무청	• 내용: work-diet를 통한 업무 부담 경감(일하는 방식, 회의문화, 보고문화, 조직문화 차원의 10대 실천운동), 효율적인 업무수행과 집중근무로 일가정 양립에 노력한 스마트 워커 선정
		• 성공요인: 기관장의 관심과 격려, 직원 공감대 형성 노력, 스마트 워커 사례 게시판 공지
		• 성과: 정시퇴근 실천 분위기 확산, 연가 및 유연근무 이용률 제고

표 2-7 2016년 일·가정 양립에 관한 평가지표[2-14]

평가지표	조직·인적 자원 및 성과관리			
지표정의	핵심 업무 수행을 위한 조직 구조 및 인적 자원 관리와 성과관리 체계의 구축·운영에 대한 노력과 성과			
세부평가내용	일·가정 양립을 위한 기관의 노력과 성과			
확인사항1	• 유연근무제 활성화를 위한 제도 개선 노력과 성과 • 조직문화 조성 노력의 적절성 • (시간 외 수당 적정성 분석을 통한 일자리 창출 노력)			
확인사항2	• 직원의 일·가정 양립 및 삶의 질을 향상시키기 위한 노력과 성과 • 가족친화 인증(육아휴직제, 남성 근로자의 육아휴직 이용률 등) 관련 기관 실적			
확인사항3	• 조직의 특성을 반영한 다양한 유연근무제 유형 도입을 위한 노력			

구분		현원	전년도 실적	당해년도 실적
시간제근무		평가 당해년도 실적	전년도 실적	평가 당해년도 실적
탄력근무제	시차출퇴근형			
	근무시간선택형			
	집약근무형			
	재량근무형			
원격근무제	재택근무형			
	스마트워크근무형			

조직 내 구성원의 인식 변화와 행동 수정으로까지는 연결하지 못하는 반쪽짜리 리더십의 함정에 빠지는 경우가 많다.

기업은 해당 집단의 권익을 보장하는 데 그치지 않고, 다양한 구성원 간의 소통 창구를 마련해 성숙한 조직문화를 조성해 나가야 한다. 조직 내 다양성은 결국 조직의 경쟁력을 향상시켜 생산성의 증진에 기여한다는 점을 인식하고, 이를 실현하기 위한 해결책을 찾고 실천해야 한다.

육아휴직을 비롯한 가족친화제도가 성공하기 위해서는 최고경영자가 일·가정 양립의 중요성에 대한 강한 의지와 철학을 가지고 직원들과 지속적으로 소통함으로써 이 제도가 일과 생활에 도움이 된다는 것을 인식하도록 노력해야 한다. 또한 기업과 구성원의 특성과 니즈에 부합하는 차별화된 제도를 마련하고, 제도를 자유롭게 사용할 수 있는 조직문화 구축에 노력하며, 일·가정 양립에 관한 정부 정책과 사내 정책을 적극적으로 홍보해 공감대를 형성하는 데 꾸준히 노력할 필요가 있다.

역차별? 뿌리 깊은 차별 문화 극복이 관건이다

일하는 여성들이 직장을 떠나는 것은 아직 두텁게 남아 있는 남성 중심적 조직문화가 중요한 원인이라는 점은 새삼스럽지 않다. 그러나 사례와 같이 승진 적체가 심한 상황에서 육아휴직자에 대한 배려가 '역차별' 논란으로 둔갑하는 경우가 적지 않다. 조직에 여성의 진출이 증가할수록 인사제도 전반에 대해 남성 직원의 불만이 증가하는 경향이 있는데, 이는 당사자 간 갈등으로까지 확대될 수 있다. 구성원으로서 당당히 권리를 주장하는 여성과 아직도 여성을 보조 인력으로 인식하는 남성 사이의 간극이 아직 크다.

이 사례에서 회사는 비교적 적극적인 모성 보호 정책을 실행하고 있으나, 육아휴직 복귀자들이 겪는 심리적·정서적 고통까지는 리더십이 발휘되지 못하고 있다. 노조도 이러한 문제에 적절한 역할을 하지 못하고 있다.

가족친화법의 개정 취지와 공공기관의 사회적 책무를 고려한다면 공공기관은 단순한 실적 관리에 그치지 않고 일·가정 양립 제도를 효과적으로 운영해 제도의 운영이 근로자와 기업에게 긍정적인 영향을 미친다는 것을 보여 줌으로써 사회 전체에 일·가정 양립 제도의 필요성과 효용성에 대한 공감대 형성에 선도적인 역할을 해야 한다.

관련 연구에 따르면 일·가정 양립이 기업의 매출액, 생산성, 매출액 및 시장점유율, 기업의 이익 및 품질 향상, 우수 인력 유지에 긍정적 영향을 주며, 근로자 개인의 이직 의도 혹은 이직률을 낮춘다. 또한 일·가정 양립을 근로자의 목표인 일과 삶의 조화와 조직의 목표인 조직 효율성 두 가지를 동시에 추구해야 한다는 듀얼 어젠다Dual Agenda 관점에서, 조직 효율성과 관련해 기업이 근로자의 일과 삶의 조화를 지원하는 노력은 조직의 비효율적인 작업 관행을 찾아서 개선하는 계기가 되고 기업의 이러한 노력은 근로자들로 하여금 회사를 신뢰하게 하고 조직에 대한 몰입을 높여 조직 효율성이 높아질 것이라고 제언하고 있다.[2-15]

가족친화 경영은 조직의 경제적 성과와 일과 삶의 조화에 모두 긍정적 영향을 미치고, 고성과高成果 작업 시스템과 함께 작용했을 때 상호보완적인 관계에서 일과 삶의 조화 증진에 긍정적 영향을 준다는 결과가 나타났다. 결국 기업이 경제적 성과와 일과 삶의 조화를 동시에 지향하기 위해 고성과 작업 시스템과 가족친화 경영을 함께 시행해야 한다는 결론에 도달하고 있음을 참고해야 할 것이다.[2-16]

건강한 일터는 경영진이 만들어야 한다

미국 균등고용기회위원회EEOC는 사업장 내에 서로 다른 시각이 강하게 존재하는 경우 괴롭힘이 발생할 수 있으며, 특히 기존 집단이 세력을 형성하고 있는 사업장에서 갈등이 촉발될 가능성이 높다고 경고했다. EEOC는 직장 내 괴롭힘을 예방하고 건강한 일터를 구축하기 위한 리더십 요소와 구체적인 체크 리스트를 제시하고 있다.

건강한 일터 구축을 위한 경영진의 체크 리스트

☐ 1 경영진이 괴롭힘 예방을 위해 충분한 자원을 할당했는가?

☐ 2 경영진이 괴롭힘 예방을 위해 충분한 업무 시간을 배정했는가?

☐ 3 경영진이 괴롭힘의 위험 요인을 측정하고, 이를 최소화하기 위한 조처를 했는가?

위의 3가지가 모두 갖춰졌다면 다음의 요소들을 확인한다.

☐ 4 괴롭힘 예방 정책이 이해하기 쉽게 만들어졌는가? 그 정책을 정기적으로 모든 근로자에게 알리고 있는가?

☐ 5 근로자가 괴롭힘 고충 처리 시스템을 알고 있는가? 괴롭힘을 겪거나 목격했을 때 신고하는 것이 받아들여지는가?

☐ 6 괴롭힘이 발생했을 때 그 정도에 적합한 수준으로 징계가 즉각적이고 일관적으로 이루어지는가?

☐ 7 괴롭힘이 발생했을 때 사업주가 즉각적이고 적절한 조처를 할 것을 확언한다.

☐ 8 모든 근로자는 정기적인 고충 처리 교육을 받고 있는가? 금지되는 행동이 무엇인지를 인지하고, 신고 시스템을 어떻게 이용하는지를 알고 있는가?

□ 9　중간 관리자와 일선 관리자는 정기적인 고충 처리 교육을 받고 있는가? 괴롭힘을 어떻게 예방하고 대응해야 하는지를 알고 있는가?

추가로 시행하면 좋은 사항들

□ 10　기업이 사업장에서 괴롭힘이 얼마나 문제로 인식되고 있는지에 대해 정기적으로 풍토와 문화를 조사한다.

□ 11　기업이 괴롭힘 대응과 예방에 대한 내용을 상사의 직무 수행 평가에 반영한다.

□ 12　기업이 사업장 내 시민성 교육과 목격자 개입 훈련을 시행한다.

□ 13　기업이 전체적인 괴롭힘 예방 프로그램을 평가하기 위해 연구자와 협업한다.

개인 멘토링

사례에서 H사는 제도적으로 모성 보호 정책을 갖추고 있으니, 용기를 가지고 버티며 회사를 변화시키는 방안을 고려할 수 있다.

한편, 미국 직장 괴롭힘 연구소WBI는 괴롭힘으로 고통받고 있는 피해자들이 스스로 괴롭힘을 예방하는 방안을 앞에서와 같이 제시하고 있다.

스스로가 괴롭힘에 맞설 수 있는 준비가 필요하지만, 동료와 가족 등 주변에서 지지해 주지 않는다면 어려움을 헤쳐 나가기 어렵다. WBI가 사회적 지지 방안을 제시하고 있으니 참고하자.

나를 스스로 보호하는 법

☐ 1 건강을 진단하라.

☐ 2 자신의 존엄성을 확인하라.

☐ 3 괴롭힘을 당했다고 동료에게 이야기하라.

☐ 4 사랑하는 사람과 시간을 보내라.

동료를 지지해 주는 법

☐ 1 무조건적으로 도와라.

☐ 2 공감하고, 경험을 접하고 느껴라.

☐ 3 집에서 쉴 수 있도록 하라.

☐ 4 피해자의 존엄성을 재확인하라.

　

사례에서 나오는 행위들은 한 대리의 정당한 육아휴직 사용에 대한 비판으로서 정당하지 않다. 권리로써 확보한 승진을 양보하도록 종용당하는 것은 부당한 압력이다. 이는 모성권의 침해이자 직장 내 괴롭힘으로서, 이로 인한 고통은 원칙적으로 위자료 청구 대상이 되며 법적 대응도 고려할 수 있다.

육아휴직자에 대한 위자료 지급 판례

육아휴직 복귀자에게 퇴직할 수밖에 없는 직장 분위기를 조성하고 책상을 치워 버린 행위 등은 불법행위로, 정신적 고통 등에 대한 위자료를 지급할 의무가 있다고 한 사례이다.

헌법상 보장되는 기본권으로서의 양육권은 자유권적 기본권의 성격과 아울러 사회권적 기본권의 성격도 가지고 있다. 육아휴직 제도는 양육권의 사회권적 기본권으로서의 측면을 법률로써 구체화한 것인 점, 자녀의 출산과 양육은 국가를 유지하기 위한 인적 기반이 된다는 점에서 국가 공동체의 생존 및 발전, 나아가 인류의 존속을 위해서도 결코 소홀히 할 수 없는 것인 점, 특히 세계 최저 수준의 출산율이 사회 문제화되고 있는 우리 현실에서 육아휴직 제도를 비롯한 관련 제도는 더욱 장려되고 보다 높은 수준으로 보장될 필요성이 있는 점 등을 감안할 때, 근로자가 육아휴직을 마치고 복귀한 근로자를 휴직 전과 같은 업무에 복귀시키지 않음은 물론 근로자 스스로 퇴직하지 않을 수 없도록 직원 회의에서 왕따 분위기를 선동하고 사용자의 임원이 직접 나서 근로자의 책상을 치워 버리고 근로자를 비하·모욕하는 등 부당하게 대우한 것은 근로자에 대한 불법행위를 구성하고, 그로 인해 원고가 정신상 고통받았을 것임은 경험칙상 넉넉히 추인되므로 사용자는 근로자에게 위 불법행위로 인한 위자료를 지급할 의무가 있다.[2-17]

— 광주지법 2012. 10. 24. 선고 2012나 10375 판결.

카드사 육아휴직자에 산재를 인정한 사례

육아휴직복귀자가 자살한 사건에 대해 근로복지공단은 ▲복직 후 근무 장소 및 직무가 변경된 점 ▲정신과 의무 기록에서도 업무 관련 애로 사항을 호소한 점 ▲업무 체계에 대한 불만과 갈등으로 업무상 스트레스를 호소한 점 ▲지속적으로 낮은 인사 고과를 받고 승진에서 누락된 점이 스트레스로 작용해 정신적 이상 상태에서 자살에 이른 것으로 판단했다. 직장 내 괴롭힘에 대해서는 "입증할 만한 객관적인 근거는 확인되지 않는다"며 "설령 따돌림이 없었다고 할지라도 업무상 스트레스 정도가 상당했을 것으로 판단했다.[2-18]

#08

'형'인 척하는 상사 때문에
힘든 직원

**문제
상황**

Y사는 중견 엔지니어 회사로서, 우수한 기술력을 인정받아 다양한 국책 사업에 참여하고 있으며 근래에는 해외 사업에 집중하고 있다. 해외 프로젝트는 3년 이상 장기로 진행되는 경우가 많아 회사에서는 직원들에게 해외 근무를 장려하고 있다. 28세 김솔 씨는 6개월간의 국내 인턴 기간을 마치고 미얀마 주재원으로 근무 중이다. Y사는 해외 근무자에게 연봉 외에 해외 주재원 특별 수당을 지급하며, 연 10일 이상의 유급 휴가를 추가로 부여하고, 3개월 단위로 본사에 복귀하는 프로그램을 운영하고 있다. 10년 차 P과장은 동향 선배로서 어차피 해외 근무를 해야 한다면 결혼 전 경험을 쌓고 목돈도 마련하라며 솔 씨를 해외 근무로 이끌었다.

원래 외아들인 솔 씨는 조용한 성품의 부모님 슬하에서 자라면서 다른 사람과 함께 생활한 적이 없었다. 술도 거의 마시지 않고 왁자지껄하게 떠드는 회식도 좋아하지 않는다. 솔 씨의 취미는 건담 만들기이다. 틈만 나면 혼자 좋아하는 피규어를 만들며 시간을 보낸다. 사실 건담을 실컷 만들 수 있을 것이라는 기대가 해외 근무를 지원하게 된 가장 중요한 계기였다.

그런데 해외 생활이 9개월 가까이 되어 가는 시점에서 솔 씨의 희망은 절망으로 바뀌어 가고 있다. 해외 근무 경험이 풍부한 P과장은 정착 과정과 업무 적응 과정을 챙겨 주면서 "니 내 막냇동생이랑 동기 동창 아이가?"라며 '친근한' 반말 조로 말하는 것은 물론, 볼 때마다 "구여운 자슥" 하며 귀와 볼을 꼬집고 엉덩이도 툭툭 치면서 이야기한다. 마당발 인맥에 이른바 '음주가무'에 능한 P과장은 사회생활을 가르쳐 준다는 명분으로 거의 매일 업무 종료 후 회식에 솔 씨를 참석시키고 있다. 틈만 나면 방에서 혼자 건담을 만드는 솔 씨를 보고 "사내 자슥이 장난질이나 하나?"라며 허락도 없이 들어와 건담을 빼앗아 간 적도 있다. 얼굴을 붉히며 강하게 항의했지만, "알았다, 알았다, 자슥아"라며 돌려주고는 아무 일도 없다는 듯이 '형' 역할을 계속하고 있다. 팀장과 다른 직장 상사들도 "P과장이 니를 얼마나 위하는지 아냐"며 P과장을 옹호하고 있다. 최고라고 하는 미얀마 맥주와 안주를 잔뜩 사 들고 와서 같이 밤새 술을 먹는 날도 자주 발생하고 있다. 두 번째 귀국을 앞두고 있는 솔 씨에게 P과장과 팀장 등 주재원들은 온갖 생필품 목록을 잔뜩 적어 주며 귀국 때 사 가지고 오라고 주문한다. 솔 씨는 겨우 일주일 한국에 머무는 동안 본사에 보고하러 가야 하고, 이틀 정도 짬이 나는 시간은 주문받은 물품을 사느라 정신이 없다. 캐리어에 김치와 소주처럼 무거운 짐을 싣고 나면 정작 솔 씨가 필요한 짐을 챙길 공간이 없다. 아! 이 직장 계속 다녀야 하나?

무엇이 직장 내 괴롭힘에 해당하는가?

/ 신입 사원 솔 씨는 해외에서 견디기 어려운

생활로 직장 생활에서 난관에 부딪혔다. P과장은 '형'을 자임하고 있지만, 솔 씨 입장에서는 직장 상사로서 허물없이 이야기하기 어려운 관계다.

비록 악의가 없다 하더라도 기성세대가 '기준'으로 생각하는 생활 패턴을 다른 취향을 가진 신입 직원에게 강요하는 것은 괴롭힘 행위가 될 수 있다. 특히 친근함을 이유로 이루어지는 각종 언행은 전형적으로 사생활 침해형 괴롭힘 행위로 볼 수 있다.

이슈1 – 사적 공간의 침해

- 틈만 나면 방에서 혼자 건담을 만드는 솔 씨를 보고 "사내 자슥이 장난질이나 하나?"라며 허락도 없이 들어와 건담을 빼앗아 간 적도 있다.

사례에서 솔 씨는 사회적 관계보다는 개인적 시간과 공간을 중요하게 여기는 성향을 보이고 있다. 하지만 P는 이를 존중하기보다는 자신의 기준에 맞추어 평가하고, 솔 씨를 바꾸려 하고 있다. 특히 솔 씨의 취미를 폄하하고, 실제로 피규어를 빼앗는 등의 행동도 서슴지 않는다. 이는 사적 공간을 침해하는 괴롭힘 행위이다.

이슈2 – 친밀감을 가장한 불편한 언행

- 볼 때마다 "구여운 자슥" 하며 귀와 볼을 꼬집고 엉덩이도 툭툭 치면서 이야기한다.

P과장은 동향 선배로서 친근하고 스스럼없이 행동한다고 생각하겠지만, 신입 사원 솔 씨의 입장에서 반말이나 "자슥" 등과 같은 비하하는 호칭, 신체적 접촉은 모두 괴롭힘 언행으로 구분될 수 있다. 이때 P가 악의를 가지지 않았다거나 오히려 선의에 기초했다는 점은 괴롭힘 행위 성립을 부인하는 요인이 되지 않는다. 해당 행위는 경우에 따라 성폭력의 문제도 될 수 있다는 점에 유의할 필요가 있다.

이슈3 – 회식과 음주 강요

- 마당발 인맥에 이른바 '음주가무'에 능한 P과장은 사회생활을 가르쳐 준다는 명분으로 거의 매일 업무 종료 후 회식에 솔 씨를 참석시키고 있다.
- 최고라고 하는 '미얀마 맥주'와 안주를 잔뜩 사 들고 와서 밤새 술을 먹는 날도 자주 발생하고 있다.

P 과장은 음주를 싫어하는 솔 씨의 의사와 기호에 아랑곳없이 지속적으로 회식에 참여할 것과 음주를 요구하고 있다.

이슈4 – 사적 심부름

- P과장과 팀장 등 주재원들은 온갖 생필품 목록을 잔뜩 적어 주며 귀국 때 사 가지고 오라고 주문한다.

3개월 단위로 본사에 복귀하는 귀국 일정에 맞춰 팀장 등 주재원들이 솔 씨에게 개인적인 심부름을 시키고 있다. 별다른 생각 없이 부탁했을 수 있지만 솔 씨 입장에서는 직장 상사로부터 사적인 부탁을 받았고, 불편함을 감수해야 하는 상황이다.

이상의 사례에서 회식과 음주 강요, 사적 심부름 등의 행위들은 한국 대인 갈등 질문지KICQ에서 제시한 전형적인 괴롭힘 유형이기도 하다.

이렇게 하면 어떨까?

조직 멘토링

미국 균등고용기회위원회EEOC는 해외 현장과 같이 직원이 고립된 환경에서 근무하는 경우, 구성원 간의 문화 차이가 큰 경우, 음주가 용인되는 문화가 있는 경우를 모두 괴롭힘이 발생할 수 있는 주요 위험 요인으로 지적하고 있다. 사업장이 고립되어 있는 경우, 해당 사업장의 구성원 간에 나타나는 비행 등 문제에 대해 적절히 대응하기 어렵고 고충이 장기간 해결되지 못할 위험성이 있으며, 문화 차이가 큰 경우에는 구성원 간 상호 이해의 부족에 따라 부적절한 행동이 일어날 수 있다. 또한 음주를 용인하는 기업 문화는 음주가 통제력을 약화시키고 판단력을 손상시킬 수 있다는 점에서 괴롭힘 발생에 특히나 치명적이다.

이 사례에서는 인턴 종료 후 해외 근무를 시작한 신입 직원이 사내에 다른 구성원과의 관계가 없고 해당 사업장의 주재원이 직장 내 사회관계의 전부이기 때문에 고충을 해결하기 위한 정보에 접근하는 데 한계가 있다. Y사는 금전적·복리 후생적 인센티브 제도를 마련해 해외 주재원을 확대시키고자 하지만, 해외 프로젝트를 장기적으로 운영하려면 고립된 해외 현장의 특성을 감안해 해외 현장 직통 전화나 해외 주재원 멘토링 시스템 등 대면·비대면 방식으로 고충을 털어놓을 수 있는 시스템을 마련할 필요가 있다. 무엇보다 해외 근무자들의 사회관계를 원만하게 유지하기 위한 대책과 고충 상황을 조기에 감지하고 대응할 수 있는 고충처리 시스템 구축이 시급하다. 특히 이 사례에서는 나이 차이가 큰 상급자에게 젊은 직원들과의 소통 방법에 대해 명확히 지침을 제공해야 한다.

미국 최초의 괴롭힘 베스트셀러《또라이 제로 조직》에서 권고한 내용을 참고해 보자.

직장 내 괴롭힘 방지를 위한 10계명

☐ 1 금지 행위를 구체적으로 정의한다.

☐ 2 금지 규범을 모든 근로자에게 의무적으로 알린다.
(누구에게 든 규범 적용).

☐ 3 모든 근로자가 읽고 서명하도록 한다. (몰랐다는 변명 불가능).

☐ 4 신규 입사자에게 규범을 주지시키고, 위반 시 징벌 등 효과
에 대해서도 공지한다.

☐ 5 반괴롭힘 규범을 채용과 해고 정책에 연계해 반영한다.

☐ 6 고객에게도 괴롭힘 금지에 대한 규칙을 적용한다.

□ 7   직장 내 괴롭힘과 권한/지위 간의 차이를 구분하게 한다.

□ 8   통상적 대화와 행위에 주목하라. '모든 고충은 진실의 포도 송이다'라는 점을 명심한다.

□ 9   어떻게 괴롭힘에 대항해야 하는지 교육한다.

□ 10 '문제아' 낙인을 찍는 데 신중을 기한다.

개인 멘토링

김솔 씨는 개인 생활을 중시하고 사회관계로부터 피곤함을 느끼는 내향적 성향의 청년 직원이나, 직장 상사인 P과장은 고향 선배라는 동질성과 자신의 친동생 나이뻘이라는 나이 차를 이유로 '친근한' 태도를 보이고 있다. 해외 현장은 국내와 달리 사업장이 고립되어 있으므로 상사의 인간관계 스타일로부터 자유롭기가 더욱 어렵다. P과장은 솔 씨의 취미를 이해하지 못하고, 이를 폄하하고 조롱하는 태도를 취하고 있다. P과장의 사생활 침해 행동에 대해 솔 씨는 불만을 드러낸 적이 있지만, 팀장과 다른 상사들도 김솔 씨의 고통에 대해 이해하지 못하고, 오히려 P과장을 이해해야 한다는 취지로 조언하는 것을 볼 수 있다. 귀국 시 사적 심부름에 대해서는 모든 구성원이 아무런 거리낌 없이 행동하고 있는 상황이다.

해외 현장 단위에서는 솔 씨의 고통을 구제받을 방법을 찾기가 쉽지는 않다. 다만 상사들의 행동에 악의가 없으며 오히려 '선의'에서 이루어진 점을 고려해 적극적인 의사소통으로 해결책을 찾는 것이 좋다. 특히 P과장의 언행이나 회식과 음주에 대한 참여 요구에 폭력적 요소가 있다는 점과, 사생활 침해로 당사자가 고통스러울 수 있다는 점을 주지시킬 필요가 있다. 그러나 솔 씨 한 명에 대한 전체 구성원의 태도로 볼 때 해당 현장 구성원의 변화를 기대하기 어려운 상황이기 때문에 본사 복귀나 다른 현장으로의 전보를 고려해 볼 수도 있다. 이런 경우, 본사에 공식적인 괴롭힘 신고를 통해 구제를 요청해 볼 수 있다. 만약 적절한 조치가 없거나, 오히려 솔 씨를 부당하게 처우한다면 그에 따른 법적 조치도 고려할 수 있을 것이다.

#09

악독했던 선배 간호사의 태움은 무죄?

문제 상황

50세 오근심 씨는 H대학병원의 28년 차 간호사다. 근심 씨는 간호전문대학 졸업 후 지방 의료원에 입사했고, 이후 의료원이 H대학에 합병되면서 의과대학 부속병원의 평간호사가 되어 근속하고 있다. 상사인 간호부장이 1년 후배이지만, 수간호사나 간호과장 승진에서 한두 번 밀리면 나이가 들어도 평간호사로 근무하는 경우가 많아 근심 씨는 별로 개의치 않았다.

근심 씨는 생명을 다루는 의료인으로서 어떤 경우에도 한 치의 실수도 있어서는 안 된다는 확고한 신념을 가지고 있다. 근심 씨는 명문 대학을 졸업했다는 젊은 간호사들이 기본적인 업무도 제대로 하지 못하면서 불평불만만 내놓는 것을 매우 못마땅하게 여긴다. 병원에서는 신입 간호사의 이른 퇴직을 우려해 신입 간호사에게 잘못을 지적할 때 신중하라는 지시를 내렸지만, 의료사고를 유발할 수 있는 간호 업무에 신입이거나 수련 기간이라고 해서 예외가 있을 수 없다는 생각에는 변함이 없다.

주말과 공휴일을 포함해 연중무휴 교대제로 근무해야 하는 간호 업무의 성격상, 간호사들은 병원 밖에서 따로 인간관계를 형성할 만한 사회활동을 하기 어려워 대부분 병원 동료들과 가깝게 지냈다. 하지만 근심 씨는 오랫동안 외톨이로 지내 오고 있다. 원래 식사 시간을 지킬 수 없기는 하지만 다른 간호사들이 짬을 내서 간식을 먹는 경우에도 인간관계가 소원한 근심 씨는 늘 굶으며 일하고 있다. 정기적인 병동 회식 일정에 대해서 아무도 근심 씨에게 말해 주지 않을 뿐만 아니라 비공식적인 '치맥 파티'에조차 초대받은 적이 없다.

병동마다 근심 씨가 불편하다는 고충이 지속적으로 제기되어 결국 5개 병동을 돌아 마지막 병동에 배치되었다. 첫 출근이지만 병동 팀장은 외부 일정으로 부재 중이었고, 병동 간호사들은 근심 씨가 나타나자 일순간 말을 멈추었다. 아무도 인사를 하지 않고 업무를 안내해 주지도 않았다. 의료진 회진 일정을 포함해 근무를 교대할 때 인수인계도 충분히 받지 못하다 보니 제대로 업무를 수행하기가 어려운 상황이다. 오랫동안 같이 일하던 후배 간호사 몇몇이 모여 있어 다가가니, "그렇게 지독히 태우더니 아직도 요 모양이네", "완전히 늙어 빠져서 오도 가도 않고 개기면 어쩌라는 거야. 웬만하면 집에 가지, 추접스럽게", "꼰대 ××, 꼴만 봐도 밥맛이 떨어지잖아"라며 들으라는 듯이 큰소리로 떠들었다. 시간이 지나자 신규 간호사들도 더 이상 아는 체하지 않고 실수를 지적하면 똑바로 쳐다보면서, "너나 잘하세요. 어디서 늙다리 꼰대 ××이", "그 나이 처먹고 버티고 싶냐"며 면전에서 모욕을 주기까지 한다.

파트장과 간호팀장에게 고통을 호소했지만 "그렇게 좀 잘하지" 혹은 "먼저 잘 좀 하시라"는 이야기만 할 뿐 대책이 없다. 오히려 후배 간호사에게 환자들과 다른 스태프들 앞에서 큰소리로 야단을 치고 반말을 한 것과 큰 실수를 한 간호조무사와 신규 간호사의 어깨와 등을 가볍게 치면서 지적한 것 등 근심 씨가 평소에 했던 행동을 문제 삼아 폭언과 폭행으로 징계 대상이 될 수도 있을 것이라고 한다.

근심 씨는 신입 시절 선배의 비위를 맞추려 선배가 죽으라면 죽는 시늉까지 했다. 사비로 간식을 가져다 바치고, 생리대 심부름까지 하면서 수당도 받지 못하며 열심히 일했고, 욕설은 물론 따귀까지 맞으면서 그래도 지각, 결근 한 번 없이 하루하루 성실히 30여 년을 일해 왔다. 목소리가 커서 공격적으로 보일 수 있고, 답답하면 거칠게 튀어나오는 행동이 남에게 불편을 줄 수 있다는 것은 근심 씨도 인정할 수 있지만 자식뻘 되는 후배 간호사에게 반말을 했다거나 기본적인 업무에서 일어나는 실수를 지적했다는 이유로 징계까지 당한다는 것은 도저히 이해할 수가 없다. 후배 간호사들이 줄줄이 승진하는 동안 불평불만 없이 30여 년을 현장에서 일해 온 근심 씨는 억울하다.

무엇이 직장 내 괴롭힘에
해당하는가?

우리나라 간호계의 노동 현실은 엄혹하다. 이른바 '태움'이라는 간호계의 조직 내 괴롭힘 행태는 간호사를 자살까지 이르게 할 정도여서 사회적으로 거센 비난을 받고 있기도 하다. 이 사례는 오랫동안 '지독히 태웠던' 50대 평간호사가 이제는 오히려 태움의 대상이었던 후배 간호사들로부터 배척당하고 '태움을 당하는' 사례라고 할 수 있다.

과거에 잘못을 했거나 타인과 자연스럽게 어울리지 못한다고 해서 괴롭혀도 좋은 것일까? 이전에 비난받을 만한 일을 했던 전력이 있다 하더라도 괴롭힘의 방식으로 보복하는 것이 허용되어서는 안 된다. 이 사례에서 문제가 되는 행동들은 아래와 같다.

이슈1 - 사회적 고립

• 병동마다 근심 씨가 불편하다는 고충이 지속적으로 제기되어 결국 5개 병동을 돌아 마지막 병동에 배치되었다. 첫 출근이지만 병동 팀장은 외부 일정으로 부재 중이었고, 병동 간호사들은 근심 씨가 나타나자 일순간 말을 멈추었다. 아무도 인사를 하지 않고 업무를 안내해 주지도 않았다.

근심 씨는 조직 내 모든 병동의 구성원으로부터 배척당해 결국 마지막 병동으로 전보되었지만 여기서도 집단적 고립에 직면해 있다. 이러한 상황을 간호부서에서 파악하고 있었지만, 병동 팀장도 제대로 근심 씨를 보호하지 않고 방임하는 상태다.

이슈2. '꼰대' 등 나이를 폄하하는 표현과 모욕적 언행

• 오랫동안 같이 일하던 후배 간호사 몇몇이 모여 있어 다가가니, "그렇게 지독히 태우더니 아직도 요 모양이네", "완전히 늙어 빠져서 오도 가도 않고 개기면 어쩌라는 거야. 웬만하면 집에 가지, 추접스럽게", "꼰대 ××, 꼴만 봐도 밥맛이 떨어지잖아"라며 들으라는 듯이 큰소리로 떠들었다. 시간이 지나자 신규 간호사들도 더 이상 아는 체하지 않고 실수를 지적하면 똑바로 쳐다보면서, "너나 잘하세요. 어디서 늙다리 꼰대 ××이", "그 나이 처먹고 버티고 싶냐"며 면전에서 모욕을 주기까지 한다.

근심 씨는 30여 년을 근무한 50대 평간호사다. 간호부서가 큰 경우 근속 연수가 높아지더라도 승진 없이 근무하는 경우가 많은데, 이때 과거 후배들이 상급자가 되면서 위계질서가 뒤바뀌게 되자, 후배인 경력 간호사뿐 아니라 신규 간호사까지도 근심 씨에 대해 정면에서 조롱하는 행태를 보이고 있다.

이슈3 – 업무 관련 주요 정보나 의사 결정 과정에서의 배제

- 병동 간호사들은 근심 씨가 나타나자 일순간 말을 멈추었다. 아무도 인사를 하지 않고 업무를 안내해 주지도 않았다. 의료진 회진 일정을 포함해 근무를 교대할 때 인수인계도 충분히 받지 못하다 보니 제대로 업무를 수행하기가 어려운 상황이다.

심지어 근심 씨에 대한 적대적 태도는 일상적 업무 처리가 어려운 상황까지 치닫고 있다. 교대 근무자인 근심 씨에게 인수인계를 제대로 해 주지 않을 경우 환자 간호에 치명적 위험이 될 수도 있어 문제가 된다.

이렇게 하면 어떨까?

조직 멘토링
이 사례에서는 '후배 간호사와 근심 씨의 괴롭힘 행위'라는 단편적 접근보다는 전체적인 사회적 환경에서 근심 씨의 개인적 특징과 후배 간호사 집단의 공격 성향이 드러나게 된 맥락을 복합적으로 파악해야 한다.

사례에서 근심 씨의 심각한 괴롭힘 피해에도 불구하고 병원이나 간호부, 병동 등 모든 차원에서 아무런 개입이 이루어지지 않고 있다. 오히려 간호부는 괴롭힘을 당하고 있는 근심 씨가 행동을 수정하도록 요구하고 있다. 직장 내 괴롭힘의 통합 모형에 따르면 이 병원은 괴롭힘을 억제하기보다는 수용하고 있는 것으로 파악할 수 있다.

비록 근심 씨가 오랜 세월 다른 간호사들에게 공분을 쌓아 왔다고 하더라도, 현재 당하고 있는 괴롭힘 행위를 묵과해서는 안 된다. 회사 차원에서 괴롭힘 금지 정책을 선포하고, 간호부 차원에서 간호부 내 태움 문화를 척결하기 위한 강력한 지침을 시행해야 한다. 간호부 전체를 포함하는 병원 차원의 괴롭힘 상황을 진단하고 이를 해결하기 위한 체계적인 교육을 마련해야 한다. 특히 근심 씨에게는 대인관계 기술을 향상시키기 위한 지원이 필요하다.

국제노동기구[ILO]는 2019년 6월 10일 100주년 총회에서 '직업 세계에서의 폭력과 괴롭힘을 추방하기 위한 협약'을 채택하였고, 이에 앞서 다양한 정책을 통해 직장 내 괴롭힘의 해결에 관심을 가져 왔다. ILO는 괴롭힘 정책과 관련해 괴롭힘의 결과보다 원인을 다루어야 한다는 점을 강조해 왔다.

직장 내 괴롭힘 정책 수립의 핵심 요소

☐ 1 괴롭힘이 갖는 효과보다는 원인을 다룬다.

☐ 2 단 하나의 대응 방식은 존재하지 않는다는 것을 인식하고 사업장 특성에 맞는 해결책을 도출한다.

□ 3 관리자와 근로자의 대인관계 기술 향상과 같은 사전적인 개입이 보다 효과적이다.

□ 4 모든 수준의 개입을 체계적으로 시행한다.

□ 5 근로자와 근로자 대표 등 모든 이해관계자가 문제를 확인하고 해결책을 실행하는 데 참여할 수 있도록 한다.

개인 멘토링

근심 씨는 30여 년간 병원에서 거친 언행으로 동료들에게 불편을 끼쳤으며, 결국은 어느 조직에서도 환영받지 못하는 상황에 처하게 되었다. 병원은 이러한 근심 씨의 상황에 개입해 행동을 수정할 기회를 제공하지 않은 채 노동력을 제공받아 왔다. 직장 내 괴롭힘에 대한 갈등 모델은 피해자와 행위자 간 분쟁의 발생이 일방적이기보다 상호적이라는 점을 명확히 보여 준다. 조직이 개인 간의 갈등을 해결하고 예방하지 않고 그대로 방치하면 괴롭힘이 더욱 만연할 수밖에 없다.

근심 씨가 당하고 있는 폭언과 고립 행위는 괴롭힘 행위에 해당하므로 개정 근로기준법에 의한 신고가 가능하고, 이에 대한 행위자 징계와 피해자 보호를 요청할 수 있다. 그러나 그간 쌓여 온 갈등의 앙금이 남아 근심 씨의 어려움이 개선되는 방향으로 해결되지 않을 수도 있다.

근심 씨가 겪는 정신적 고통이 질환까지 이르게 되었다면 산업재해 인정을 통한 보상도 가능할 수 있다. 일례로 태움으로 인해 자살에 이르게

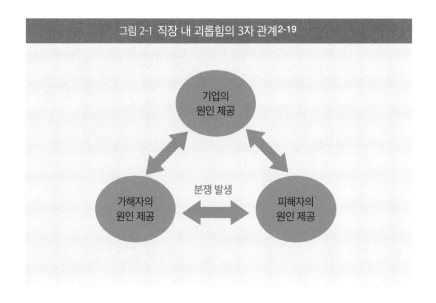

그림 2-1 직장 내 괴롭힘의 3자 관계2-19

기업의
원인 제공

분쟁 발생

가해자의
원인 제공

피해자의
원인 제공

된 사건에서 근로복지공단을 통해 산업재해로 인정받은 적이 있다. 해당 사건의 내용을 보면 직장 내 괴롭힘 자체를 인정한 것이라기보다는 고인의 스트레스 상황을 승인한 결과이기 때문이다. 직장 내 괴롭힘은 감정적 요인과 정신적 스트레스가 연계된 사안으로서 업무상 질병으로 입증하는 과정은 매우 난해한 경우가 많다. 법적 해결 외에 상호 간의 묵은 감정을 풀고 새로운 관계를 설정하는 방향으로의 해결을 모색할 필요가 있다.

고용노동부 산하 근로복지공단은 고 박선욱 간호사의 업무상 질병 신청을 2019년 3월 7일 인정했다. 공단은 박 간호사의 유족이 제출한 유족급여 및 장의비 청구를 업무상질병판정위원회의 심의를 거쳐 승인했다. 업무상질병판정위원회는 신입인 박 간호사가 중환자실에 근무하게 되면서 상당한 업무상 부담을 느꼈을 것이라고 판단했다. 아울러 적절한 교육체계나 지원 없이 과중한 업무를 수행해야 했고, 이로 인해 누적된 피로와 우울감이 극단적 선택으로 이어졌다고 보았다. 박 간호사에게 과도한 업무가 부여되고 있는데도 병원이 적절한 조치를 취하지 않은 점, 제대로 된 교육 없이 신규 간호사를 업무에 투입한 점 등도 문제로 지적했다. 박 간호사의 죽음에 대한 병원의 구조적 책임을 인정한 것이다.

#10

일보다 힘든 사내 정치,
억울한 직장 생활!

A재단은 A시의 위탁을 받아 각종 공연·전시·문화 사업 추진, 문화 예술 활동 참여 기회 확대, 전문적인 시설 운영 업무를 하는 200여 명 규모의 공공기관 이다. 재단 이사장은 지방선거에 시장 후보로 나선 적이 있는 인물로, 지역 예술인들을 적극적으로 발굴하고 육성해 도시의 예술성을 높이겠다는 목표로 다양한 활동을 전개하고 있다.

45세 정분통 주임은 10여 년간 용역 회사에서 미화 업무를 하다가 정부의 정규직 전환 정책에 따라 무기 계약직으로 전환되어 근무하고 있다. 그녀는 남편이 교통사고로 장애인이 된 후부터 실질적 가장으로서 억척같이 일해 왔다. 덕분에 어디서든 '야무지게 일 잘한다'는 칭찬을 받아 왔으며, 용역 업체가 변경될 때도 한 번도 해고되지 않고 직장을 유지해 두 아이를 부양할 수 있었다. 분통 씨는 고3 아들의 대입 준비를 뒷바라지하느라 동료들과 놀러 다니거나 어울리는 시간이 거의 없었고 'A시를 아름답게 가꾸는 모임' 참석도 하지 않고 있다.

이 모임은 동료 미화원 B가 주도하고 있는데 정기적으로 시 단위 행사와 거의 매주 열리는 각종 회식에 참여해야 하고 월 1만 원의 회비까지 내야 한다. A시 토박이로 지역 부녀회장을 맡고 있는 B는 이사장이 시장 선거에 출마할 때 '열렬히' 도와준 경험으로 "시장이나 이사장이나 내 말이라면 껌뻑 죽는다"며 공공연히 떠들고 다니고 있다.

미화부에서 유일하게 모임에 참여하지 않는 분통 씨는 거의 외톨이 신세다. 회사 식당에서 식사하는 경우에는 그렇다 해도, 미화원들끼리 집에서 간식을 가져와 삼삼오오 모여 쉬면서 나누어 먹지만 분통 씨에게는 아무도 연락을 하지 않는다. 원래 청소 업무는 주기적으로 돌아가면서 구역을 배정하지만 유달리 쓰레기와 오물이 많은 구역은 분통 씨에게 계속 배정되고 있다. 어쨌든 주어진 일이니 땀을 뻘뻘 흘리며 청소에 몰입하고 있으면 주변 동료들은 "열녀 났네, 열녀 났어" 라며 큰소리로 비꼬는 말을 한다. "못생긴 게 힘은 장사야. 하하…", "여자 팔뚝이 저것 좀 봐"라며 생김새를 가지고 놀리니 더욱 분하다.

참고 참다가 분한 마음에 공단의 관리자 K대리에게 건의하니 "여사님, 그런 것까지 말씀하시면 어떻게 해요?"라며 손사래를 친다.

무엇이 직장 내 괴롭힘에
해당하는가?

／ 사례에서 분통 씨는 미화 업무를 담당하고 있다. 일견 단순한 업무로 여겨지지만 지역 내 권력 관계, 사조직의 구성 등 지방자치단체의 정치적 역학 관계가 채용과 배치 전환 및 운영 전반에

영향을 미쳐 불공정한 업무 배분으로 이어지는 등 괴롭힘이 일상적으로 나타나고 있다. 분통 씨는 지역 출신 B가 주도하는 소모임에 참여하지 않은 것을 계기로 사회적 고립과 조롱, 그리고 수행하기 어려운 업무 부여와 같은 고통에 처하고 있다. 이런 행위들은 해당 모임 구성원인 다수가 한 명의 구성원을 표적으로 삼고 있어 이른바 '관계적 우위'에 따른 괴롭힘이 성립한다고 판단된다.

이슈1 – 수행하기 어려운 업무 부여

- 원래 청소 업무는 주기적으로 돌아가면서 구역을 배정하지만 유달리 쓰레기와 오물이 많은 구역은 분통 씨에게 계속 배정되고 있다.

사례에서 미화 업무는 통상 주기적으로 돌아가면서 구역을 배정하지만, 분통 씨에게만 남들이 꺼릴 만한 업무량이 많은 구역이 배정되고 있다. 꺼리는 업무 부여는 부정적 행위 설문지NAQ의 대표적 괴롭힘 유형이다.

이슈2 – 업무와 외모에 대한 조롱

- 땀을 뻘뻘 흘리며 청소에 몰입하고 있으면 주변 동료들은 "열녀 났네, 열녀 났어"라며 큰소리로 비꼬는 말을 한다.

사례에서 분통 씨는 다른 사람들의 일에 신경 쓰지 않고 자신의 가족과 업무에 집중하는 스타일이지만, 지역과 사내 정치에 익숙한 다른 구성원들은 분통 씨의 우직한 태도를 조롱하고, 더불어 외모에 대해서도 폄하하는 행위를 하고 있다.

이슈3 – 사회적 고립

- 미화부에서 유일하게 모임에 참여하지 않는 분통 씨는 거의 외톨이 신세다. 회사 식당에서 식사하는 경우에는 그렇다 해도, 미화원들끼리 집에서 간식을 가져와 삼삼오오 모여 쉬면서 나누어 먹지만 분통 씨에게는 아무도 연락을 하지 않는다.

조직 내 다수가 참여하는 비공식 모임에 소수가 참여하지 않게 되면 자연스럽게 고립될 수 있다. 사례에서는 간식 등을 나누어 먹는 자리에서도 배제되고 있는 현상을 볼 수 있다.

이렇게 하면 어떨까?

조직 멘토링

사례에서 성실한 분통 씨는 관계상 고립과 조롱, 업무 분장의 불합리성으로 고통받지만 조직은 아무런 대안을 제시하지 못하고 있다. A재단은 구성원의 긴밀한 협력과 공정한 업무 수행으로 공공성을 달성해야 한다. 하지만 괴롭힘 정책이 구체화되지 못한 채 방임적 리더십으로 현장의 업무 수행이 큰 어려움을 겪고, 구성원의 안녕이 위협받고 있다. 사례에서 현업 관리자는 청소 업무가 비교적 단순 업무에 해당한다는 점, 해당 조직이 여성만으로 이루어진 점 등에 따른 특성을 파악하여 대응하지 못하고 있다. 특수성에 대한 준비가 없으며, 또한 실제로 갈등이 불거진 상황에서도 주임이라는 공식적인 호칭이 아닌 성차별적인 '여사님'이라는 부적절한 호칭을 사용하면서 방관하고 있다.

단순 업무에 주목하라

미국 균등고용기회위원회EEOC는 작업이 단조롭거나 강도가 낮은 경우 그로 인한 괴롭힘 위험이 높아진다고 경고하고 있다. 단순 작업의 경우 구성원이 업무에 대해 몰입하지 않아도 되고 좌절이나 지루함을 피하기 위한 방편으로 괴롭힘이 유발될 수 있다는 것이다. 이런 경우 직무상 책임을 다양화하거나 직무를 재구조화하는 등 단조롭고 지루한 업무량을 줄이는 방향을 모색하면서 해당 직무를 수행하는 작업 집단 내 관계에 특별히 관심을 기울여야 한다고 제언하고 있다.

직무에 적합한 호칭을 사용하라

• 참고 참다가 분한 마음에 공단의 관리자 K대리에게 건의하니 "여사님, 그런 것까지 말씀하시면 어떻게 해요?"라며 손사래를 친다.

사례에서 관리자는 '여사님'이라는 호칭을 사용하고 있다. 짐짓 높임말로 들릴 수 있지만 성 역할 고정 관념이 작용할 수 있는 위험성이 있으므로 주의해야 한다.

직장 내 호칭은 업무 책임을 확인하고 구성원들의 업무적 관계를 쌓아가는 데 매우 중요하다. 직장 내 공식적 직책이 아닌 '아줌마', '아저씨' 등의 호칭은 물론, '아줌마'를 높여 '여사님'이라고 하는 것도 부적절하다. 해당 직원의 역할을 폄하하는 것으로 보일 수 있고, 무엇보다 조직 내 역할을 분명히 나타내지 않기 때문이다. 직원 간에 '언니', '형님' 등 마치 가족 구성원과 같은 호칭은 가족 내 서열에 따른 위계가 자리 잡게 될 수 있으니 지양해야 한다.

여성 조직의 특수성을 파악하라

이 사례는 여성들만의 작업 집단 내 괴롭힘을 보여 준다. 미국의 직장 괴롭힘 컨설팅 회사 워크 닥터의 수석 컨설턴트 개리 나미 박사는 여성 간 괴롭힘의 특수성을 설명하였다. 여성 간 괴롭힘은 공격적으로 대응할 가능성이 낮고, 가까운 관계에서 나타나는 경향이 있으며, 괴롭힘을 예민하게 인지하거나 괴롭힘에 대한 비난이 상대적으로 과대하게 나타나는 특징이 있다는 것이다. 또한 외모 등 생물학적 경쟁에 더 많이 노출되어 괴롭힘으로 변질될 수 있다고 지적하였다.

• **여성 조직에서 괴롭힘이 나타나는 원인**[2-20]

여성은 공격적으로 대응할 가능성이 낮아 쉽게 괴롭힘의 표적이 될 수 있다.

여성은 과민하게 인지하는 경향이 있다.

여성은 과다하게 비판하는 경향이 있다.

여성은 사회생물학적 경쟁, 특히 '외모 경쟁'이 나타나는 경향이 있다.

여성은 조직문화에 더 예민하게 반응하는 경향이 있다.

여성으로만 구성된 상황에서 괴롭힘에 쉽게 노출될 수 있다.

구성원의 사회적 관계의 증진 전략을 마련하라

지난 2019년 6월 10일 국제노동기구^{ILO}는 100주년 기념 총회에서 '일하는 세계에서의 폭력과 괴롭힘 근절'을 위한 제190호 협약을 채택하였다. 구성원의 심리·정신적 건강을 제고하고 건강하고 존엄한 일터를 만드는 것이 이제 ILO의 협약을 통해 국제 규범으로 확립된 것이다.

일찍이 ILO는 조직 구성원의 건강을 증진하기 위해 기업이 참고할 수 있도록 체크 리스트를 제공해 왔다. 이 체크 리스트에 비추어 본다면, 사례에 나타나는 A재단은 구성원의 심리·정신적 건강 증진을 고려한 정책 방향도, 구체적 정책도 없다는 점을 확인할 수 있다. 공공부문으로서의

심리·정신적 건강 증진 체크 리스트

정책 방향성

☐ 1 경영진이 의지를 보였는가?

☐ 2 사업장 내 심리 사회적 위험성 관리와 건강 증진 전략이 안전과 건강 정책, 기타 조직 내 목적에 맞게 수립되었는가?

☐ 3 심리·사회적 위험성을 다루고 근로자의 건강과 웰빙을 지속적으로 개선하는 선언을 했는가?

☐ 4 정책을 수립하고 실행하는 데 핵심적인 책임을 지는 관리자를 지정했는가?

☐ 5 모든 관리자와 근로자에게 의무를 설명했는가?

☐ 6 근로자와 근로자 대표가 정책과 프로그램 설계 및 개발에 참여할 수 있도록 했는가?

☐ 7 효과적인 의사소통 주기를 설정했는가?

☐ 8 근로자 안전 보건 증진 정책과 건강 증진 프로그램 실행을 위한 적절한 자원을 투입했는가?

☐ 9 관리자는 필요한 건강 증진 전략의 요소들을 검토하고 실행 및 조정했는가?

☐ 10 전문가로부터 필요한 조언을 구했는가?

☐ 11 최고 경영진이 정책 문서를 결재했는가?

지역과 지역 구성원에 대한 책임을 다할 수 있도록 명확한 반괴롭힘과 건강 증진을 위한 정책을 수립하고 구체적인 실행 방안을 모색할 필요가 있다.

개인 멘토링

2019년 7월 16일 이후 직장 내 괴롭힘 금지법이 실시되고 있다. A재단은 어떤 근로자이든 직장 내 괴롭힘을 신고하면 이에 대한 조사와 보호조치를 취해야 할 의무가 있다. 그러나 현장 관리자 K대리는 분통 씨의 고충처리 요청에 대해 '여사님'이 알아서 하도록 방임하고 있다. 만약 A재단이 명확한 정책을 가지고 있다면 K대리의 회피성 성향을 우선 파악해야 할 것이다.

만약 K대리의 리더십 때문이라면 괴롭힘 정황에 대한 입증 자료를 모

회피성 상사 스타일 The Avoidant, APD(Avoidant Personality Disorder 2-21

- ☐ 1 자신이 사회생활에 적합하지 않고, 매력이 없으며, 타인에 비해 열등하다고 느낀다.

- ☐ 2 새로운 활동을 하려고 하지 않는다.

- ☐ 3 타인에게 자신을 드러내면 자신의 무능함이 만천하에 알려질 거라 여기고 반드시 해고될 것이라 생각하며, 오직 다른 사람들이 그들을 좋아하고 긍정적인 시선에서 바라보는 상황에서만 안심한다.

- ☐ 4 조롱당하거나 무안한 상황에 처하는 것이 두려워 친밀한 관계를 맺지 않는다.

괴롭힘 행위

- ☐ 5 아무런 관리도 하지 않거나, 이메일 또는 메모로만 지시한다.

- ☐ 6 관리하기를 원치 않을 뿐만 아니라, 관리하는 방법 자체를 모른다.

- ☐ 7 부하 직원에게 업무를 떠넘긴다.

으고, 사내외 구제 절차를 확인해 차분하게 대응하는 것이 필요하다. 그런데 K대리의 행동의 원인이 A재단 자체의 리더십 부족에 있는 경우 분통 씨가 사내 구제 절차를 통한 실질적인 상황 개선을 기대하기는 어렵다. 동료나 부하 등 지위의 우위성이 없는 경우와 특히 따돌림이 문제 되는 경우는 '우위성'과 '피해'의 입증 측면에서 어려움이 있다는 점을 고려해야 한다. 분통 씨의 경우 다른 직원과 달리 담당하는 업무가 특정되어 있어 다른 업무로 배치되기 어렵다는 점을 감안하여 동료들의 따돌림 증거를 수집하는 것이 중요하다.

#11

성희롱 신고 뒤 해고라니. 서러운 파견 사원

문제
상황

23세 홍미진 씨는 전문대학 졸업 후 T공기업의 파견 사원으로 근무 중이다. 단순한 사무를 지시에 따라 처리하는 것이 미진 씨의 업무다. 한편 미진 씨는 폴 댄스 동아리의 주축 멤버일 만큼 실력 있는 댄서로, 향후 전업으로 활동할 계획이다. 현재는 폴 댄스 동작을 완성할 때마다 인스타그램에 업로드하는 등 SNS 관리부터 시작하고 있지만, 아무래도 소득이 안정적이지 않다 보니 직장 일을 병행할 수밖에 없는 실정이다. 미진 씨가 T사에 지원한 것은 야근이 없어 댄스 스튜디오에 매일 갈 수 있고, 스튜디오가 T사와 인접한 데다 '다양성을 추구하는 존중 일터'라는 문구에 끌렸기 때문이다.

미진 씨가 근무하는 지역은 보수적인 곳으로 알려져 있다. 40여 명의 사업소 구성원들은 40대 이상 남성 직원이 절대 다수를 차지하고 있다.

미진 씨는 55세 총무 팀장 X로부터 용모 단정과 성실 근무 등 몇 가지 지침을 전달받고 업무를 시작했다. 구체적인 지시는 47세 Y과장에게 받게 되어 있었다.

첫 출근 날, 상급자라고 할 수 있는 Y과장은 미진 씨를 보자 휘파람을 불며 "와우, 미진 씨, 섹시 슈퍼 모델 나가도 되겠네"라며 아래위로 쭉 훑어보았다. 이후로 업무가 끝나고도 Y는 미진 씨를 만나면 힐끗힐끗 쳐다봤는데, 미진 씨는 그 눈빛이 너무 음란하게 느껴져 소름이 돋았다. 한번은 앉아서 근무 중인 미진 씨에게 "어제 꿈에 내가 미진 씨하고 딱 붙어서 데이트를 하고 있더라고. 얼마나 기분이 끝내주던지"라고 말하며 거의 얼굴이 닿을 정도로 의자를 자신에게 끌어와 서류를 전달해 주고 들어가 버렸다.

총무 팀장에게 면담을 신청해 Y과장에게 당한 사정을 토로했으나, "알다시피 악의가 없는 사람인 거 알지? 서류 주려고 의자 좀 끌 수도 있는 거 아니야? 게다가 뭐 어쩌자는 것도 아니고, 꿈에 나타났다는데 어쩌겠어? 본인이 행동거지를 조신하게 해야지"라며 오히려 미진 씨를 꾸짖는 듯한 말만 듣고 말았다. 면담 이후 총무 팀장은 미진 씨의 일거수일투족을 사사건건 훈계했다. 바지를 입고 출근한 미진 씨에게 "여자가 치마를 입어야 조신하게 보이지"라며 핀잔을 주거나, "여자가 팔자걸음이 뭐야? 요즘에는 가정교육을 제대로 시키질 않아"라며 비난하는 투로 지적하는가 하면, "내방객들이 안내 데스크 아가씨가 무뚝뚝하다고 하잖아. 좀 싹싹하게 못하나"라며 말투까지 타박하는데 여간 불편한 것이 아니었다.

한편 점심시간 후 10여 명의 직원들과 함께 복귀하던 Y과장은 "어이, 미쓰 봉, 어제 영상 죽이던데"라며 최근 인스타그램에 업로드한 그녀의 폴 댄스 동작을 흉내 내며 큰 소리로 웃고는 다른 직원들과 함께 사무실로 들어갔다. 그 중 한 사람은 미진 씨를 빤히 쳐다보며 "요즘 애들 맹랑해. 어디 다 벗은 영상을 버젓이 올리나! 말세지, 말세야"라며 미진 씨가 들으라는 듯이 말했다. 폴 댄스 훈련 후 동작이 완성될 때마다 업로드하는 영상을 팔로워도 아닌 Y과장이 다른 직원들과 돌려 보며 미진 씨를 "미스 봉"이라고 부르고 있고, 근거도 없이 '사생활이 문란한' 여직원으로 뒷말이 돌고 있다는 것을 미진 씨는 나중에야 알게 되었다.

미진 씨는 회사로부터 받은 지침에 어긋난 행동을 한 적이 없었다. '용모 단정'과 '성실 근무'라는 요구에 대해 나름대로 최선을 다했고, Y과장 등의 불쾌한 발언에 대해서도 세대 차이려니 이해하고 넘어가려고 무던히 애쓰면서 X팀장의 질책에도 묵묵히 버텨 왔으나, 미진 씨는 결국 파견 회사에 연락해 고충을 호소했다.

그러나 별다른 조치가 없이 일주일이 지난 후 파견 회사로부터 복귀 통보를 받았다. 3개월 후 파견 계약 기간이 종료될 예정이니 본사로 복귀해 일단 대기하라는 것이었다. 파견 회사는 미진 씨 집에서 왕복 4시간이 소요되는 먼 거리에 있었다. 상황이 개선되기를 기대하던 미진 씨에게 날벼락 같은 결정이었다. 남들 일로 듣던 파견 사원 '퇴출' 대상이 된 것이다.

무엇이 직장 내 괴롭힘에 해당하는가?

/ 사례에서 미진 씨는 공기업인 T사의 사업부에서 파견 사원으로서 사무 보조 업무를 하고 있었는데 근무 중 관리자의 성적 언동과 젠더 괴롭힘, 그리고 뒷담화로 업무 환경이 심각하게 악화되었다. 구체적으로 살펴보면 다음과 같다.

이슈1 – 상사의 언어적·시각적·육체적 성희롱

[언어적 성희롱]
• "와우, 미진 씨, 섹시 슈퍼 모델 나가도 되겠네."

- "어제 꿈에 내가 미진 씨하고 딱 붙어서 데이트를 하고 있더라고."

[시각적 성희롱]
- Y과장은 미진 씨를 보자 휘파람을 불며 아래위로 쭉 훑어보았다.
- 업무가 끝나고도 미진 씨를 만나면 힐끗힐끗 쳐다보았다.

[육체적 성희롱]
- 거의 얼굴이 닿을 정도로 의자를 끌어왔다.

사례에서 Y과장 등은 언어적·시각적·육체적인 행위를 통해 미진 씨에게 성적 굴욕감을 느끼게 하고, 근무 환경이 악화될 만큼 성희롱을 했다.

이슈2 – 고정적인 '여자' 역할에 대한 요구와 지적

- 바지를 입고 출근한 미진 씨에게 "여자가 치마를 입어야 조신하게 보이지"라며 핀잔을 주었다.
- "여자가 팔자걸음이 뭐야?"라며 지적을 하거나 "내방객들이 안내 데스크 아가씨가 무뚝뚝하다고 하잖아. 좀 싹싹하게 못하나"라며 말투까지 타박했다.

보수적 지역에 위치한 T사 사업소의 50대 X팀장은 자신의 여성관을 미진 씨에게 투사하여 치마를 입어야 한다고 말하거나, 말투와 걸음걸이를 지적하며 고치도록 하는 등 업무상 필요하지 않은 요구를 하여 미진 씨의 직장 생활에 고통을 주었다.

X팀장의 이러한 행위는 이른바 '젠더 괴롭힘'이라 할 수 있다. 현행법상 성적 언동으로는 보지 않아 성희롱에 해당되지 않는다. 하지만 당연히 직장 내 괴롭힘의 범주에는 포함된다.

이슈3 - 사생활에 대한 뒷담화

• 폴 댄스 동작이 완성될 때마다 올리는 인스타그램의 영상을 팔로워도 아닌 Y과장이 다른 직원들과 돌려 보며 미진 씨를 "미스 봉"이라고 부르고 있고, 근거도 없이 '사생활이 문란한' 여직원으로 뒷말이 돌고 있다는 것을 알게 되었다.

폴 댄서를 지망하며 사업을 준비하는 미진 씨는 본인도 모르는 사이에 직장 관리자들이 그녀의 영상을 돌려 보고, '미쓰 봉'이라 부르면서 엉뚱하게 사생활이 문란한 여성이라는 틀에 가두는 등 뒷담화의 대상이 되었다.

이렇게 하면 어떨까?

조직 멘토링
공공기관은 정부의 가이드라인을 준수해야 한다
정부는 '갑질'을 "국민의 일상생활에서 발생하는 대표적 생활 적폐"로 규정하고, 이를 공공분야에서부터 근절하겠다는 대책을 내놓았다. 한편 정부는 2018년 7월 5일, 〈공공분야 갑질 근절 종합대책〉을 발표한 뒤, 공무원 행동강령상 갑질 행위 금지 규정 신설(국민권익위원회, 2018년 12월), 갑질에 대한 징계 기준 마련 및 감경 제한(인사혁신처, 2019년 4월), 갑질 개념과 판단 기준, 신고 처리 절차, 피해자 보호 방안 등《공공분야 갑질 근절 가이드라인》을 마련했으며(국무조정실, 2019년 2월), 법령·제도상 갑질 요인 제거를 위해 26개 부처, 99건의 갑질 유발 법령 개정을 추진해 왔다. 그런데 2018년 12월 27일 국회 본회의에서 직장 내 괴롭힘 금지법이 통과되면서, 〈공공분야 갑질 근절 종합대책〉의 실질적인 시행에 시동이 걸렸다. 이에 정부 국정현안점검조정회의에서 2019년 6월 5일 다시 한 번 〈갑질 근절 추진방안〉을 발표하고, 법 시행과 동시에 공공과 민간을 포괄할 수 있는 갑질 근절 방안을 마련할 것임을 공포하였다.

국내 공공기관(공기업, 준정부기관, 기타 공공기관)은 총 기관 수 339개(2019년 현재), 총 임직원 359,029명(2018년 12월 말 기준)이 해당된다.[2-22] 공공기관은 국가 주도 노동정책의 최우선 적용 대상으로서, 모범 사례를 전파하는 측면에서 의의를 갖는다. 현재 공공기관은 정규직 전환, 노동이사제(또는 근로참관제), 직무급제 등 노동시장 안정화와 근로자 경영 참여 증진 등 현 정부에서 추진하는 주요 노동정책의 적용 여부를 놓고 격론이 벌어지고 있기도 하다. 가이드라인은 갑질을 근절하고 상호 존중하는 사회적 풍토를 조성하기 위해 공공분야에서 발생하는 갑질에 대한 최소한의 판단 기준, 갑질 행위에 대한 처리 절차, 갑질 예방 대책 추진에 관한 사항 등을 제시했으며, 적용되는 사람은 중앙행정기관, 지방자치단체, 공공기관의 운영에 관한 법률에 따른 공공기관, 지방공기업법에 따른 지방공기업, 자방자치단체 출자·출연 기관의 운영에 관한 법률에 따른 지방자치단체 출자·출연 기관 및 제 기관으로부터 공무를 위탁받아 행하는 기관·개인 또는 법인과 공무원이라고 밝히고 있다.

공기업은 민간 사업장에 적용되는 근로기준법이나 남녀고용평등법에 기초한 성희롱과 괴롭힘 금지뿐 아니라 공공 갑질 가이드라인2-23의 준수, 인권 경영 실현 및 청렴 의무와 같은 사회적 가치 실현을 위한 다양한 규범을 이행해야 할 책임이 있다. 그런데 관할 부서에 따라 인정하는 기준이 달라 공공기관의 업무 부담이 가중된다는 고충도 제기되고 있다. 그러나 아래와 같이 공공 갑질과 직장 내 괴롭힘, 직장 내 성희롱은 적용 대상이 '동일한 직장 내 근로자'인지의 여부와 '성적 행위'인지 여부에 따라 다음과 같은 관계에서 중첩되어 있다는 점을 이해할 필요가 있다.

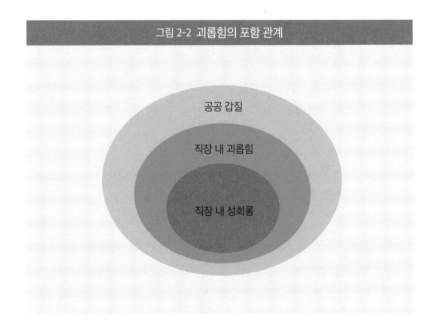

그림 2-2 괴롭힘의 포함 관계

공공 갑질

직장 내 괴롭힘

직장 내 성희롱

《공공분야 갑질 근절 가이드라인》에서는 갑질을 "사회·경제적 관계에서 우월적 지위에 있는 사람이 권한을 남용하거나, 우월적 지위에서 비롯되는 사실상의 영향력을 행사하여 상대방에게 행하는 부당한 요구나 처우"로 정의하고 있으며, 민원인 등 고객이나 제3자에 대한 갑질은 물론 직장 내 괴롭힘에 해당하는 갑질 유형도 금지 행위로 규정하고 있다. 이러한 내용은 행정안전부 정부청사관리본부와 산하 기관 등에 배포되었다.

표 2-8 갑질 유형	
갑질 유형	정의
법령 등 위반 유형	법령, 규칙, 조례, 내부 규정 등을 위반하여 자기 또는 타인의 부당 이익을 추구하는 유형
사적 이익 요구 유형	우월적 지위를 이용하여 금품, 향응, 기타 편의 등 사적 이익을 요구·수수하거나 제공받는 유형
부당한 인사 유형	자기 또는 특정인의 이익을 위하여 채용, 승진, 성과 평가 등 인사와 관련하여 부당하게 업무 처리를 하는 유형
비인격적 대우 유형	외모와 신체를 비하하거나 욕설, 폭언, 폭행 등 상대방에게 비인격적 언행을 하는 유형
기관 이기주의 유형	발주 기관이 부담하여야 할 비용을 시공사가 부담하게 하는 등 기관의 이익을 부당하게 추구하는 유형
업무 불이익 유형	사적 감정 등을 이유로 특정인에게 근무시간 외 불요불급한 업무 지시를 하거나 부당하게 업무를 배제하는 유형

상대방의 고통을 살피고 존중하는 일터를 만드는 반괴롭힘 활동은 조직 내외의 반부패 청렴 활동이자, 각 개인의 고유성을 존중하는 인권 경영이다. 보수적 지역에 위치한 T사 사업소에서 소수자에 대한 편견과 폭

력적 행태가 제재받지 않은 채 드러났다. 아마추어 폴 댄서 미진 씨는 파견 사원이자 젊은 여성으로 정규직 중년 이상 남성으로 이루어진 T사의 대다수와 다른 특성을 가지고 있다. 소수자인 미진 씨는 T사에서 주어진 지침에 따라 성실히 근로하고 있음에도 불구하고, 어떠한 통제나 제재도 없이 성희롱과 젠더 괴롭힘, 뒷담화로 고통을 받고 있다. '다양성 존중'이라는 선언과 달리 T사에서는 실제로 미진 씨를 존중하는 리더십이 발휘되지 않고 있는 것이다. 실제로 공공기관에서 발행한 폭행, 자살, 괴롭힘으로 인한 사건·사고가 보고되고 있다. 공공 부문에서부터 구호로 그치지 않고 체화되어 행동으로 이어지는 실질적인 변화가 요구된다.

성희롱 금지 규율은 확대·강화되고 있다

직장 내 성희롱 금지는 1999년 도입된 이래 대폭 강화되어 왔다. 2007년에는 직장 내 성희롱 행위자(가해자)의 범위를 "사업주·상급자 또는 근로자"로 한정했으나, 서비스 업무의 증가로 인해 고객 등에 의한 성희롱 문제가 심각해지면서 2017년 동법 제14조의2(고객 등에 의한 성희롱 방지) 규정을 신설하여 행위자 유형을 넓혔다. 또한 직장 내 성희롱 발생 시 행위자에 대한 사업주의 조치 의무를 강화하고, 피해 근로자에 대한 해고 및 그 밖의 불리한 조치를 금하도록 규율했다. 2017년에는 직장 내 성희롱의 법적 개념 확대, 직장 내 성희롱 발생 시 조치, 직장 내 성희롱 예방 조치 등을 중심으로 개정되었다. 직장 내 성희롱의 법적 개념에 대해서는, 1999년 이후 처음으로 개정하면서 직장 내 성희롱 피해의 범위를 고용환경은 물론 "근로조건에 대한 불이익"까지 확대했다.

표 2-9 남녀고용평등법상 직장 내 성희롱 관련 규정의 벌칙 현황2-24

금지 조항	벌칙 조항
사업주가 제12조를 위반하여 직장 내 성희롱을 한 경우 (제12조)	1천만 원 이하의 과태료 (제39조 제1항)
성희롱 예방 교육을 하지 아니한 경우 (제13조 제1항)	500만 원 이하의 과태료 (제39조 제2항)
성희롱 예방 교육의 내용을 근로자가 자유롭게 열람할 수 있는 장소에 항상 게시하거나 갖추어 두지 아니한 경우 (제13조 제3항)	500만 원 이하의 과태료 (제39조 제2항)
직장 내 성희롱 발생 사실 확인을 위한 조사를 하지 아니한 경우 (제14조 제2항 전단)	500만 원 이하의 과태료 (제39조 제2항)
근무 장소의 변경 등 적절한 조치를 하지 아니한 경우 (제14조 제4항)	500만 원 이하의 과태료 (제39조 제2항)
징계, 근무 장소의 변경 등 필요한 조치를 하지 아니한 경우 (제14조 제5항 전단)	500만 원 이하의 과태료 (제39조 제2항)
직장 내 성희롱 발생 사실을 신고한 근로자 및 피해 근로자 등에게 불리한 처우를 한 경우 (제14조 제6항)	3년 이하의 징역 또는 3천만 원 이하의 벌금 (제37조 제2항)
직장 내 성희롱 발생 사실 조사 과정에서 알게 된 비밀을 다른 사람에게 누설한 경우 (제14조 제7항)	500만 원 이하의 과태료 (제39조 제2항)
근무 장소 변경, 배치전환, 유급휴가의 명령 등 적절한 조치를 하지 아니한 경우 (제14조의2 제1항)	300만 원 이하의 과태료 (제39조 제3항)
근로자가 고객 등에 의한 성희롱 피해를 주장하거나 고객 등으로부터의 성적 요구 등에 불응한 것을 이유로 해고나 그 밖의 불이익한 조치를 한 경우 (제14조의2 제2항)	500만 원 이하의 과태료 (제39조 제2항)

성희롱 금지 행위를 명확히 파악하자

T사는 공공기관으로서 양성평등진흥법과 국가인권위원회법 및 남녀고용평등법의 제반 법률을 적용받는 기관이다. 특히 남녀고용평등법은 직장 내 성희롱의 금지 및 예방에 대한 절에서 직장 내 성희롱을 금지하고 예방 교육을 명시하는 한편, 발생 시 조치는 물론 고객 등에 의한 조치도 규정하고 있어, 가장 세부적이며 강제성을 띠는 법률이다.

사례에서 미진 씨는 Y과장의 성적 언동으로 고통받았다. Y과장은 담당 부서의 상급자로서 취약한 지위에 있는 미진 씨를 성희롱으로부터 적극적으로 보호해야 할 책임을 가진 지위에 있음에도 불구하고 노골적으로 미진 씨를 성적 대상으로 취급하는 언행을 일삼았다.

괴롭힘을 금지하는 근로기준법에서 직장 내 괴롭힘의 행위를 유형화하지 않으나, 성희롱의 경우 성적 언동에 대해 10여 개의 구체적 행위 유형을 예시하고 있다.

아래의 예시는 이제까지 구제 기관에서 인정된 대표적인 성희롱 행위로서, 예시와 동일한 성적 언동이 아니라도 성희롱은 성립할 수 있다.

표 2-10 직장 내 성희롱을 판단하기 위한 기준의 예시 (남녀고용평등법 시행규칙 제2조 [별표 1])	
기준 예시	
육체적 성희롱 행위	상대의 의사와 상관없이 신체적으로 접촉하거나 특정 신체부위를 만짐으로써 피해자에게 성적 굴욕감이나 혐오감을 주는 행위 (1) 입맞춤, 포옹 또는 뒤에서 껴안는 등의 신체적 접촉행위 (2) 가슴·엉덩이 등 특정 신체부위를 만지는 행위 (3) 안마나 애무를 강요하는 행위

기준 예시	
언어적 성희롱 행위	상대의 의사와 상관없이 음란하고 상스러운 말을 하거나, 외모에 대한 성적인 비유나 평가를 하거나, 성적인 사생활을 묻거나 유포하는 등의 행위 (1) 음란한 농담, 음담패설 등을 하는 행위[전화통화, 통신매체, 인터넷 매체(카톡, 블로그 등) 포함] (2) 외모에 대한 성적인 비유나 평가를 하는 행위 (3) 성적인 사실 관계를 묻거나 성적인 내용의 정보를 의도적으로 퍼뜨리는 행위 (4) 성적인 관계를 강요하거나 회유하는 행위 (5) 회식자리 등에서 무리하게 옆에 앉혀 술을 따르도록 강요하는 행위
시각적 성희롱 행위	상대방의 의사와는 상관없이 눈으로 인지가 가능한 행동을 통해 성적 혐오감이나 불쾌감을 주는 것 (1) 음란한 사진·그림·낙서·출판물 등을 게시하거나 보여 주는 행위(컴퓨터통신이나 팩시밀리 등을 이용하는 경우를 포함) (2) 성과 관련된 자신의 특정 신체부위를 고의적으로 노출하거나 만지는 행위
기타 성희롱 행위	사회통념상 성적 굴욕감 또는 혐오감을 느끼게 하는 것으로 인정되는 언어나 행동

성희롱이 성립되기 위해서는 행위자에게 반드시 성적 동기나 의도가 있어야 하는 것은 아니지만, 당사자의 관계, 행위가 행해진 장소 및 상황, 행위에 대한 상대방의 명시적 또는 추정적인 반응의 내용, 행위의 내용 및 정도, 행위가 일회적 또는 단기간의 것인지 아니면 계속적인 것인지 여부 등의 구체적 사정을 참작하여 볼 때, 객관적으로 상대방과 같은 처지에 있는 일반적이고도 평균적인 사람으로 하여금 성적 굴욕감이나 혐오감을 느낄 수 있게 하는 행위가 있고, 그로 인하여 행위의 상대방이 성적 굴욕감이나 혐오감을 느꼈음이 인정되어야 한다.　　　　　　　　　　　　　　 — 대법원 2007. 6. 14. 선고 2005두6461 판결

다양한 성희롱 사건이 법정에서 다뤄지며 법원 판례나 국가인권위원회의 결정례가 쌓이자 성희롱의 유형이 드러났다.

표 2-11 법원 판례나 국가인권위원회 결정례에서 성희롱

	기준 예시
육체적 성희롱	'허리에 손 두르기와 함께 손으로 엉덩이를 툭툭 치는 행위', '허리를 잡고 다리를 만지는 행위', '블루스를 추자고 허리에 손을 대고 쓰다듬는 행위', '안마를 해 준다며 어깨를 만지는 행위', '테이블 아래에서 발로 다리를 건드리는 행위', '노래방 가서 술도 한잔하고 놀자며 팔짱을 끼고 억지로 차에 태우는 행위', '업무를 보고 있는데 의자를 끌어와 몸을 밀착시키는 행위', '가슴을 스치고 지나가는 행위' 등
언어적 성희롱	"딱 붙은 옷 입으니까 섹시하고 보기 좋은데? 항상 그렇게 입고 다녀. 회사 다닐 맛 난다.", "여자가 들어갈 때 들어가고 나올 데 나와야 하는데 넌 말라서 안 섹시해.", "여자가 그렇게 뚱뚱해서 어떤 남자가 좋아하겠어?", "○○씨도 여잔데 미니스커트나 파인 옷 같은 것도 입고 다녀.", "술집 여자같이 그런 옷차림이 뭐야?", "아가씨 엉덩이라 탱탱하네.", "술 먹고 같이 자자.", 자신의 성생활을 이야기하거나 상대방의 성생활에 대해 질문하는 행위, "어제 또 야동 봤지?", "남자는 허벅지가 튼실해야 하는데, 좀 부실하다.", "운동하고 왔어? 어깨 한번 만져 보고 싶다.", "우리는 여직원이 많아서 여자 나오는 술집은 갈 필요가 없어.", "술은 여자가 따라야 제맛이지. ○○씨가 부장님 술 좀 따라 드려.", "우리 ○○씨 ~ 우리 이쁜이~ 우리 애인 어제 잘 들어갔어?" 등
시각적 성희롱	'성기 모양으로 조각한 당근을 개수대에 담가 놓는 행위', '컴퓨터 모니터로 야한 사진을 보여 주거나 바탕 화면, 스크린 세이버로 깔아 놓는 행위', '야한 사진이나 농담 시리즈를 카톡, 메신저 등을 통해 전송하는 행위', '다른 직원들 앞에서 자신의 바지를 내려 상의를 바지 속으로 넣는 행위', '원치 않는 윙크를 계속하는 행위', '음란한 시선으로 빤히 쳐다보는 행위' 등
기타 성희롱 (그 밖에 사회 통념상 성적 굴욕감 또는 혐오감을 느끼게 하는 것으로 인정되는 언어나 행동)	'원하지 않는 만남이나 교제를 강요하는 행위', '좋아한다며 원치 않는 접촉을 계속 시도하는 행위', '사적인 내용의 문자를 보내서 보내지 말라고 했더니 동료들 앞에서 인격적으로 무시하는 행위', '직장 내 성희롱의 피해를 제기하거나 거절의 의사를 표시하였더니 불이익을 주는 행위', '퇴폐적인 술집에서 이루어진 회식에 원치 않는 근로자의 참석을 강요하는 행위', '거래처 접대를 해야 한다며 원치 않는 식사, 술자리 참석을 강요하거나 거래처 직원과의 만남을 강요하는 행위' 등

법정 의무 교육을 실효화해야 한다

사례에서 관리자들은 성희롱의 개념과 예방 및 사후 처리 조치에 대해 문외한이다. 남녀고용평등법은 예방 교육을 의무화하여 연 1회 이상 의무적으로 실시하도록 하고, 교육의 내용에 법 규정뿐 아니라 해당 사업장에서 성희롱 발생 시 조치와 상담 등 상세한 고충처리 절차를 포함하도록 시행령에 명시하고 있다. 구체적 교육의 내용도 법정화하여 규정하고 있다.

남녀고용평등법 제13조 (직장 내 성희롱 예방 교육 등)
① 사업주는 직장 내 성희롱을 예방하고 근로자가 안전한 근로환경에서 일할 수 있는 여건을 조성하기 위하여 직장 내 성희롱의 예방을 위한 교육(이하 "성희롱 예방 교육"이라 한다)을 매년 실시하여야 한다.
② 사업주 및 근로자는 제1항에 따른 성희롱 예방 교육을 받아야 한다.
③ 사업주는 성희롱 예방 교육의 내용을 근로자가 자유롭게 열람할 수 있는 장소에 항상 게시하거나 갖추어 두어 근로자에게 널리 알려야 한다.
④ 사업주는 고용노동부령으로 정하는 기준에 따라 직장 내 성희롱 예방 및 금지를 위한 조치를 하여야 한다.
⑤ 제1항 및 제2항에 따른 성희롱 예방 교육의 내용·방법 및 횟수 등에 관하여 필요한 사항은 대통령령으로 정한다.

남녀고용평등법 시행령 제3조 (직장 내 성희롱 예방 교육)
① 사업주는 법 제13조에 따라 직장 내 성희롱 예방을 위한 교육을 연 1회 이상 하여야 한다.
② 제1항에 따른 예방 교육에는 다음 각호의 내용이 포함되어야 한다.

1. 직장 내 성희롱에 관한 법령

2. 해당 사업장의 직장 내 성희롱 발생 시의 처리 절차와 조치 기준

3. 해당 사업장의 직장 내 성희롱 피해 근로자의 고충상담 및 구제 절차

4. 그 밖에 직장 내 성희롱 예방에 필요한 사항

③ 제1항에 따른 예방 교육은 사업의 규모나 특성 등을 고려하여 직원연수·조회·회의, 인터넷 등 정보통신망을 이용한 사이버 교육 등을 통하여 실시할 수 있다. 다만, 단순히 교육자료 등을 배포·게시하거나 전자우편을 보내거나 게시판에 공지하는 데 그치는 등 근로자에게 교육 내용이 제대로 전달되었는지 확인하기 곤란한 경우에는 예방 교육을 한 것으로 보지 아니한다.

④ 제2항 및 제3항에도 불구하고 다음 각호의 어느 하나에 해당하는 사업의 사업주는 제2항제1호부터 제4호까지의 내용을 근로자가 알 수 있도록 교육자료 또는 홍보물을 게시하거나 배포하는 방법으로 직장 내 성희롱 예방 교육을 할 수 있다.

1. 상시 10명 미만의 근로자를 고용하는 사업

2. 사업주 및 근로자 모두가 남성 또는 여성 중 어느 한 성(性)으로 구성된 사업

⑤ 사업주가 소속 근로자에게 「근로자직업능력 개발법」 제24조에 따라 인정받은 훈련과정 중 제2항 각 호의 내용이 포함되어 있는 훈련과정을 수료하게 한 경우에는 그 훈련과정을 마친 근로자에게는 제1항에 따른 예방 교육을 한 것으로 본다.

개인 멘토링

파견 사원도 구제 대상이며, 사용 사업주도 행위자 징계 책임이 있다

직장 내 괴롭힘과 직장 내 성희롱을 당한 근로자는 근로기준법과 남녀고용평등법에 의해 구제를 요청할 수 있다. 이때 '근로자'에는 파견 근로

자도 포함되므로 미진 씨는 법적 권리로서 직장 내 괴롭힘이나 성희롱에 대한 사내 구제를 요청할 수 있다.

사례와 같이 파견 사원이 사용 사업주 소속 직원에게 괴롭힘이나 성희롱을 당한 경우, T사는 파견 회사와 함께 해당 사업장에서 근무 중인 미진 씨에 대해 보호 조치를 취해야 하고, 소속 직원인 Y과장 등 행위자에 대해서는 징계 등의 조치를 취할 의무가 있다.

Y과장의 경우 담당 부서의 직상급자로서 미진 씨를 보호해야 할 책임이 있음에도 불구하고 오히려 언어적·시각적·육체적인 언동을 하였으므로 행위자 책임을 물을 수 있다. X팀장은 미진 씨와의 면담을 통해 성희롱과 괴롭힘 고충에 대하여 인지했음에도 불구하고 고충처리 절차를 개시하지 않고, 오히려 피해자에게 고정적인 성 역할을 강요하는 등 '젠더 괴롭힘'으로 근무 환경을 악화시킨 점이 문제 될 수 있다. 한편 Y과장 등과 함께 다른 직원들이 인스타 동영상을 돌려 본 점, '미쓰 봉'이라고 별명을 부르며, 사생활이 문란한 것처럼 뒷담화를 한 점은 직장 내 괴롭힘으로 볼 수 있다. 그러나 실질적으로 조사를 진행할 경우, 당사자 외에 다른 목격자가 없거나 뒷담화처럼 사업장 내 절대 다수가 연루된 사안은 사실상 사건 처리가 어렵다는 점도 인지해야 할 것이다.

성희롱과 괴롭힘의 피해자에 대한 불이익 처우는 법적으로 금지된다

성희롱 등의 고충을 처리하는 T사의 대응 방식은 리더십이 적절하게 발휘되지 못하고 있는 차원을 넘어 성희롱·괴롭힘 피해자에 대한 사후 조치 의무를 위반했다. 성희롱에 대한 불이익 처우는 남녀고용평등법에서 불이익 유형을 구체적으로 예시하며 엄격하게 금지하고 있다.

T사에서 성희롱과 괴롭힘 피해가 발생해 피해자에 대한 보호 처리가 필요함에도, 파견 계약이 해지되어 퇴출되었다면 기존보다 불이익한 처우를 받을 수 있다. 파견 계약을 3개월 남기고 피해자 보호 차원에서 본사 복귀 명령을 내렸다고 하지만, 미진 씨 입장에서는 본인에게 고충 해결 방안에 대한 의견을 묻지도 않고 통근 거리가 4시간이 넘는 본사로 불시에 발령하였으므로 사실상 '신분 상실'이나 '직무 미부여' 등에 해당하는 조치로 부당하다고 주장할 여지가 있다.

직장 내 성희롱 법제는 괴롭힘법제의 사후 조치 절차와 유사하나 조사 과정 중 신고인 또는 피해자가 성적 수치심을 느끼지 않도록 유의하도록 명시하고, 피해자가 받을 수 있는 불이익 유형을 구체적으로 열거하는 등 피해자 입장에서 더욱 상세히 규율하고 있다. 사례와 같이 성희롱과 괴롭힘이 동시에 성립하는 사건의 경우 성희롱 처리 절차에 따라 처리하는 것이 타당하다.

남녀고용평등법 제14조 (직장 내 성희롱 발생 시 조치)
① 누구든지 직장 내 성희롱 발생 사실을 알게 된 경우 그 사실을 해당 사업주에게 신고할 수 있다.
② 사업주는 제1항에 따른 신고를 받거나 직장 내 성희롱 발생 사실을 알게 된 경우에는 지체 없이 그 사실 확인을 위한 조사를 하여야 한다. 이 경우 사업주는 직장 내 성희롱과 관련하여 피해를 입은 근로자 또는 피해를 입었다고 주장하는 근로자(이하 "피해 근로자 등"이라 한다)가 조사 과정에서 성적 수치심 등을 느끼지 아니하도록 하여야 한다.
③ 사업주는 제2항에 따른 조사 기간 동안 피해 근로자 등을 보호하기 위하여

필요한 경우 해당 피해 근로자 등에 대하여 근무 장소의 변경, 유급휴가 명령 등 적절한 조치를 하여야 한다. 이 경우 사업주는 피해 근로자 등의 의사에 반하는 조치를 하여서는 아니 된다.

④ 사업주는 제2항에 따른 조사 결과 직장 내 성희롱 발생 사실이 확인된 때에는 피해 근로자가 요청하면 근무 장소의 변경, 배치 전환, 유급휴가 명령 등 적절한 조치를 하여야 한다.

⑤ 사업주는 제2항에 따른 조사 결과 직장 내 성희롱 발생 사실이 확인된 때에는 지체 없이 직장 내 성희롱 행위를 한 사람에 대하여 징계, 근무 장소의 변경 등 필요한 조치를 하여야 한다. 이 경우 사업주는 징계 등의 조치를 하기 전에 그 조치에 대하여 직장 내 성희롱 피해를 입은 근로자의 의견을 들어야 한다.

⑥ 사업주는 성희롱 발생 사실을 신고한 근로자 및 피해 근로자 등에게 다음 각호의 어느 하나에 해당하는 불리한 처우를 하여서는 아니 된다.

 1. 파면, 해임, 해고, 그 밖에 신분상실에 해당하는 불이익 조치

 2. 징계, 정직, 감봉, 강등, 승진 제한 등 부당한 인사조치

 3. 직무 미부여, 직무 재배치, 그 밖에 본인의 의사에 반하는 인사조치

 4. 성과평가 또는 동료평가 등에서 차별이나 그에 따른 임금 또는 상여금 등의 차별 지급

 5. 직업능력 개발 및 향상을 위한 교육훈련 기회의 제한

 6. 집단 따돌림, 폭행 또는 폭언 등 정신적·신체적 손상을 가져오는 행위를 하거나 그 행위의 발생을 방치하는 행위

 7. 그 밖에 신고를 한 근로자 및 피해 근로자 등의 의사에 반하는 불리한 처우

⑦ 제2항에 따라 직장 내 성희롱 발생 사실을 조사한 사람, 조사 내용을 보고받은 사람 또는 그 밖에 조사 과정에 참여한 사람은 해당 조사 과정에서 알게 된 비밀을 피해 근로자 등의 의사에 반하여 다른 사람에게 누설하여서는 아니 된다. 다만, 조사와 관련된 내용을 사업주에게 보고하거나 관계 기관의 요청에 따라 필요한 정보를 제공하는 경우는 제외한다.

만약 사내 절차를 통해 구제받을 수 없다면 미진 씨는 파견 사업주와 사용 사업주가 각각 성희롱과 괴롭힘으로부터 보호 의무를 다하지 않았고, 고충을 제기하였음에도 조사 절차를 개시하지 않았으며, 오히려 미진 씨에게 부당한 인사를 행하였다는 취지로 노동부에 사업주의 법 위반 사실을 진정이나 고소 등의 방법으로 신고할 수 있다. 해당 인사 처분에 대해서도 부당하다는 취지로 노동위원회를 통해 정당성을 다툴 수 있다.

#12

고객의 호의라고?
당황스럽고 괴로운 성추행

문제
상황

28세 진정선 대리는 어릴 때부터 동경하던 호텔리어로서, 추근거리는 남성 고객이나 억지스럽게 서비스를 요구하다가 욕을 퍼붓는 다양한 진상 고객을 상대하면서 어느덧 6년 차를 맞았다. 현재는 대기업 P그룹이 운영하는 글로벌 체인 특급 호텔인 L호텔의 식음료 파트 소속 직원으로 최근에는 새로 인테리어를 마치고 개장한 바의 홀 업무를 담당하고 있다.

L호텔의 주요 매출은 주로 P그룹 계열사에서 발생하므로 해당 계열사의 임직원이 핵심 고객이라 할 수 있다. 최근 계열사 기술 고문으로 부임한 40대 후반 중동 국가 출신 남성 R은 P그룹이 추진하는 합작 기업에서 한국으로 단신 부임하여 L호텔에 묵고 있다. R은 매일 바에 들러 와인을 주문하는데, 마침 응대를 한 정선 씨에게 "영어를 아주 우아하게 구사한다"라거나 자신의 취향을 잘 알아서 서비스가 "매우 스마트하다"라고 칭찬하면서 반드시 정선

씨가 응대해 줄 것을 요청했다. 그의 칭찬이 지배인에게까지 전해져 정선 씨는 '이 달의 친절 사원'에 뽑히기도 했다. 덕분에 좋은 평판을 얻게 되자 진심으로 감사한 마음으로 정선 씨는 이후로도 R에게 성심성의껏 응대했고, 여러 달 동안 자연스럽게 대화를 나누는 관계를 유지했다.

P사 전담 직원이 생일을 맞은 R을 위해 임직원 등 10여 명을 초대해 요란한 생일잔치를 열어 준 날이었다. 몇 차례 서빙이 이어지고 파티가 무르익었다. R은 서빙을 위해 테이블에 온 정선 씨의 손을 잡고 "내가 이야기했던 섹시한 여자야"라며 참석자들에게 소개했고, 그녀에게 "감사해요"라며 손 키스를 날리는 제스처를 취했다. 정선 씨는 순간 불쾌했지만 어색한 상황이라 손을 빼며 "감사해요"라고 말하며 황급히 자리를 떠났다.

그녀는 즉시 바 지배인에게 그 테이블에 가기가 주저된다고 고충을 전했지만, R이 정선 씨를 선호하는 것을 알고 있는 상사는 그날 최고 매출을 올리고 있던 VIP 테이블 서빙을 바꿔 주지 않았다. 다시 주문이 들어와 어쩔 수 없이 해당 테이블에 갔는데, R이 "오, 친절한 나의 사랑, 내 생일 축하해 줄 거지?"라며 서빙 후 돌아서는 정선 씨를 돌려세운 뒤 갑작스럽게 가슴 부분을 강하게 밀착하며 포옹을 했다. 겨우 몸을 빼서 돌아서는데 테이블 참석 고객들은 기다렸다는 듯이 휘파람과 박수를 보냈다. 너무 갑작스럽고 굴욕적인 상황에 정선 씨는 머리가 멍해졌다.

무엇이 직장 내 괴롭힘에
해당하는가?

／사례에서 정선 씨는 회사가 VIP로 관리하는 고객 R로부터 성희롱과 성추행을 겪었다. 정선 씨는 주요 고객인 R과 평소에는 우호적인 관계를 유지했지만, 생일 파티 자리에서 심각한 성추행

에 노출되었다. 구체적으로 문제가 되는 행위들은 다음과 같다.

이슈1. 성희롱

[언어적 성희롱]
- "내가 이야기했던 섹시한 여자야."
- "오, 친절한 나의 사랑, 내 생일 축하해 줄 거지?"

[시각적 성희롱]
- "감사해요"라며 손 키스를 날리는 제스처를 취했다.

고객 R은 지인들에게 업무 수행 중인 정선 씨를 '섹시'한 여자로 소개하는 한편, "나의 사랑"이라는 매우 사적인 표현을 하였다. 아무런 사적 관계가 없음에도 마치 사적 관계가 있는 것처럼 암시하는 표현 탓에 정선 씨는 상당한 굴욕감을 느꼈다.

이슈2. 성폭행

- 정선 씨를 돌려세운 뒤 갑작스럽게 가슴 부분을 강하게 밀착하며 포옹을 했다.

고객 R은 정선 씨의 의사와 관계없이 강제로 포옹을 하며 신체적 접촉을 시도했다. 이는 육체적 성희롱에 해당할 뿐 아니라 성폭행으로 볼 수 있다.

이렇게 하면 어떨까?

/ 호텔리어는 서비스를 제공하는 과정에서 고객으로부터의 폭언과 폭행에 노출될 수 있으며, 특히 여성은 성적으로 대상화되거나 젠더 고정 관념이 개입된 언행에 노출될 가능성이 더욱 높다. 산업안전보건법은 고객응대근로자에 대한 보호를, 남녀고용평등법은 고객에 의한 성희롱에 대한 보호조치를 강제하고 있다.

사례에서 L호텔은 해당 법률을 이행해야 하는 사업장임에도 이에 대한 조치가 이루어지지 않고 있다. 특히 정선 씨는 사건 당일 바로 보호를 요청하였음에도 그대로 업무를 수행할 수밖에 없었고, 결국 성추행까지 당하게 되었다. 아래에서는 우선 고객응대근로자에 대한 보호 법제와 성희롱과 성추행에 대한 개념을 비교하여 살펴보고, 성추행에 대한 구제 방법을 살펴보고자 한다.

조직 멘토링

고객응대근로자는 강행 법률로 특별히 보호한다

호텔이나 병원 등 다수의 고객을 상대해야 하는 서비스 업종의 경우 직장 내뿐 아니라 고객으로부터도 근로자 보호에 특별한 노력을 기울여야 한다. 특히 남녀고용평등법은 성희롱에 대한 사업주의 보호 의무를 규정하고 있으며, 산업안전보건법에 따라 폭언 등 괴롭힘 전반으로부터의 보호 규정을 이행하지 않으면 안 된다.

① 고객으로부터의 성희롱에 대한 보호 의무

남녀고용평등법 제14조 제2항인 고객으로부터의 성희롱에 대한 보호

의무 관련 조항은 2008년 6월 21일에 시행되었다. 기존에 고객 등 업무 관련자의 성적 언동에 대해 근로자가 고충 해소를 요청할 경우 사업주는 근무 장소 변경, 배치 전환 등 가능한 조치를 취하도록 '노력하여야 한다'고 한 노력 규정을 2018년 5월 29일 의무 규정으로 강화했다. 규정을 위반하고 보호조치를 하지 않은 경우 300만 원 이하의 과태료, 불이익 조치를 한 경우 500만 원 이하의 과태료가 부과된다. 제14조의2 제1항은 2018년 5월 29일 이후로는 고객 등 업무 관련자의 성희롱 행위에 대해 적절한 조치를 강하게 주장할 수 있다.

제14조의 2 (고객 등에 의한 성희롱 방지)
① 사업주는 고객 등 업무와 밀접한 관련이 있는 자가 업무 수행 과정에서 성적인 언동 등을 통하여 근로자에게 성적 굴욕감 또는 혐오감 등을 느끼게 하여 해당 근로자가 그로 인한 고충 해소를 요청할 경우 근무 장소 변경, 배치 전환, 유급휴가의 명령 등 적절한 조치를 하여야 한다.
② 사업주는 근로자가 제1항에 따른 피해를 주장하거나 고객 등으로부터의 성적 요구 등에 불응한 것을 이유로 해고나 그 밖의 불이익한 조치를 하여서는 아니 된다.

근로자는 고객 등 업무 관련자의 성희롱과 관련하여 사업주에게 성희롱으로 인한 고충 해소를 요청할 수 있다. 법조문에서는 '근무 장소 변경, 배치 전환, 유급휴가의 명령'만을 명시하였으나, 이는 예시일 뿐 성희롱을 방지하기 위한 조치를 요청할 수 있다. 이와 관련하여 성희롱 행위자

에게 강한 법적 제재를 가하는 것은 불가능하나, 고객에 대한 주의 조치
나 이용 거절 등과 같은 해결책의 마련을 요구할 수 있다.

② 고객으로부터의 폭언에 대한 보호 의무

정선 씨는 고객을 직접 대면하며 서비스를 제공하는 산업안전보건법
상의 '고객응대근로자'에 해당한다. 산업안전보건법은 사례와 같이 고객
응대를 업무로 하는 근로자를 보호하도록 명시적 규정을 두고 있으며, 이
를 위반하는 경우 벌칙이 적용된다.

사용자는 근로자가 요구하면 업무의 일시적 중단 또는 전환, 휴게 시간
의 연장, 폭언 등으로 인한 건강 장해 관련 치료 및 상담 지원, 고소, 고발
또는 손해 배상 청구 조치를 취하도록 구체적으로 정하고 있다. 또한 시
행규칙에서 규정한 대로 환자와 보호자 등 고객이 근로자에게 폭언 등을
하지 않도록 협조를 요청하는 문구나 음성으로 안내하도록 하고, 고객과
의 문제 상황 발생 시 대처 방법을 포함한 고객응대업무 매뉴얼을 작성하
는 한편, 이에 대한 건강 장해 예방 관련 교육을 실시해야 한다. 향후 근
로자들에 대한 스트레스를 적극적으로 관리하고, 그 결과를 기초로 고객
응대근로자의 노동조건을 개선하기 위해 적극적으로 나서야 하며, 이제
라도 산업안전보건법과 시행령 및 시행규칙이 제시하고 있는 대책을 적
극적으로 수립해야 한다.

고객이 왕이다? No!

미국 균등고용기회위원회EEOC는 근로자가 얻게 되는 보상이 고객 만족
이나 서비스와 연동된 경우 괴롭힘의 위험 요인이 될 수 있다고 경고하고

표 2-12 산업안전보건법상 직장 내 괴롭힘의 규율		
해당 조문	규정 내용	벌칙 조항
제5조 (사업주 등의 의무)	근로자의 신체적 피로 및 정신적 스트레스를 줄일 수 있는 쾌적한 근로환경 조성에 대한 사용자의 의무 (제12조)	-
제26조 (작업중지 등)	급박한 위험으로부터 근로자를 보호하기 위한 작업중지권의 행사 (제13조 제1항)	5년 이하의 징역 또는 5천만 원 이하의 벌금 (제67조 제1호)
제26조의2 (고객의 폭언 등으로 인한 건강장해 예방조치) 제1항	사업주로 하여금 고객응대근로자에 대한 고객의 폭언 등으로 인해 발생하는 건강장해를 예방하기 위한 조치를 의무화 (제13조 제3항)	-
제26조의2 (고객의 폭언등으로 인한 건강장해 예방조치) 제2항	고객의 폭언 등으로 인해 고객응대근로자에게 건강장해가 발생하거나 발생할 현저한 우려가 있는 경우에 업무의 일시적 중단 또는 전환 등 대통령령으로 정하는 필요한 조치를 의무화	1천만 원 이하의 과태료 (제72조 제4항 제1호의2)
제26조의2 (고객의 폭언등으로 인한 건강장해 예방조치) 제3항	고객응대근로자는 사업주에게 제2항에 따른 조치를 요구할 수 있고 사업주는 고객응대근로자의 요구를 이유로 해고, 그 밖에 불리한 처우 금지	1년 이하의 징역 또는 1천만 원 이하의 벌금 (제68조 제2호의2)

있다. 호텔과 같은 서비스업의 경우, 사례와 같이 VIP 고객에 대한 무조건적 서비스 제공에 몰두할 가능성이 높다.

6년 차 정선 씨가 오랫동안 진상 고객으로부터 부당한 요구에 시달려 온 사정을 보면, 해당 호텔은 구성원의 인권과 존엄하게 대우받을 권리를 확보하기보다는 의식적 또는 무의식적으로 고객에 의한 괴롭힘을 용인하고 있다. 앞에서 살펴본 바와 같이 산업안전보건법은 대중을 상대하는 과업 상황에서는 직장 내 구성원에 의한 괴롭힘 외에도 고객의 폭언 등으로부터 근로자의 건강 장해를 예방하도록 의무화했다. 특히 산업안전보건법은 강력한 벌칙으로 이를 규율하고 있다.

실무적으로 공공기관이 '인권 존중 일터' 정책을 채택하는 경우 근로자의 정신적·신체적 건강의 위험 요인 조사, 근로자의 건강권에 관한 사항, 직장 내 인권 실태조사, 직장 내 괴롭힘과 성희롱을 포함한 근로자 고충처리 제도를 내용에 추가할 수 있다.

성희롱 대 성폭력, 개념의 이해

우리나라에서 사용되는 일반적인 의미의 성폭력은 상대방의 의사에 반하여 이루어지는 성적 언동으로 상대의 성적 자기 결정권을 침해하는 모든 행위를 말한다. 이 경우 모든 성폭력 행위가 법적으로 처벌받는 것은 아니다. 그러나 법적 요건이 성립되지 않아 성폭력으로 처벌받지 않는다고 해서 성폭력 피해가 아닌 것도 아니다.

성희롱과 성폭력은 상대방이 원치 않는 성적 언동 등으로 성적 자기 결정권을 침해하는 행위로서 법률로 금지되어 있는 행위라는 공통점이 있으나, 법적인 용어로서 성희롱과 성폭력은 구분된다. 성폭력이란 개인의 성적 자기 결정권을 침해하는 범죄로서, 행위자 개인이 성폭력처벌법(성폭력 범죄의 처벌 등에 관한 특례법의 약칭)과 형법의 적용을 받아 처벌을 받는다. 다른 범죄와 마찬가지로 고의성 등 범죄로서의 구성요건이 충족되어야 하므로 입증 절차가 매우 중요하다. 반면 양성평등기본법, 국가인권위원회법, 남녀고용평등법에서 규율하는 성희롱은 조직 내 성희롱의 예방 및 근절을 목적으로 하므로 형사처벌을 목적으로 하는 성폭력과는 다르다. 따라서 행위자의 고의성과 무관하게 피해자가 행위자의 성적 언동 등으로 성적 굴욕감 또는 혐오감을 느꼈으면 성희롱이 성립된다. 다만, 이때 '합리적 피해자 관점'에서 피해자와 비슷한 처지에 있는 사람이 성적 굴욕감 내지는 혐오감을 느끼는지를 판단한다.

하나의 행위가 성폭력처벌법 및 형법 등의 성폭력 관련 규정과 남녀고용평등법, 국가인권위원회법상 성희롱 관련 규정을 동시에 적용받을 수도 있다. 고의성을 인정하기 힘들거나 신체적 접촉이 없는 경우 및 그 행위를 객관적으로 입증하기 힘든 경우에는 성희롱 법규만 적용될 가능성이 높다.

이 사례에서는 고객 R이 포옹한 행위로 정선 씨가 심각한 성적 굴욕감을 느꼈고 정선 씨와 비슷한 처지의 사람이라면 충분히 이러한 감정을 느낄 수 있으므로 당연히 성희롱이 성립하며, R의 의도가 분명히 있다고 보아 성폭력도 성립될 수 있다고 판단된다.

개인 멘토링

정선 씨는 성희롱 피해로부터 호텔 측에 보호를 요청하는 것과 별개로, 고객 등 업무 관련자의 성희롱에 대하여 강력한 법적 제재를 할 수는 없을까?

고객 등 업무 관련자의 성희롱이 성폭력처벌법에서 규정하고 있는 범죄에 해당하는 경우에는 성폭력처벌법 위반으로 고소하는 방법이 있다. 성희롱 행위가 성폭력처벌법과 형법이 정한 범죄 성립의 요건을 충족하는 경우 개인의 성적 자기 결정권을 침해하는 범죄로서 행위자 개인의 처벌을 목적으로 고소할 수 있다. 성폭력 범죄 성립 여부 및 행위자의 처벌

가능성은 이후 진행되는 형사 절차를 통해 결정된다. 그러나 이 경우에도 사업주는 피해자 보호 및 조직 내 성희롱 예방과 근절을 위해 행위자에 대한 징계조치를 취해야 한다.

성폭력처벌법은 '성희롱'으로 인정되는 경우에도 적용할 수 있다. 성폭력에는 성폭력관련법에 의해 처벌할 수 있는 강간 및 강제 추행뿐만 아니라, 언어적 성희롱과 같이 민사적 대응 또는 비사법적 절차로 권리가 구제되는 유형도 포함된다. 다만, 성폭력처벌법은 '범죄 행위'를 규정하고 있고, '범죄 행위'가 성립하기 위해서는 법적 요건 외에 '증거 능력'이 중요하므로, 일반적으로 증거가 부족한 성희롱은 성폭력처벌법으로 처벌하기 곤란하다. 우리가 흔히 접하는 성폭력에 관한 기사 중 성폭력을 인정받지 못한 경우는 대부분 객관적인 증거가 부족한 경우다.

제3장

직장 내 괴롭힘, 예방할 수 있다

직장 내
괴롭힘 예방과
갈등 해결
가이드북

직장인들은 업무에서 배제당하거나 과다한 업무를 부여받기도 하고, 일 또는 개인에 대한 조롱이나 폄하, 구조조정을 이유로 한 퇴직 압력, 심지어 성희롱이나 성추행에 이르기까지 각종 괴롭힘 행위에 노출되어 있다.

직장 괴롭힘 전문 프로그램WBU에서 나미 박사는 우리나라의 노동 현황을 진단하면서, 직장 내 괴롭힘을 금지하는 정책을 마련해 직장 내 괴롭힘을 예방하고 해결하는 시스템을 구축하도록 경고했다. 또한 근로자에게 절대 과로하지 말고, 심신의 건강을 최우선으로 고려해 적절한 수준으로 업무에 몰입하면서 가족, 동료들과도 좋은 관계를 유지하라고 조언했고, 동료와 가족에게는 괴롭힘 피해자의 이야기를 믿고 적극적으로 도와 함께 문제를 해결하라고 말했다.

직장 내 괴롭힘은 신체적 건강의 악화와 우울증, 적응장애와 같은 정신적 피해를 일으키고, 간혹 자살이라는 불행한 결말로 이어지기도 한다. 미국과 같이 총기 휴대가 허용되는 나라에서는 살인 사건으로 이어진 사례도 있다. 직장 내 괴롭힘 때문에 벌어지는 자살과 살인이라는 극단적인 상황은 상상 속의 일이 아니라, 우리가 당면하고 있는 현실인 것이다.

우리나라의 대표적인 사례는 바로 간호사 이직의 주요 원인으로 꼽히는 관행인 '태움'이다. '태움'은 '영혼이 재가 될 때까지 태운다'는 뜻의 간호계 은어로, 주로 선배 간호사가 후배 간호사에게 폭언이나 폭행으로 고통을 주는 행위를 말한다. 한편 미국에서는 해임된 집배원이 근무했던 직장에 찾아가 무차별 총기 난사를 벌인 사례가 있었다. '미쳐 날뛰다'라는 의미의 '고잉 포스털Going Postal'은 이를 계기로 만들어진 신조어이다.

이러한 극단적 불행을 막기 위한 해결책을 찾으려는 노력이 우리나라와 미국에서 이루어졌다. 이 두 사례의 종합적인 직장 내 괴롭힘 보고서를 기초로 그 답을 찾아 보고자 한다.

01

태움의 진실은
무엇인가?

간호사의 죽음과 태움 논란,
진상 조사로 이어지다

／ 1990년생인 고 서지윤 간호사는 강원도에
서 태어나고 자랐으며 2012년 강릉 소재 간호대학을 졸업한 후 민간 병
원을 거쳐 2013년 3월 서울의료원에 입사했다. 공공병원인 이곳의 조직
문화가 좋을 것 같아 이직을 결심했다고 한다.

학창 시절 친구들과 직장 동료들에게 고인은 언제나 밝고 긍정적인 사
람이었다. 2018년 2월까지 바쁜 업무 중에도 간호학사 특별과정[RN-BSN]
을 최우등으로 졸업할 만큼 자기 계발을 열심히 하던 간호사였다. 동료와
상사들은 그녀가 업무를 수행할 때 정확하고, 철저하며, 성실했다고 평가
했다. 그녀는 특히 '천사 간호사'로 불리며 환자들에게 사랑받던 간호사
였다. 그리고 집에서는 부모에게 효성스러운 딸, 언니에게는 든든한 동생
이었고, 동생에게는 살뜰한 누나였다.

생을 마감하기 3년 전, 즉 2016년부터 2018년까지 고인의 건강진단 기록이나 건강보험 급여 내역에는 정신이상 관련 기록도 발견되지 않았고, 관련 증상을 의심할 만한 진료 내역도 확인되지 않았다. 그러나 2018년 7, 8월경 극심한 스트레스로 사직을 고려한 적이 있고, 2018년 12월 간호 행정부서로 옮기고 나서도 가족이나 동료에게 '그만두고 싶다'고 언급하는 등 사직에 대해 계속 고민한 흔적이 있었다. 그렇지만 결국 사망 전까지 병원을 떠나지 못했다. 해가 바뀌고 설날 연휴가 끝난 2019년 1월 4일, 고인은 짧은 메모만을 남기고 서른 살 나이에 세상을 떠났다.

> "나는 재미가 없어. 사는 것도, 아무것도. 오래된 것 같아. 이렇게 재미
> 없이 지낸 거…."
> — 고 서지윤 간호사 유서 중

언론 보도, 서울시의 진상 조사로 이어지다

서지윤 간호사의 죽음은 2019년 1월 10일 언론을 통해 세상에 알려졌다. JTBC에서 서울의료원의 간호사 사망 사건을 보도한 것이다. 특히 "우리 병원 사람들에게는 알리지 말아 줘", "우리 병원 사람들은 조문도 안 왔으면 좋겠어"라는 서 간호사의 유서 내용이 주목을 받았다. 언론은 이 죽음이 '태움'으로 인한 것이라는 취지로 보도를 이어 갔다.

JTBC를 비롯한 여러 언론사의 보도가 빗발치자 서울시의 감사위원회는 이 사건을 중요 사건으로 분류하고 곧장 감사를 개시했다. 조사는 괴롭힘 및 태움, 보고 지연, 의약품 관리, 행정 처리 등 언론에서 제기된 의혹을 중심으로 이루어졌다. 그러나 2주간 진행된 감사는 언론에서 문제 사안에 대한 사실관계 확인 위주로 진행되었고, '태움'에 의한 사망은 아

닌 것으로 잠정 결론지었다. 갑작스러운 서 간호사의 사망으로 의문을 가진 유족은 '서울의료원 직장 내 괴롭힘에 의한 고 서지윤 간호사 사망 사건 시민대책위원회(이하 시민대책위)'와 함께 서울의료원 산하 투자기관 직원의 사망 사건에 대해 진상을 밝힐 것을 서울시에 요구하였다.

서울시는 유족과 노조 등 관련 주체의 추천을 받아 10명의 전문가를 위촉하여 진상 조사와 대책 마련을 위한 위원회를 구성했다. '서울의료원 간호사 사망 사건 관련 진상대책위원회(이하 진상대책위)'는 2019년 3월 12일부터 9월 보고회까지 83건에 대한 자료 검토, 간호 조직에 대한 설문 조사, 유족·서울시 및 의료원 관계자 등 127명에 대한 인터뷰, 유가족·시민대책위 등과의 간담회 5회 및 회의 8회와 워크숍 7회 등을 실시하고 2019년 9월 보고서를 채택하였다.

진상대책위 출범 이후 고 서지윤 간호사 사망 사건 이외에도 서울의료원의 행정직 사망 사건 산재 인정(2019년 5월), 청소직 사망 사건(2019년 6월) 등이 언론을 통해 보도되었다. 이는 서울의료원 내부 노동 환경, 조직 운영, 인사관리 등 서울의료원의 문제를 보여 주는 계기가 되었다. 2018년 2월 15일 발생한 서울아산병원 고 박선욱 간호사 사망 사건이 2019년 3월 6일 산재로 인정되면서 병원의 직장 내 괴롭힘(태움) 해결에 대한 사회적 관심이 높아졌고, 고용노동부도 병원의 태움 문화에 대한 심각성을 인식하고 2019년 하반기 주요 병원 실태조사를 하기로 밝히는 등 사회적 관심이 고조되었다.

근무 환경형 괴롭힘으로 결론짓다

보고서에서 진상대책위는 고인의 직접적인 사망 원인을 업무에 대한 부담이 비교적 높은 부서에서 휴일과 휴식 없이 일했던 점, 두 달간 야간 전담 근무를 수행하는 불합리한 근무 일정, 병동 내 부서 운영과 관련해 갈등을 겪으면서 얻은 우울감으로 파악했다. 또한 진상대책위는 해당 부서가 3교대 업무, 야간 전담 연속 2개월, 1년 중 48일에 불과한 낮 근무, 고도의 집중이 필요한 감염 병동 담당, 신입 간호사 교육 책임 등 정상적인 심신 상태를 유지할 수 없는 가혹한 근무 환경이라고 진단했다. 특히 행정 경험이 전무했던 고인을 간호부장과 팀장이 집중 근무하고 있던 간호행정부서로 발령한 점, 컴퓨터와 책상 등 업무 여건이 갖추어지지 않은 상황에서 행정 역량 향상을 위한 조치도 없었으며 새로 맡은 행정업무 외에도 추가 업무가 요구되는 병동에 투입된 점이 직접적으로 고인의 자살을 촉발한 것으로 결론지었다.

이러한 결론은 '선배 간호사와 후배 간호사 간', 즉 개인의 괴롭힘 행위가 중심이 되는 '태움'의 전형적 양상은 아니라고 할 수도 있다. 고인이 스스로 삶을 마감한 것은 개인의 괴롭힘 행위 때문이라기보다, 고인이 감당하기에는 너무 가혹했던 근무 환경이 가장 중요한 요인이었다고 파악한 것이다.

서울의료원에서
무슨 일이?

／ 능력 있고 평판이 좋았던 고인이 죽음에 이르게 된 것이 과연 우연한 사건일까? 2019년 1월 고인의 사망 사건 발생 전후로 서울의료원에서는 행정실과 환경미화원을 포함해 연속하여 3명

의 사망 사건이 발생했다.

서울의료원은?

서울의료원은 1,500여 명의 의사, 간호사 등 의료원 종사자가 하루 2,000여 명 이상의 환자에게 의료 서비스를 제공하는 서울시 산하의 대표적 공공병원이다. 지난 4년간 의료 수익이 연평균 14퍼센트 증가하는 등 재무적으로 우수한 실적을 내 왔다. 이러한 서울의료원의 의료 서비스는 서울시, 건강보험공단, 보건복지부 등에서 높은 평가를 받았고, 2018년에는 가족친화 인증기업으로 선정되기도 했다.

표 3-1 2018년 서울의료원 외부 인증 등 실적	
2018. 03.	서울시 간호·간병통합서비스 선도병원 재지정
2018. 04.	국민건강보험공단 간호·간병통합서비스 우수사례 대상
2018. 08.	보건복지부 장애인 건강검진기관 지정
2018. 10.	서울시 출연기관 시민 만족도 조사 1위
2018. 12.	보건복지부 지역거점 공공병원 운영평가 5년 연속 최우수 기관 (2014~2018년)
2018. 12.	보건복지부 공공보건의료계획 시행 결과 최우수 기관
2018. 12.	여성가족부 가족친화 인증기업 선정

급속한 공공서비스 확대와 노동의 소진

서울의료원은 의료법상 근거에 의하여 보건복지부와 서울시의 관할 하에 있는 공공의료기관이라는 위상을 가지고 있다. 공공의료기관은 원

칙적으로 보건복지부의 감독 대상이며, 인증 등 평가기준을 준수하여야
하고, 공공보건서비스에 관하여 사업 수행 시 밀접한 연계성을 갖게 된
다. 따라서 이러한 공공병원의 특성상 서울시나 보건복지부 등 상급 기
관으로부터 상시적인 감사와 인증 업무가 수반될 수 있다.

서울의료원의 한 행정 실무자는 진상대책위의 조사 중 진행한 인터뷰
에서, 환자에 대한 임상만으로도 힘든 업무에 외부 감사 대응과 각종 인
증 업무가 더해져 연간 누계 근무일이 '400일 이상'이었을 정도라며 과중
한 업무에 대해 토로했다.

> 의료원은 시 의회에 의한 행정 사무 감사, 업무 보고를 비롯하여 시립
> 병원 운영 등에 대한 공공 의료 평가, 진료 시스템 등에 대한 지방 의료
> 원 운영 평가 및 의료 수지 비율 및 사업 평가 등 수많은 감사에 대응해
> 야 합니다. 이러한 감사 및 평가의 연간 누계 근무일은 400일이 넘을
> 정도로 빈도가 높으며, 이에 대응해야 하는 업무 강도는 매우 과중한
> 실정입니다.　　　　　　　　　　　　　　　— 행정 실무자 인터뷰

서울의료원은 동법상 의료기관 인증을 2013년 6월 획득한 뒤 5년간 인
증을 갱신하며 최우수 기관으로 선정되는 등 긍정적 평가를 받아 왔다.
의료법상 간호간병통합서비스가 법제화되기 전 안심병원 시범사업부터
실시하여, 2018년 4월 국민건강보험공단 간호·간병통합서비스 우수사
례로 선정되는 등 각종 기관 지정 및 평가 관련 우수기관으로 선정되며
대외적 성과를 자랑하고 있다.

그러나 의료 관련 법령과 평가 시스템은 의료 서비스 개선에 주목하여

지속적으로 지표를 관리할 뿐 종사자에 대한 보호 방안 마련에 소홀했다. 즉, 지표상에서는 의료 서비스 제고 외에 구성원의 만족도나 소진에 대한 사항이 반영될 여지가 없었다. 구성원의 사망이라는 중대한 사건이 서울의료원의 지표나 평가에 부정적 영향을 주지 않았던 것이다.

서울의료원에는 고인 외에도 행정 사무를 담당하던 30대 후반 여성이 2015년 11월에 자살한 사건이 있었으며, 근로복지공단은 2018년 그녀의 죽음도 업무상 재해로 인정하였다.

고객 응대 근로에 대한 보호 대책이 작동하지 않았다

의료원은 공공의료에 대한 높은 수준을 요구받는다. 또한 피해 의식을 가진 의료 보호 환자들이 의료원에 무리하게 민원을 제기하는 일도 자주 발생한다. 그러나 무리한 민원이 발생했을 경우 환자의 권리에 대해서는 명확한 규정을 두고 있는 반면, 구성원에 대한 보호조치는 강구되지 않고 있다.

구성원들은 업무를 수행하면서 환자와 보호자로부터의 폭언, 폭행, 성희롱 등 각종 위험에 노출되고 있는 것으로 조사되었다. 환자나 보호자가 아닌 고객으로부터 무리한 민원이 제기되는 경우에도 기관에 부정적 영향을 줄 것을 염려하여 고객에게 사과하기를 권하는 점은 구성원에게 큰 부담을 줄 위험성이 있다.

민원이 불합리하더라도 명백하게 불법이라거나 규정이 확실한 근거가 없는 한 민원을 수용하는 방향으로 처리할 수밖에 없습니다. 그 방식은 직원이 민원인에게 해명하거나 '사과'하는 방식이 되죠. 의료원 입장에서는 "민원 발생 시 마지막에는 우리가 다친다. 무조건 사과해야 한다"는 대응 방식이 관행처럼 되어 있습니다.

— 의료원 실무자 인터뷰

서울의료원 종사자는 폭행, 폭언, 괴롭힘, 성희롱 등 심각한 피해 위험성에 노출되어 있다. 이른바 감정 노동자로서 고객을 직접 대면하며 서비스를 제공하는 산업안전보건법상의 '고객응대근로자'에 해당하며 보호받아야 하는 대상자이기도 하다.

의료원은 법률에 따라 보호해야 하는 시점을 넘었음에도 불구하고 아무런 대응도 하지 않았다. 업무의 일시적 중단 또는 전환, 휴게 시간의 연장, 폭언 등으로 인한 건강 장해 관련 치료 및 상담, 관할 수사기관 또는 법원에 증거물, 증거 서류를 제출 등을 지원하도록 하는 시행령을 준수하지 않았다. 또한 시행규칙상 환자와 보호자 등 고객에 대하여 폭언 등을 하지 않도록 요청하는 문구나 음성 안내도 하지 않았고, 고객과의 문제 상황 발생 시 대처 방법을 포함한 고객응대업무 매뉴얼을 작성하거나 이에 대한 건강 장해 예방 관련 교육을 실시하는 등 필요한 조치를 하도록 규정한 시행규칙도 준수하지 않았다.

중견 간호사의 소진이 심각할 수밖에 없는 구조였다

서울의료원은 특히 간호사와 간호조무사 및 보조원 등 800여 명이 심각하게 소진되고 있는 상황이었다. 특히 고인과 같은 중견 간호사들은 업무 부담이 지나치게 높아 정상적인 삶을 영위하기 어려웠다.

근무표는 간호사의 삶에 매우 중요한 요소지만 간호부 차원의 세부 지침 없이 파트장 한 명의 재량에 따라 편성되었고, 이에 대한 간호사들의 불만이 매우 높았다. 실제로 고인의 경우처럼 야간(N)-휴일(OFF)-주간 (D), 저녁(E)-주간(D), 4일 연속 밤 근무, 6일 연속 근무 등 충분한 휴식을 보장할 수 없는 교대 형태가 빈번하게 발생했다는 점도 확인되었다.

또한 환자의 위중한 정도, 간호 요구 증가 등이 인력 운영에 제대로 반영되지 못해 인력 배치의 불균형 문제가 있었다는 사실이 확인되었다. 간호사들은 보조 인력 부족과 불분명한 업무 분담 원칙, 모호한 책임 구조와 기준 없는 근무 유형에 대한 불만이 높았다. 현업 간호사를 지원하는 파트장과 주임 한 명이 담당하는 병동 규모가 컸고, 이들은 교육, 간호 당직, 노동조합 활동으로 외근하는 날이 많았을 뿐 아니라, 지역 사회 건강 증진 업무까지 담당하느라 팀 간호사를 지원하는 데 소홀할 수밖에 없었다.

이러한 사정 때문에 고인과 같이 책임 간호사 역할을 해야 하는 중간급 경력 간호사들의 업무 부담이 지나치게 높아졌다. 장기 근속자들의 근무 비중이 높아 특정 시간대에 인력이 집중되고, 통상 근무자가 출근하기 전과 퇴근한 후에는 최소 인력으로 병동이 운영되고 있는 실정이었다. 팀 리더인 중간급 경력 간호사들은 프리셉터Preceptor, 병원에서 신입 간호사를 지도하는 지도 간호사를 맡고 있고 의료 질 향상Quality Improvement, QI 활동 등 각종 병동 활동에서 핵심적인 역할을 하는 경우가 많아 소진이 심화되었다. 게다가 신규 간호사 교육 기간이 짧고, 부서 이동, 승진 등으로 새로운 업무에 배치된 인력이 업무 수행에 필요한 오리엔테이션 및 교육을 받지 못하고 있었다. 또한 근무 시간 외의 교육 시간에 대한 보상도 없었으며 체계적·전문적 교육이 이루어지지 않고 있었다.

이에 대한 불만은 높은 퇴사율과 이직 의향으로 드러났다. 고인의 동기 간호사 중 잔류자는 18.1퍼센트에 불과했으며, 1년 이내에 이직 의향이 있다는 간호사도 73퍼센트에 달할 정도로 심각한 상황이었다.

의료원 내 폭력과 직장 내 괴롭힘이 심각했다

조사 결과 현장 구성원들이 느끼는 서울의료원의 문제점은 주치의의 무책임, 조직 내부 폭력에 대한 무대책, 상급자들의 무리한 요구, 수직적 조직문화, 개인 문제와 조직 문제를 혼동하는 조직문화, 최고 의사 결정자의 소통 부재, 폐쇄적 조직 분위기, 업무 시간 이외의 교육, 고충처리를 할 수 없는 구조, 개인 책임의 과부하 등이었다.

그러나 무엇보다 간호사에 대한 진상대책위의 설문조사 문항 중 직장 내 괴롭힘 영역에서 가장 높은 경험률을 보이는 문항은 '내 근무지 동료에 대한 좋지 않은 소문이 서울의료원 내에 돌거나 뒷담화가 퍼진 적이 있다'와 '내 근무지 동료는 실수와 잘못에 대해 반복적으로 상기 받은 적이 있다'였다. 특히 동료 간의 폭력은 다른 조직에서는 보기 어려운 결과라는 점에서 문제의 심각성이 크다고 볼 수 있었다. 이러한 결과는 병원 간호직군에 존재하는 소위 '태움'의 가능성을 시사하고, 간호직군의 강력한 서열 구조가 원인인 것으로 판단되었다.

시대가 변했지만 여전히 의료원 내에서 전근대적인 직접 폭력을 경험한 사람이 많고, 이에 대해 조직 차원에서 지지할 수 있는 시스템과 분위기가 조성되지 않은 것으로 조사되었다. 더욱 심각한 문제는 이러한 불합리한 상황이 개선될 수 있는 공식적인 정보 접근이나 고충처리 시스템이 작동하지 않은 것이다. 직원들은 병원, 경영진, 간호부가 무관심할 뿐만 아니라 어떤 노력도 하지 않는 것이 문제였다고 응답하였다.

서울의료원 직장 내 경험 질문지

□ 1 　　나는 능력보다 낮은 일을 하도록 요구받은 적이 있다.

□ 1-1 　내 근무지 동료는 능력보다 낮은 일을 하도록 요구받은 적이 있다.

□ 2 　　나에 대한 좋지 않은 소문이 서울의료원 내에 돌거나 뒷담화가 퍼진 적이 있다.

□ 2-1 　내 근무지 동료에 대한 좋지 않은 소문이 서울의료원 내에 돌거나 뒷담화가 퍼진 적이 있다.

□ 3 　　나는 외모나 행동 특성을 짚는 호칭 등으로 모욕을 당했다.

□ 3-1 　내 근무지 동료는 외모나 행동 특성을 짚는 호칭 등으로 모욕을 당했다.

□ 4 　　나는 신체적 폭력이나 위협을 당했다(물건을 던지면서 위협하는 것 등 포함).

□ 4-1 　내 근무지 동료는 신체적 폭력이나 위협을 당했다(물건을 던지면서 위협하는 것 등 포함).

□ 5 　　나는 실수와 잘못에 대해 반복적으로 상기 받은 적이 있다.

□ 5-1 　내 근무지 동료는 실수와 잘못에 대해 반복적으로 상기 받은 적이 있다.

□ 6 　나에게 내 근무지 동료는 타인의 업무를 공공연히 떠넘기거나 스트레스가 높은 업무를 배당했다.

□ 6-1 　내 근무지 동료는 타인의 업무를 공공연히 떠넘기거나 스트레스가 높은 업무를 배당했다.

□ 7 　나는 모임이나 회식 자리에 나만 초대하지 않거나 마치 없는 사람처럼 대우받았다.

□ 7-1 　내 근무지 동료는 모임이나 회식 자리에 초대받지 못하거나 마치 없는 사람처럼 대우받았다.

□ 8 　나는 말을 안 들으면 해고 등 징계를 하거나 승진 등에 불이익을 줄 것이라는 위협을 받았다.

□ 8-1 　내 근무지 동료는 말을 안 들으면 해고 등 징계를 하거나 승진 등에 불이익을 줄 것이라는 위협을 받았다.

고충처리 시스템이 작동하지 않았다

조직관리 책임이 있는 원장, 부원장 등 경영진은 병원의 대내외적 실적에 대한 자부심이 컸고, 의료원 내 간호부의 근무 여건이나 조직문화는 양호한 것으로 인식하고 있었다. 그러나 조직 성장의 원천인 조직 구성원 역량 개발이나 인사관리 및 고용의 질 개선 등에 대한 관심은 미약했다. 또한 고인의 사망과 관련하여 '아쉽다'는 의견과, '충격이다', '다른 민간 병원에서나 일어나는 일인 줄 알았다', '보건복지부의 탁상공론적 수가酬價

산정이 문제였다' 등 사안에 대한 원인을 외부로 돌리는 경향도 보였다.

경영진은 간호사 관리는 간호부가 전적으로 담당하고 있고, 간호부의 역량 부족이나 노사관계상 갈등이 문제였다는 의식을 드러냈다. 진상대책위는 서울의료원이 간호 조직 내의 소진 상황에 대한 민감성이 떨어지고, 근로시간, 복리후생, 고충처리 등에 대한 체계적인 대책을 마련하는 데 대한 시급성이나 책임 없이 조직이 비효율적으로 운영되고 있다고 진단했다.

고인이 재직하였던 2013년부터 2019년은 현재 임원진의 임기 중이었고 서울의료원이 사업 확장과 인적 규모 확대 및 서비스 고도화가 동시에 진행되던 시기였다. 고인은 중견 간호사로서 입사할 때부터 의료법 개정이 수반된 간호·간병 통합 서비스 업무, 프리셉터 업무, 야간 전담 간호사, 감염 병동 업무 등 간호 서비스의 집중도가 매우 높은 업무에 배치되었고, 업무를 수행하는 과정 중 건강이 악화되거나 고충이 생겼을 때에도 의료원의 지원은 이루어지지 않았다. 의료원의 노조들은 사고 전 고충처리를 제공하지 못했으며, 의료원 전반적으로도 고충처리에 대한 자원이 거의 배치되지 않은 상태였다.

현재 성격이 상이하고 활동의 접점이 없는 2개의 노조는 사망 사건의 원인과 처리의 향방, 심지어 진상대책위의 활동에 대해서 견해 차이가 극심하여 서로 간 갈등이 깊은 상황이다. 게다가 대부분 5, 6급의 하위 직급인 간호사들의 직상급자인 3급 파트장이 양 노조의 전·현직 간부를 역임하면서 조합과 업무 현장에서 역할 갈등이 벌어질 가능성이 높아지고 있다. 특히 많게는 50여 명의 라인 관리자에 해당하는 파트장은 현장에서 활동 간호사들을 적극적으로 지원하고 고충을 처리해야 하지만, 노조 간부의 역할을 충실히 수행하는 경우 관리자 업무의 공백이나 다른 노조 조합원과의 마찰이 문제가 될 수 있기 때문이다. 상위 직급자가 직장에서 뿐 아니라 노조에서도 상사인 경우, 또는 상위 직급자가 다른 노조의 조합원인 경우는 조직 내 긴장을 높이기만 할 뿐 간호 조직의 문제를 완화하거나고 고충을 해소해 주지 못했다.

진상대책위의 개선 방안

서울의료원 진상 조사의 의의

서울의료원은 서울 시민에게 의료 서비스를 제공하는 공공의료기관으로서 의료법을 비롯하여 공공보건의료법 및 의료원법 등 법 제도가 기초가 되어 서울시 조례와 의료원 정관 및 내규에 따라 체계적으로 운영되고 있었다. 서울의료원 원장은 책임경영 제도 하에서 인사권을 기초로 조직의 목표 설정, 구조 설정 및 운영에 최종적인 책임을 행사했다.

서울의료원은 지방자치단체가 투자한 공공의료조직이라는 특성상 의료 관련 법령과 제도가 직접적 영향을 미쳤으나, 서비스 수요자의 만족에만 주목했을 뿐 서비스 공급자인 의료 노동자에 대한 건강권을 충분히 고려하지 않았다. 또한 대형 공공기관임에도 불구하고 근로기준의 근간인 근로시간 제도가 불합리하고 위법하게 운영되었고, 고객응대 근로자 보호법에 따른 의무를 이행하지 않았을 뿐 아니라, 고충처리 시스템도 갖추지 않아 연속적으로 직원들이 극단적인 선택을 하는 사건이 발생했다.

중앙정부와 서울시청 등 감독 기관들도 이런 위험을 감지하거나 대책을 마련하지 못했다. 보건복지부와 서울시는 서울의료원에 8년 연속 최고 공공의료기관이라는 인증을 부여했고, 서울시는 서울의료원에 투자 기관 중 최우수 서비스를 제공했다는 평가와 함께 더 많은 업무를 위탁하여 10여 년 만에 조직 규모를 3~4배에 달하게 만들었다. 의료 보호 환자, 행려병자, 노인 등 와상 환자와 보호자에 대한 '고객 만족 수준 제고'라는 공공병원에 대한 서비스 개선 요구는 고인과 같은 현업 구성원의 소진과 사망을 변명하는 데 편리한 논거가 되었다.

서울의료원 직원들의 사망은 조직의 구성원에 대한 소진과 정신적 고통에 대한 체계적인 대책 없이 평가기관이 제시하는 수치에 맞추어 효율성과 고객 만족만을 추구한 결과 발생한 참사라고 할 수 있다.[3-1] 연속적으로 구성원을 사망에 이르게 하는 시스템이 아무런 방어 장치 없이 작동되고 있었던 것이다.

진상대책위 개선 방안

괴롭힘 피해자 관련 행위에만 주목할 경우 원인 파악이나 대응 과정에서 구조적인 면이 간과될 수 있다. 향후 유사한 의료원, 투자·출연 기관 및 공공기관에서 구성원의 사망 등 불행한 사태가 재발하지 않도록 법 제도적 대안을 적극적으로 마련할 필요가 있다.

서울의료원은 의료법, 공공보건의료법 및 의료원법 등 관련 법률과 제도에 따라 공공 부문의 의료 수요자의 만족에 주목하는 의료 서비스의 개발과 관리 및 운영에 집중하고 있다. 서울의료원은 해당 제도와 평가 기준에 부합하는 활동을 통해 서울시 출연기관 시민 만족도 조사 1위를 비롯해 보건복지부로부터의 연속 1위 인증 평가 등을 달성하였지만, 의료 서비스 공급자인 노동자의 연속 사망이라는 참혹한 결과를 예방하지 못하였다.

현재 의료 관련 법과 평가 시스템 등 제반 구조가 의료인에게 봉사자로서 일방적인 헌신을 요구하면서 누구에게나 존중받을 인간적인 권리를 실질적으로 보장해 주지 못하고 있는 것이 아닌지 돌아봐야 할 것이다.

서울의료원 임원진의 성과 지향적 태도나 간호 조직에 대한 안이한 인식, 현장 관리자의 부적절한 관리 등은 고인의 사망에 직접적 원인이 되었으나, 관리·감독 기관인 서울시와 보건복지부가 의료 수요자 중심의 법 제도 및 인증 시스템이 의료 노동자에 미치는 악영향에 대해 감시 역할을 하지 않았다는 점도 지적하지 않을 수 없다. 의료법, 공공보건의료법, 의료원법 및 조례 등 법 제도가 의료 노동자에 대한 스트레스 누적과 소진이라는 결과로 나타나지 않도록 제도 전반에 대해 전면적으로 검토해야 하며, 특히 보건복지부의 인증, 서울시의 의료기관 평가지표 등에 대한 개선은 꼭 필요하다.

진상대책위는 고인뿐 아니라 서울의료원의 구성원에 대한 근무 환경을 개선하고 괴롭힘을 근절하기 위하여 의료원과 서울시에 종합적 방안을 제시했다.

9개 분야	20개 영역	34개 과제
1. 서울시 사과와 책임	1) 유가족에 대한 사과	(1) 유가족 사과
	2) 재발방지책 마련	(2) 재발방지대책 마련
2. 서울의료원 인적 쇄신	1) 서울의료원 임원진 책임 및 인적 쇄신	(3) 경영진 징계 및 교체
	2) 서울의료원 간호 관리자 인사 처분·징계	(4) 간호 관리자 인사 처분 및 징계
3. 고인 예우와 심리 치유 방안	1) 고인 예우 및 유족 위로	(5) 고인 예우 및 유족 위로
	2) 유족과 동료 심리 치유 등 지원	(6) 유족과 동료 심리 치유
4. 서울의료원 조직 개편	1) 간호부원장제도 도입	(7) 간호부원장제 도입
	2) 상임감사제도 도입	(8) 상임감사제 도입
5. 간호 인력 노동 환경 개선	1) 간호사 노동조건 개선 - 고용의 질과 일과 삶의 균형 개선 - 조직 구조, 인사관리, 인력 운영 개선	(9) 인간 중심적 근무 형태 및 노동조건 대책 마련
		(10) 간호사 야간 전담제 전면 재검
		(11) 노동시간 계측·평가 모니터링 프로그램 운영
		(12) 불투명한 인사 시스템 개선
		(13) 적정 인력 배치와 근무표개선위원회 운영
		(14) 간호행정부 비합리적 조직 운영 개선
		(15) 산업안전보건위원회, 고충처리위원회 실질적 운영
	2) 간호 인력 역량 향상 - 교육 기획, 직무 및 경력 시스템	(16) 교육 기획 역량 강화
		(17) 직무 교육 프로그램 평가 및 개선
		(18) 경력 개발 시스템과 교육 시스템 구축
6. 괴롭힘 등 고충 처리 개선 방안	1) 고객으로부터의 직원 보호 방안	(19) 직원 보호 방안 마련
	2) 괴롭힘 근절 및 건강한 일터 구축	(20) 괴롭힘 근절과 건강 일터 선언
		(21) 건강 일터 교육 및 캠페인
	3) 괴롭힘 관련 고충 시스템 구축	(22) 고충 처리 전담 조직, 독립 공간 마련
		(23) 상담과 조사 분리 및 사건 해결

7. 서울시 제도 개선	1) 직장 내 괴롭힘 서울시 조례 제정	(24) 괴롭힘 서울시 조례 제정
	2) 병원 평가 체계 및 지표 개선	(25) 조직 운영 공정·투명 지표 추가 및 평가
	3) 서울시 공공병원 괴롭힘 실태조사	(26) 서울시 산하 공공 병원 실태조사
	4) 서울시 조사위원회 구성 관련 제언	(27) 위원회 법적 권한 부여(조례)
		(28) 위원회 물적·인적 지원, 전문가 결합
8. 서울의료원 의혹 감사 등 규명	1) 경영 전반 의혹 조사 및 감사	(29) 경영 및 조직 운영 진단 및 조사
		(30) 경영진 및 인사 부서 전횡 조사 및 감사
		(31) 수의계약 및 각종 계약 의혹 조사 및 감사
	2) 진상대책위 활동 방해 조사 및 감사	(32) 진상대책위 활동 방해 조사 및 감사
9. 권고안 이행 점검	1) 이행 점검 및 집행	(33) 이행 점검 체계 구축
		(34) 권고 이행 계획 수립 및 집행

02

"Going Postal"
미국 우체국에서 무슨 일이?

미국 우정공사 현황과
Going Postal의 연원

/ 미국 우정공사United States Postal Service, USPS

에 속한 우체국은 2017년 기준으로 3만 개가 넘으며, 1990년대 후반에는 무려 3만 8,000개가량에 달했다. 2018년 기준 3,451개로 집계된 우리나라와 비교하면 상당히 큰 규모이다. 1998년 10월 6일, 우체국장 윌리엄 J. 헨더슨William J. Henderson은 미국 우정공사 직장안전위원회The United States Postal Service Commission on a Safe and Secure Workplace를 설립하고, 우체국을 비롯해 관계 기관을 가장 안전한 직장으로 변화시킬 구체적인 계획을 세우라는 명령을 내렸다. 국민의 신뢰를 받아야 할 우정공사가 일련의 폭력 사건으로 대내외적 이미지에 치명적인 손상을 입은 상황에서 적극적 대책을 마련하기 위한 것이었다. 우정공사 직장안전위원회는 콜롬비아 대학교의 국립 약물 중독 및 남용 센터The National Center on Addiction and Substance Abuse에 실태조사 용역을 위탁했고, 센터는 1998년부터 2년여간 우정공사는 물론 전 미국의 폭력 실태와 우정공사 종사자를 중심으로 전국의 근로자들이 겪고 있는 직장 내 괴롭힘 실태를 조사해 그 결과를 공개했다.

미국 우정공사와 미국 내 다른 산업·사업장의 직장 내 괴롭힘 실태를 광범위하게 비교·분석한 300쪽 분량의 이 보고서는 2000년 8월 발표될 당시 미국 사회에 큰 충격을 주었다.

미국 우정공사가 조사를 개시하게 된 것은 '고잉 포스털Going postal'이라는 현상에 기인한다. 직역하면 '우체국 되다' 정도의 의미인데, 엄청나게 화가 났다는 의미로 주로 폭력에 이를 정도의 통제할 수 없는 분노를 지칭하게 되었다.

"어이, 너 엄청 빡쳤네! 주먹은 내려놓는 게 어때?"
(Hey, you're going 'postal'! How about keeping your fists down?)

"상황이 폭발하기 직전처럼 되고 있잖아. 이런, 저 미쳐 버린 남자가 날 잔인하게 죽여 버리고 말 거야."
(Things are going 'postal'. My gosh, I'm gonna end getting brutally murdered by that crazy man.)

이런 식으로 쓰이는 표현이다. 왜 우체국Postal은 미국에서 폭력의 대명사가 되었을까?

잇따르는 우체국의 살인 사건

이는 1986년 이후 우체국에서 일어난 직장 내 총격 살인 사건들이 아주 대대적으로 보도된 데서 기원한다. 특히 1986년 오클라호마 에드몬드에서 일어난 총기 난사 사건에서는 우체국 직원 20명이 총에 맞았고, 그중 14명은 사망했다. 문제는 총기를 난사한 사람이 바로 파트타임 집배원이었다는 것이다. 심지어 그는 총기 난사 후 자신의 이마에 총을 쏴 자살했다. 자신의 업무상 실수로 인해 해고될 것이 두려워 이런 사건을 벌인 것으로 추정되고 있다. 이후 1991년 뉴저지에서는 전직 집배원이 예전 상사와 그의 남자 친구를 일본도刀로 무참히 살해한 후 다음 날 다시 두 명의 집배원을 총으로 쏴 살해하는 사건이 벌어졌고, 미시간주에서는 해고된 집배원이 우체국 직원 10명을 총으로 쏴 그중 5명이 사망하는 사건이 벌어졌다.

이외에도 폭력 사건이 빈발하였는데, 각 사건들은 공통적인 특징이 있었다. 다른 사람도 아닌, 바로 전·현직 직장 동료가 가해자라는 것이다. 일반 대중의 이목은 바로 이 부분에 쏠렸다. 이후 '우체국 직원은 화가 나면 직장 동료나 상사, 부하를 죽인다'는 이미지가 생겼다.

우체국 직원은 폭력적이다?

2000년 미국에서 전국적으로 발생한 산재 사망사고율은 10만 명당 4.3명 수준이었다. 그런데 이 USPS 보고서에서 밝혀진 바에 따르면, 10만 명당 0.77명이 살해되었다고 한다. 일하다가 사망한 4.3명 중 0.77명, 즉 약 18퍼센트가 살해당한 것으로 조사된 것이다. 한편 우체국에서는 10만 명당 0.26명이 살해된 것으로 나타나, 우체국의 연간 평균 직장 내 피살자 수

표 3-3 전·현직 우체국 근로자에 의한 직장 내 살인, 1986-1999년 (USPS 보고서)

지역	날짜	가해자	피해자	피해자 수	동기	수단	살해 후 자살 여부
댈러스	98.04.17.	T.C.	수납원	1	개인적	총기	N
밀워키	97.12.19.	수납원	수납원	1	개인적/업무	총기	Y
마이애미	97.09.02.	수납원	무직	1	개인적	총기	Y
라스베가스	96.12.19.	집배원	노사관계 전문가	1	업무	총기	N
인더스트리	95.07.09.	수납원	감독자	1	미상	총기	N
몽클레어	95.03.21.	수납원	수납원(2)	4	강도	총기	N
시더래피즈	94.01.14.	시 집배원	시 집배원	1	개인적	총기	N
대너포인트	93.05.06.	시 집배원	시 집배원	2	개인적/업무	총기 칼	N
디어본	93.05.06.	차량정비원	정비공	1	업무	총기	Y
로열오크	91.11.14.	시 집배원	관리자(4)	4	업무	총기	Y
리지우드	91.10.10.	수납원	감독자(1) 집배원(2)	4	개인적/업무	총기 도검류	N
애틀랜타	89.09.17.	수납원	수납원	1	개인적	총기	N
에스콘디도	89.08.10.	시 집배원	시 집배원(2)	3	개인적	총기	Y
첼시	88.06.29.	수납원	수납원	1	개인적	총기	Y

는 예상과 달리 전국 평균의 3분의 1밖에 되지 않는다는 놀라운 사실을 발견하게 되었다.

USPS 보고서에서는 살인뿐만 아니라 폭언, 성폭력 및 성희롱 등을 포

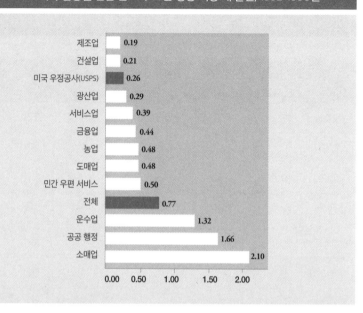

표 3-4 미국 업종별 연간 근로자 10만 명당 직장 내 살인, 1992-1998년

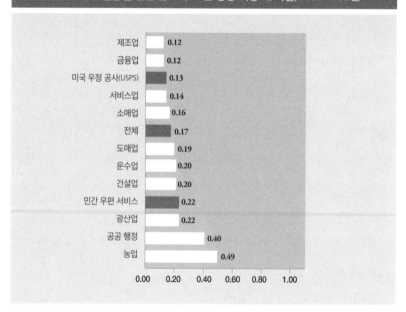

표 3-5 미국 업종별 연간 근로자 10만 명당 직장 내 자살, 1992-1998년

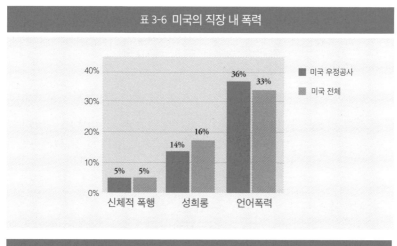

표 3-6 미국의 직장 내 폭력

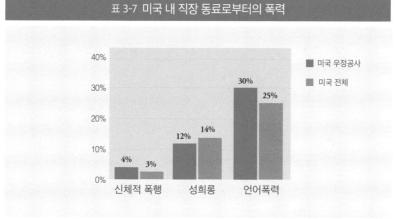

표 3-7 미국 내 직장 동료로부터의 폭력

함한 폭력 행위에 대해서도 우체국과 전국의 기준을 비교해 상세하게 분석했다. 직장 동료에 의한 폭력 유형 중 신체적 폭력은 우체국 직원 4퍼센트, 전국 3퍼센트가 경험했고, 직장 내 성희롱은 우체국 직원 12퍼센트, 전국 14퍼센트가 경험했으며, 폭언은 우체국 직원 30퍼센트, 전국 25퍼센트가 경험했다. 즉 이 수치로 볼 때 미국의 전체 기준 대비 우체국 직원들이 직장 내 폭력 행위에 더 많이 노출되어 있다고 볼 수는 없었다. 결국 우체국 직원을 가장 폭력적으로 묘사하는 "Going postal"은 과장된 표현이라는 결론에 도달한다.

그렇다면 우체국에서는 왜 폭력 사건이 불거졌을까? USPS 보고서는 폭력 경험 비율보다는 미국 직장 내 폭력 행위 피해 경험이 매우 광범위하다는 점에 주목했다.

공포스러운 직장

USPS 보고서는 직장 내 폭력 행위에 대한 주관적인 '공포' 수준을 함께 조사했다. 객관적인 실증 조사로는 우체국의 실태가 두드러지게 표현되지 않았기 때문에 우체국에서 일하는 이들이 어떻게 느끼고 인식하고 있는지 파고들 필요가 있었던 것이다.

우선 우체국 직원은 근무에 임하는 태도 측면에서 평균적으로 우수한 인재들이었다. 전국 평균에 비해 덜 화내고, 덜 공격적이고, 덜 적대적이고, 덜 우울하고, 더 적은 스트레스를 받으며, 상황 대처 능력도 더 좋은 것으로 조사되었다. 이는 우체국 직원들 중 다수를 차지하고 있는 '퇴역군인'에게서도 마찬가지였다.

그런데 조사 결과 우체국 직원들 중 17퍼센트는 '직장 동료에 의한 직장 내 폭력 피해자가 될 위험'이 있다고 응답했는데, 이는 전국 평균치인 3퍼센트의 무려 6배 가까이 되는 수치였다. 나아가 "많은 관리자나 상사가 폭력 행위를 유발하려 한다"는 항목에 우체국 직원 중 27퍼센트가 동의했다. 전국 평균치는 6퍼센트였다.

실제로 우체국 직원들이 경험하는 폭력은 전국 평균과 거의 유사한데, 주관적인 공포 수준에서는 왜 이런 결과가 나오게 되었을까? 그 원인은 우체국 직원들의 일, 관리자, 그리고 동료에 대한 부정적인 태도에 있었다. 우체국 직원들 중 46퍼센트(전국 평균 28퍼센트)는 똑같은 근로조건이라면 다른 직장을 선택하겠다고 응답했으며, 31퍼센트(전국 평균 14퍼센트)는 동료에게 부정적인 태도를 갖고 있었고, 58퍼센트(전국 평균 79퍼센트)만이 관리자에게 긍정적인 태도를 갖고 있었다.

대책 방안

보고서에서는 세 가지 결론을 내렸다. 첫째, "Going postal"은 현실과 맞지 않는 표현이다. 둘째, 미국 내 우체국의 연간 평균 직장 내 피살자 수는 전국 평균의 3분의 1이다(10만 명당 우체국 0.26명, 전국 0.77명). 셋째, 미국 내 직장 전반의 폭력 정도는 수용 불가능할 정도로 높다.

이 보고서는 종합적인 원인을 분석해 다음과 같은 해결책을 내놓았다.

직장 내 괴롭힘 예방책

- ☐ 1 입사 지원자 중 잠재적인 폭력성을 띠는 이들을 더 세심하게 걸러 낸다.

- ☐ 2 폭력에 대한 '무관용' 정책의 의미를 더 분명하게 정의하고 근로자들이 이 정책을 확실히 이해할 수 있도록 조치를 취한다.

- ☐ 3 근로자들에게 폭력 이해 훈련을 지속하고, 노동조합이 그 교육에 더 큰 역할을 해야 한다.

□ 4 폭력 위협 수준을 평가하고 폭력 위기에 대응하기 위해 설립된 지역 팀의 운영 기준을 향상시킴으로써, '폭력 경고 신호'에 주의를 기울일 수 있도록 한다. 근로자들이 위협이나 폭력 상황을 보고하는 방법을 확실히 이해하도록 조치를 취한다.

□ 5 폭력, 잠재적 폭력을 추적하는 시스템을 개선한다.

□ 6 직원들의 안전 및 보안 확보를 돕는다. 배달 중인 집배원들과 소통할 수 있는 시스템을 구축한다(특히 범죄 고위험 지역 및 원거리에 있는 지역). 그리고 시설 보안 교육을 진행한다.

□ 7 근로자 지원 프로그램EAP 기밀 보장을 확보하는 데에 큰 노력을 기울이고, EAP가 처벌의 일환으로 사용되지 않도록 하며, 공동 지역 경영/노동조합에 EAP 관리를 독려한다.

□ 8 관리자들과 노동조합 간부들에게 계약 종료를 다루는 방법을 교육해 계약 종료 과정 및 종료 이후에서 발생 가능한 폭력을 제한한다.

□ 9 관리자들과 상위 직급자들을 위한 대인관계 기술 향상 훈련을 늘린다.

□ 10 관리자들에게 경제적 성과, 운영 목표, 고객 만족도 등에 더해 근무 환경 관리에 관리자들을 집중시킬 인센티브를 강화한다.

□ 11 근로자들과 관리자들 사이에서 발생하는 마찰과 갈등의 주요한 원인이 되는 분쟁 해결 절차를 정비한다.

□ 12 현장직들을 위한 성과 인센티브 시스템에 합의한다.

많은 해결책이 제시되었지만 눈에 띄는 것은 총 12개 중 단 3개(2, 4, 5)만이 '직장 내 폭력' 자체에 대한 대응책이라는 점이다. 나머지 해결책은 채용(1), 교육 훈련(3, 8, 9), 보상(10, 12) 및 운영 관리 개선(6, 7, 11) 등 경영 및 인사관리 측면의 해결책들로 집중되어 있다.

우체국 사례가 특별한 것은 폭력 사태의 원인이 대체로 경영, 인사관리의 실질적인 역할이 부족했다는 데 있다는 점을 보고서를 통해 공개적으로 낱낱이 밝혀 냈다는 것이다.

이 외에도, 보고서에서는 '고용분쟁 해결을 위한 분쟁 해결 시스템Resolve Employment Dispute Reach Equitable Solutions Swiftly, REDRESS'과 같이 조정을 통해 분쟁을 해결하는 프로그램을 확장할 것을 주문하기도 했다. 미국 우정공사에는 1994년 플로리다 세 개 현장에서 시작한 REDRESS라는 분쟁 해결 프로그램이 있다. 중립적인 외부 전문가로부터 조정을 받아 분쟁을 해결하는 것을 골자로 하는 프로그램이다. 제기된 분쟁 중 81퍼센트가 REDRESS 단계에서 종결되거나 취하되는 기록을 세워 매우 효과적인 분쟁 해결 프로그램으로 잘 알려져 있고, 우리나라에도 대안적 분쟁 해결Alternative Dispute Resolution, ADR 제도로 소개되었다.3-2 미국 우정공사에서는 이 프로그램의 효과에 주목하고 있었다. 기존의 분쟁 해결 과정이 오히려 분쟁의 실질적인 해결을 방해하고 있고, 그로 인해 12만 6,000개나 되는 고충 및 분쟁이 해결되지 않은 상태로 남아 있는 것을 발견했기 때문이다.

이후 미국 우체국은 USPS 보고서에서 제시한 해결책을 바탕으로 대책을 마련했고, 실제로 상황이 개선되기 시작했다. '무관용' 정책을 매우 세세하게 규정하고, 통합적인 직장 내 폭력 대응 프로그램을 설치해 직장

그림 3-1 미국 우정공사 직장안전위원회 보고서

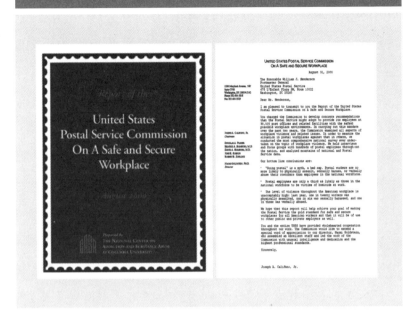

내 폭력 추적 시스템을 가동하고, 조사 및 확인, 점검 및 진단, 보고 및 대처까지를 총괄했다. 또한 기존에 관리자에게만 지급되었던 성과급을 현장직에게도 지급하기 시작했다. 직장 내 폭력, 직장 내 괴롭힘을 해결하기 위한 노력으로 조직의 인사관리에 합리성과 공정성이 생기게 된 좋은 사례라고 할 수 있다.

우체국 이미지도 많이 개선되었다. '고잉 포스털Going Postal'이라는 표현도 2010년 초반까지만 어느 정도 사용되다가, 현재는 그 의미가 꽤 옅어졌다.

대중에게 알려진 '태움'과 'Going postal'은 매우 심각한 현상이었다. 두

현상의 기저에는 우리 사회 전반에 깔린 성과 지향 구조와, 구성원의 소진은 아랑곳 않은 채 성과 지표에 매몰된 경영 전략의 한계가 숨어 있었다. 나아가 자살과 살인은 서울의료원이나 병원, 우체국 등 특정 조직의 문제가 아니라는 것을 확인할 수 있었다.

《피로사회》의 저자 한병철은 이렇게 이야기한다.

> 성과를 향한 압박이 탈진 우울증을 초래한다. 소진 우울증은 탈진한 자아의 표현이라기보다 다 타서 꺼져 버린 탈진한 영혼의 표현이라고 해야 할 것이다. … 노동 사회, 성과 사회는 자유로운 사회가 아니며 계속 새로운 강제를 만들어 낸다.… 그것은 오히려 주인 스스로가 노동하는 노예가 되는 노동 사회를 낳는다. 이러한 강제 사회에서는 모두가 저마다의 강제수용소를 달고 다닌다. 노동 수용소의 특징은 한 사람이 동시에 포로이자 감독관이며 희생자이자 가해자라는 점이다. 그렇게 인간은 자신을 착취한다.

직장 내 괴롭힘의 문제는 개인이나 특별한 조직의 문제가 아니라 성과 사회를 충동질하는 '피로 사회'의 본질적 현상이라고 볼 수 있다. 서지윤 간호사는 누구보다 성실히 근무하며 사랑받는 간호사였지만 오랜 시간 소진 끝에 극단적인 선택으로 생을 마감했다. 직장 내 괴롭힘은 이렇게 훌륭한 사회 구성원을 죽음으로 몰고 가는 무서운 현상이다. 이는 가족과 동료의 불행이자 우리 모두의 불행이다.

한편 총기가 합법화된 미국에서는 직장 내 괴롭힘이 우울증이나 자살을 넘어 대량 살인으로 이어지는 현상을 확인할 수 있었다. 사회를 파괴하고 참담한 분노를 낳는 괴롭힘은 반드시 극복해 나가야 할 것이다. 물론 그 방안은 각 국가와 조직, 피해 상황에 따라 다를 것이다. 서울의료원 사례에서 괴롭힘을 극복하기 위해 모색한 방식은 직장 내 괴롭힘에 대한 직접적인 개선 과제 외에 서울시장의 사과를 비롯해 조례의 제정, 평가와 인증 지표의 개선부터 간호 부원장제 도입까지 다양했다. 한편 미국 우정공사의 경우 인센티브 제도의 개선과 유용한 REDRESS 시스템을 구축하는 계기가 되었다는 점도 눈여겨봐야 할 것이다.

제4장

괴롭힘을 넘어
존중 일터로

직장 내 괴롭힘 방지법은 우여곡절 끝에 2018년 12월 27일 최종적으로 본회의를 통과하였고, 2019년 1월 15일 공포되었으며 근로기준법과 산업재해보상보험법은 2019년 7월 16일, 산업안전법은 2020년 1월 15일부터 시행되고 있다. 지난 2021년 4월 13일 사용자의 사후조치 의무를 더욱 강화하는 근로기준법 개정이 이루어졌고, 지난 2021년 10월 14일부터 강화된 개정법이 시행 중이다.

'행복한 일' 구성원들은 민간은 물론 공공기관과 지방자치단체, 국가기관 등을 대상으로 고충처리 핫라인을 구축하여 직장 내 괴롭힘이나 성희롱 상담과 코칭을 제공하거나, 외부 조사기관으로서 신고사건에 대한 사내 사건 조사를 수행하는 한편, 직장 내 괴롭힘이나 성희롱 등에 대한 조직진단을 실시하여 해당 조직에 개선 과제를 제시하는 진단 활동을 꾸준히 수행해 왔다. 비대면 상황의 장기화로 직장 괴롭힘 포럼은 온라인으로 진행하고, 괴롭힘 아카데미와 고충처리역량 향상과정 등 오프라인 교육은 일부 동영상을 제작하고 교육플랫폼을 구축하여 온라인으로 지원할 수 있도록 노력하고 있다. 또 이러한 과정을 통해 직장 내 괴롭힘 법제화가 현장에 주는 엄청난 변화를 실감하고 있다.

외국인들이 한국의 대명사로 지칭하던 '갑질'은 직장 내 괴롭힘의 법제화를 계기로 우리 사회에서 더는 용인할 수 없는 행위로 금지되었고, 각 조직마다 고성을 지르며 무례하게 행동하던 갑질 리더들의 설 자리도 줄어들고 있다.

코로나19로 일자리의 상황과 양상은 급격하게 변화하고 있는데, 그 속에서 직장 내 괴롭힘의 양상도 거친 오너의 '갑질'과 같은 전형적인 모습을 벗어나 다양한 문제의식을 던져 주기도 한다. 근로 과정에서 당연히 감수해야 할 책임인데도 과다한 업무를 강요한다며 '직장 내 괴롭힘' 신고를 남발한다는 불만이 제기되기도 하고, 40대 이상의 상사들은 젊은 부하들의 지시 불이행과 뒷담화로 오히려 '을질'을 당하고 있다고 고충을 호소하는 사례도 드물지 않다.

또 이제까지 암묵지로 인식되어 왔던 상사의 권위가 도전받고 있으며, 신고에 적절히 대응하지 못하는 경우 SNS 등을 통한 원색적 비난에 직면하기도 하고, 기존의 인사기준이나 감사업무 경험으로는 감당하지 못하는 신고 사건에 노출되면서 '직장 내 괴롭힘'으로 심각하게 '괴로운' 실무자와 경영진의 하소연이 끊이지 않고 있다.

이 장에서는 그간의 실무적 경험을 바탕으로 직장 내 괴롭힘 법제화에 따라 구축해야 할 대응방안을 제시하고자 한다. 먼저 법제화의 의의와 변화 방향을 살피고 취업규칙, 단체협약 및 조례 등 직장 내 괴롭힘을 규범화하며 살펴본 뒤 조직진단을 통해 괴롭힘의 원인과 결과를 예측하고 필요한 개선안을 제시할 것이다.

01

직장 내 괴롭힘 법제화,
적극적으로 대응할 때

갑질할 수 없는
사회로

/ 프레드릭슨Fredericksen과 맥코클McCorkle(2013)
은 조직 내 공격성에 대한 선행연구를 종합하여 조직 내외에서의 규범과
실천을 통해 적극 대응하는 조직이 공격성을 억제할 수 있다는 연구결과
를 제시한 바 있다. 공격성은 인간 누구나 가지고 있는데, 이러한 본능을
다양한 기제를 통해 조직 내외에서 효과적으로 제어해야 안전한 조직을
구축할 수 있다는 것이다.

그렇다면 전격적이라고밖에 할 수 없는 직장 내 괴롭힘의 법제화는 실
제로 조직에 전격적인 영향을 주고 있을까? 필자는 자신 있게 '그렇다'라
고 답할 수 있다.[4-1]

표 4-1 조직 내 공격성 대응과 효과 모델			
소극적인 조직		적극적인 조직	
규율 기제		규율 기제	
조직 내부	조직 외부	조직 내부	조직 외부
위계적 관리감독자와 경영자가 공격적 행위를 하고(하거나) 동료 근로자의 괴롭히는 행위를 무시하는 상황이 제어되지 않으며, 고충 처리가 작동되지 않고, 사건 신고가 억제됨.	**법적 / 명시적** 직장 내 괴롭힘에 대한 명시적 법률이 부재함. 직장 내 괴롭힘 행위가 관련 법률에 위반되는 경우 드물게 처벌됨. 노동부나 노동위원회 및 법원에 분쟁이 제기됨.	**위계적** 조직의 반(反)괴롭힘 정책이 지위고하를 막론하고 모든 구성원에게 적용되며, 업무에 대한 비판은 객관적 기준에 따라 이루어짐. 고충 처리와 사건 신고가 가능함.	**법적 / 명시적** 직장 내 괴롭힘 법률이 발효됨. 이러한 법률은 사회적으로 반괴롭힘 및 존중 일터 분위기를 창출하는 데 지렛대로 작용함.
조직문화 / 업무적 구성원의 개인적인 공격성이 드러나는 전통이 드러나 행태적 언어적 괴롭힘이 만연함. 이러한 전통에 대해 반대할 수 없으며, 2차 피해가 우려됨.	**사회적 / 공동체** 외부적 요인은 직장 내 괴롭힘은 잘못이며 비생산적이라는 관점으로 통일되지 않음.	**조직문화 / 업무적** 근로자는 사회친화적 전통과 의식을 형성함. 동료는 그들이 괴롭힘을 반대할 수 있는 소통전략이 주어짐.	**사회적 / 공동체** 복무규정은 괴롭힘에 반대하도록 기대하는 내용을 담고 있음. 고객과 구성원은 근로자에게 비공격적 소통적 행위를 요구함.

출처 : Fredericksen & McCorkle(2013) 수정 인용.

사회 심리적 건강에 대한 새로운 관심으로부터 진전된 북유럽 등과 달리 우리나라에서 법제화는 봉건적 갑질 관행이 온존하는 직장문화에 대한 국민적 공분이 강력한 추진력이 되었다. 개정법은 ILO가 설립 100주년을 맞아 '노동의 종말'이 공공연히 거론되는 제4차 산업혁명 시대에 미래 노동을 대비하기 위하여 채택한 '일하는 세계에서의 괴롭힘 근절 협약'

의 맥락과 맞닿아 있으며, 내용적으로 협약과 권고의 상당 부분을 반영하여 국제인권기준을 수렴한 선진적 입법이다.

직장 내 괴롭힘 금지가 법제화됨에 따라 모든 노동자들은 우리 사회를 규정했던 '갑질'과 자살에까지 이르는 '태움' 등 직장에 존재하는 비인격적 행태로부터 '법적으로' 보호받게 되었다. 노동과정에서 강제노동, 폭행, 성적 괴롭힘뿐 아니라 일체의 심리적·정신적 고통을 당하지 않을 법적 권리를 명시하여 봉건적 갑질 사회에서 시민사회로 전환을 선언한 분기점이 되었다.

영국의 BBC는 한국 사회에 만연한, '땅콩 회항 사건'에서와 같이 재벌경제를 기초로 한 갑질을 형사법으로 강력하게 제재하는 법제가 등장하여 한국 사회에 큰 변화가 예견된다고 논평하였고,[4-2] 세계경제포럼World Economic Forum은 한국이 사용자에게 강력한 의무를 부여하는 노동법의 개정을 이루어 스웨덴을 시작으로 호주와 캐나다 등에서 입법화되는 세계적 추세에 합류했다고 소개하면서, 법제화의 의의를 높이 평가했다.[4-3]

지금은 코로나19로 인하여 플랫폼 노동의 확대 등 '미래 노동'이 현실화되고 있는 시점이다. 직장 내 괴롭힘 법제는 혼돈의 시대에 노동자의 고통을 살필 수 있는 노동헌장으로서 의의를 가진다.

괴롭힘 분쟁,
기업 생존을 가르는 리스크

/ 개정법에 따라 조직 내 봉건적 관행이나 폭력적 처우에 대한 폭로가 봇물 터지듯 드러나고 있다. 기업의 오너나 최

고경영자에게 집중되었던 조직 내 시선은 언제 나타날지 모르는 무명의 '신고자'에게 쏠리기 시작했다. 회장의 운전기사, 경비원, 콜센터 직원, 공장의 어린 신입직원, 계약직-파견직 등 비정규직 사원까지, 아무도 돌아보지 않던 그들의 목소리에 힘이 실리기 시작하면서 조직의 균형추가 조금씩 변하고 있다.

실무적으로는 직장 내 괴롭힘의 예방과 조치에 대한 구체적 사항을 취업규칙에 정하도록 한 법 규정을 통해 사업장 단위의 규범화를 촉진하고 있다. 기존에 노사관계가 파행적이거나 사용자의 불법적이고 폭력적 행태가 문제가 되는 사업장의 경우 해당 이슈들이 직장 내 괴롭힘 사건으로 연계되어 노동부 진정 및 고소 사건으로 확대되고, 결국 민형사상 소송까지 진행되는 경우가 발생하고 있다. 한편으로는 직장 내 괴롭힘의 법제화를 계기로 직원의 고충을 적극적으로 수렴하여 조직문화 개선을 위해 노력하는 모범적 사례 역시 증가하고 있다. 요컨대 직장 내 괴롭힘에 대한 대응 여부가 기업의 생존에 영향을 주는 시대가 도래한 것이다.

즉 기업은 직장 내 괴롭힘 금지 의무에도 불구하고 사용자가 직장 내 괴롭힘을 가하거나 이에 대한 적절한 조치를 취하지 않은 경우 괴롭힘 발생 시 인지와 신고 단계에서 현장 대응의 어려움, 지체 없이 객관적으로 사건을 조사해야 할 책임 이행, 당사자 간 주장이 배치되는 경우 괴롭힘 사실 확정의 어려움, 확정된 사실이 근로기준법 제76조2의 요건에 부합하는 행위인지 성립 여부 판단, 괴롭힘 사실 확인 전 신고인과 피신고인 인사조치, 괴롭힘 불성립 시의 처리, 괴롭힘 성립 시 행위자 조치, 징계조치 시 양정 결정, 신고인이나 참고인 등에 대한 보호조치 위반이 문제 되는 경우 등 열거하기 어려울 만큼 곤란한 상황에 직면할 수 있다. 그리고 이는 모두 법적 분쟁으로 나아갈 수 있다.

사내에 이를 처리한 경험이 있는 조직이 없다면, 괴롭힘 사건 처리와 관련된 혼란은 상상 이상이 될 수 있다. 당연히 사건 처리에 드는 직간접 비용도 증대하게 된다. 또한 근로기준법상 피해자 보호 의무 위반의 형사 사건, 근로기준법상 조사의무나 비밀유지의무 위반이 문제 되는 경우 행정벌, 민사상 불법행위에 의한 손해배상 소송 가능성도 배제할 수 없는 것은 물론이다. 직장 내 괴롭힘 사건이 사업장 전체에 대한 고용노동부의 특별근로감독으로 이어지는 경우를 감안하면 법적 위험성은 매우 높다고 할 수 있다.[4-4] 더구나 자살 사건이 발생하는 경우 산재보상으로 문제가 되는 것은 물론이고, 중대재해처벌법에 의하여 경영책임자에 대한 형사책임이나 징벌적 손해배상 분쟁까지 확대될 가능성을 배제할 수 없다.

한편 직장 내 괴롭힘이 발생하면 법적 분쟁으로 인한 리스크에 그치지 않는다.

직장 내 괴롭힘을 예방하지 못하는 경우 직접 당사자인 피해 근로자의 결근, 질병 발생, 생산성 감소, 이직/사직 등으로 인한 손실과 피해 근로자 외 구성원이 사건을 인지하는 경우 이들에게서도 비슷한 생산성 감소, 협업을 위한 구성원 간 응집력 감소, 기업에 대한 신뢰 훼손, 조직 몰입 감소, 이직 의도 증가 등 조직 내 갈등이 격화되는 결과를 초래하게 된다. 한 연구(서유정, 2013)에서 직장 내 괴롭힘 1건당 발생하는 비용을 최소 1,548만 원으로 추산한 바 있으나, 법제화 이후 손실 비용은 그 수준을 훨씬 능가할 것이다. 가장 큰 위험은 인재 유출이 본격화되는 것이고, 이탈로 인한 신규 채용 및 교육에 소요되는 비용, 부적절한 처리로 언론에 보도되는 경우 기업 평판 훼손 등으로 인한 손실도 예측할 수 있다. 이

제 직장 내 괴롭힘 이슈는 기업 평판 훼손과 실질적인 실적 악화를 가져올 수 있는 기업의 구체적 위험요소가 되었다.

직장 내 괴롭힘,
고충처리로 예방하자

／ 직장 내 괴롭힘은 행위자에 대한 비난이나 처벌로 해결되기 어렵다. 직장 내 괴롭힘의 법제화는 인간의 본성에 내재하며 개인의 특성에 따라 두드러질 수 있는 공격성이 조직 차원의 정책과 사회적 규범에 따라 제어될 수 있다는 믿음에 기초한다. 직장 내 괴롭힘은 괴롭힘의 피해 상태에서 '괴로워서' 다시 '괴롭히는' 일로 이어져 이른바 가해자와 피해자가 중복되는 상황이 잦고, 뒷담화나 왕따 등과 같이 조직 내 다수 구성원이 연루되는 경우 등 행위자 처벌만으로는 해결하기 어렵다. 처벌을 넘어 피해자 구제와 예방이 이루어져야 하는데, 이를 위해서는 사용자의 자발적인 노력이 가장 중요하다.[4-5] 개정법에 따라 '괴롭힘'에 대한 기본체계는 구축되었으나, 현장 단위에서 '괴로움'을 예방하고 해결하기 위한 구체적인 노력이 필요한 시점이다.

코로나 이후 직업 세계에는 커다란 변화가 이어지고 있는데, 구체적으로는 노동자의 사회 심리적 고통으로 귀결될 가능성이 증대되고 있다. 사용자는 수동적으로 '괴롭힘 사건'이 접수되기를 기다릴 것이 아니라 스트레스 진단 등을 통해 구성원의 심리·사회적 건강을 체크하고, 심리상담 서비스를 제공하는 한편, 사업장 내 설문조사와 같은 진단을 통해 해당 사업장에서 발생하는 괴롭힘 상황을 선제적으로 확인하는 등 적극적 대응에 나서야 할 것이다.

개정 근로기준법 제76조의3은 사용자에게 즉각적이고 객관적이며 세심한 고충처리 조직의 구축과 운영을 요구하고 있다. 괴롭힘의 신고부터 조사 및 행위자 징계 등 제반 절차 전반에 걸쳐 사회 심리적으로 위축된 신고자의 목소리에 귀 기울이면서 조직 차원의 개선 조치를 염두에 두고 고충 하나하나를 성실하게 풀어 나가야 한다. 신속하고 중립적이며 객관적인 절차를 포괄하는 고충처리제도를 설계하고, 고충처리에 대한 조직의 역량 향상과 괴롭힘 예방에 집중해야 할 것이다.

필자가 여러 기관의 직장 내 괴롭힘 실태조사를 해 본 결과, 기업 구성원 간의 직장 내 괴롭힘에 대한 인식차가 커서, 구체적인 상황에서 괴롭힘 사건이 발생할 가능성이 매우 높은 것으로 조사되었다. 예를 들면 '과중한 업무 부여'에 대한 설문 문항에서 나이와 직급에 따라 '과중한' 정도에 대한 인식이 매우 큰 격차를 보이는 경우가 그에 해당한다. 현행 직장 내 괴롭힘의 정의 규정은 개념이 정의되어 있을 뿐 구체적 행위에 대한 판단은 사용자에게 전적으로 맡겨져 있다. 이런 상황에서 정당한 업무지시에 대해서도 직장 내 괴롭힘을 주장하는 경우가 있으며, 오해로 인해 갈등이 심화되는 경우 사업장 내 분쟁이 일파만파로 확대되는 사례도 적지 않다. 우리나라의 직장 내 괴롭힘 개념에 대해 국내외의 참고할 만한 해석례가 마땅히 없고, 해당 분야의 전문가 풀도 충분하지 않다.

정부는 피해 사례에 대한 상담 서비스와 아울러 당사자의 신청에 따라 괴롭힘 성립 여부를 판단하는 단위를 신설하여 사업장 대상 서비스를 확대해야 할 것이다.[4-6]

직장 내 괴롭힘 해결은
ESG의 핵심 전략

／최근 기업의 ESG^{Environment Social Governance}
에 대한 관심이 뜨겁다. 근로자는 ESG가 강조하는 가장 중요한 내부 이해관계자이다. UN과 주요 ESG의 평가지표가 무엇보다 근로자의 인권을 주목하는 이유이기도 하다.

직장 내 괴롭힘 방지법을 제대로 지키는 것은 재무적 지표를 넘어 인간 중심의 가치를 실현한다는 ESG의 목표를 달성하는 핵심 전략이기도 하다.

직장 내 괴롭힘 방지법의 취지에 맞추어 존중 경영을 천명하고 조직 내 윤리 수준을 상향하면서 고충처리 시스템을 구축하는 등 노력을 기울이는 기업은 기업의 법규 준수 이행, 사회적 가치 실현, 상향식 의사소통 과정을 통한 거버넌스의 개선 등 ESG의 주요 평가기준을 만족하는 효과를 달성할 수 있다. 실제로 비콥과 같은 ESG 주요기관에서 직장 내 괴롭힘을 핵심요소로 채택하고 있다는 점도 주목해야 한다.[4-7] 직장 내 구성원의 고충에는 아랑곳하지 않으면서 '친환경' 구호를 내세우는 기업은 자칫 '그린워싱^{Greenwashing}'의 의혹으로 논란의 중심에 설 수 있다. ESG 경영의 핵심가치를 실현하는 차원에서 직장 내 괴롭힘의 근절에 대한 진지한 관심이 절실하다.[4-8]

1-19 직원 안내서Employee Handbook Information

다음 중 기업이 제공하는 직원 안내서에서 포함하는 사항은 무엇인가?

- ☐ 차별금지에 대한 내용
- ☐ 직장 내 괴롭힘 보고 방법 및 징계 절차
- ☐ 근무시간에 대한 내용
- ☐ 급여 및 성과에 대한 정책
- ☐ 직원 혜택, 교육 및 근태에 대한 정책
- ☐ 고충 사항 해결 절차
- ☐ 징계 절차 및 도입된 처벌
- ☐ 직원의 단체교섭권 및 결사의 자유에 관한 중립 성명
- ☐ 아동 노동 및 강제 노동 금지
- ☐ 당사에 작성된 직원 안내서가 없다.

직원의 건강과 안전을 위해서 다음 중 어떠한 관행을 시행하는가?

☐ 작업장 부상과 사고를 최소화하기 위해 문서로 된 안전 보건 정책이 있다.

☐ 일반적인 관리 계획 과정에 안전과 건강이 포함되어 있으며, 직원들은 안전 계획, 자원 배분, 회계 감사 등에 참여한다.

☐ 안전 및 건강 관련 문제는 정기적인 안전 및 건강 교육을 통해 소통되고 있다.

☐ 특정 안전 및 보건 프로그램 목표와 진행 상황을 측정하기 위한 구체적인 지표가 있다.

☐ 고위 경영진이 서면 회의나 분기별 기업 모임을 통해 안전 문제를 다룬다.

☐ 직원들이 안전 관련 우려를 보고할 수 있는 공식적인 시스템이 있다.

☐ 제조 또는 도매 시설이 없다.

☐ 직원의 단체교섭권 및 결사의 자유에 관한 중립 성명

☐ 직원, 일반 스태프 및 방문객을 포함한 모든 사람이 쉽게 이용할 수 있는 안전장치 및 유의사항이 제공된다.

☐ 당사에 작성된 직원 안내서가 없다.

☐ 안전 보건의 우수성과 헌신을 입증하는 외부 프로그램에 참여한다. (예: 자발적 보호 프로그램)

직장 내 괴롭힘을 방지하고 신체적, 언어적, 성적, 정신적 위협이나 폭력으로부터 직원을 보호하기 위하여 다음 중 무엇을 수행하고 있는가?

☐ 직장 내 괴롭힘에 관한 내용이 회사 정책에 포함되어 있다.

☐ 폭력적이고 위협적인 행동을 방지하기 위한 프로그램을 진행하거나 관련 자료를 최소 1년에 한 번씩 배포하고 있다.

☐ 관리자는 직장 내 괴롭힘 사례를 판단하고 다루는 법에 대한 교육을 받는다.

☐ 고충 신고자의 안전과 기밀을 보존하기 위한 체계를 갖추었다.

☐ 직원들은 고충 체계에 대한 정보와 다른 형태의 구제 수단에 대한 정보를 얻는다.

☐ 우리는 직장 내 괴롭힘에 대한 모든 불만을 조사하고 적절한 예방 및 징계 조치를 취하며, 범죄 행위를 해당 기관에 보고하기도 한다.

☐ 우리는 직장 내 괴롭힘의 피해자들을 위한 지원 서비스가 있다.

☐ 기타 - 설명하시오.

☐ 해당 사항 없음.

존중 일터,
공존 사회의 필요조건

／ 직장 내 괴롭힘은 단지 기업의 손실이나 일하는 사람의 웰빙 문제로 국한되지 않는다. 직장과 일은 사회 구성원인 개인이 누려야 할 사회적 활동의 총화이기도 하다. 그런데 직장 내 괴롭힘은 그로 인한 자살이나 폭력 등 극단적 상황을 촉발한다. 나아가 대부분의 괴롭힘 분쟁은 당사자들과 그 피해자들의 사업장 이탈로 귀결된다.

직장 내 괴롭힘은 어느 한 직장, 어느 한 근로자의 개별적 대처로 대응하기 어렵다. 드라마 〈오징어 게임〉으로 웅변되는 물신화되고 폭력적인 경쟁사회에서는 우리 누구도 승자로서 살아남을 수 없다. 잔인한 규칙이 지배하는 사회에서 우리 구성원은 가정 폭력, 학교 폭력, 직장 폭력의 피해에 전면적으로 노출된다. 가정과 학교를 거쳐 직장에서 공격과 고립에 노출되어 다시 노동시장으로 복귀하지 못하고 '방 안'에 고립되는 현상이 가속화되고 있다. 이른바 은둔형 외톨이 문제가 바로 그것이다.

코로나19 팬데믹을 계기로 증대되는 고립의 위기를 극복하기 위해서는 공동체에 대한 관심이 더욱 필요하다. 직장 내 괴롭힘을 넘어 따뜻하고 안전한 일터를 만드는 일은 이탈과 고립의 악순환을 단절할 수 있는 중요한 시작이기도 하다.

02

직장 내 괴롭힘 방지법은
우리 회사에서?

취업규칙으로
존중규범을 실효화하자

／ 2017년 고용노동부의 정책연구를 수행하면서 우리 연구팀이 가장 먼저 제안한 방안은 직장 내 괴롭힘을 취업규칙의 필수 기재사항으로 법제화하는 것이었다. 관련 선행연구들이 한결같이 직장 내 괴롭힘 방지의 실효화를 위해서는 법률뿐 아니라 일하는 문화를 주도할 수 있는 사용자의 리더십이 작동하도록 해야 한다고 조언한 것을 반영한 제안이었다.

취업규칙은 우리나라에 특유한 제도로서 현실적으로 사업장의 노동법 기능을 하는 사업장의 실질적 규범이며, 법형식적으로는 경성법Hard Law에 대비되는 연성법Soft law으로서 개별 사업장의 구체적 특성을 유연하게 반영할 수 있는 장점이 있다.

직장 내 괴롭힘 방지에 대한 개정법은 근로기준법 제6장 안전과 보건 장 다음에 제6장의2 '직장 내 괴롭힘의 금지'라는 장을 신설하고 제76조 의2 '직장 내 괴롭힘의 금지', 제76조의3 '직장 내 괴롭힘 발생 시 조치 조 항'을 명시하고, 이어서 제93조 '취업규칙의 필수 기재사항'으로 제11호를 신설하였다.

우리나라의 취업규칙 제도는 사업장 단위의 법규범으로서 작용하고 있으며, 취업규칙의 제정 및 개정 절차에 해당 사업장의 근로자 과반수 를 대표하는 노동조합이나 근로자 대표가 참여할 수 있고, 행정기관이 제정과 개정 내용에 대하여 점검할 수 있다는 점에서 효용이 높다고 할 수 있다.

개정법 제76조의2는 직장 내 괴롭힘에 대해 "사용자 또는 근로자는 직 장에서의 지위 또는 관계 등의 우위를 이용하여 업무상 적정범위를 넘어 다른 근로자에게 신체적·정신적 고통을 주거나 근무 환경을 악화시키는 행위"라고 포괄적 규정을 두고 있을 뿐이어서, 사업장 차원에서 괴롭힘 행위를 구체화한다면 일하는 과정에서의 고통을 줄이고 구성원의 만족 도를 제고하는 데 긍정적 역할을 할 수 있다.

직장 내 괴롭힘은 다양한 양태로 나타날 수 있고, 해당 기업이 속한 산 업, 직종, 직무 등에 따라 직장 내 괴롭힘으로 인정되거나 규율해야 하는 행위가 다르므로 괴롭힘 행위를 열거하여 규율하는 것은 구성원 간 오해 와 갈등을 줄일 수 있다는 점에서도 효과적이다. 특히 2021년 10월 14일 사용자 또는 사용자 친인척의 괴롭힘 행위에 대해 1천만 원 이하의 과태 료 조항을 신설한 개정법이 시행되었다. 이른바 '오너 리스크'가 증가된 시점에서 무엇이 괴롭힘인지에 대해 사업장 단위에서 공감대를 높여야 할 것이다.

제76조의3 '직장 내 괴롭힘 발생 시 조치에 대한 사용자 의무'는 2021년 10월 14일의 개정법에서는 객관적 조사를 실시하지 않거나 비밀유지를 위반하는 경우 과태료를 부과하는 내용으로 강화되었다. '누구든지' 신고한 사건을 조사하지 않거나, 객관적으로 조사하지 않거나, 조사자 등이 비밀유지의무를 위반하면 감독관청의 개입이 가능하게 된 것이다. 또한 조사에 흠결이 있어 직장 내 괴롭힘 발생 사실을 확인하지 않거나, 직장 내 괴롭힘 사실이 없다고 판단하여 신고자를 배치 전환하거나 고용관계를 종료하는 등의 상황은 피해자 등에 대한 '불리한 처우'를 한 것으로 문제가 될 수 있고, 형사 사건으로 전개될 수 있다.

이러한 혼란을 예방하기 위해서는 직장 내 괴롭힘의 인지, 신고 접수, 조사 절차와 주체의 명시, 직장 내 괴롭힘 성립 여부의 판단 주체 및 절차, 조사 중 당사자에 대한 인사조치 기준, 행위자에 대한 징계 양정 등 사용자의 사후조치에 대한 사내 기준이 명확하게 수립되어야 한다. 이러한 내용들은 모두 조직 구성원인 근로자의 지위에 큰 영향을 미치는 사안이므로 취업규칙으로 체계화하는 것이 바람직하다.

즉 사업장 내에서 자율적인 방법으로 직장 내 괴롭힘 행위를 도출하고 발생 시 처리와 예방을 위한 조치를 강구함으로써 각 기업별 상황에 적합한 해결 방법을 도출할 수 있도록 취업규칙 제도를 적절히 활용할 필요가 있다. 취업규칙 작성과 개정은 노동조합 및 근로자 과반수가 참여하게 되므로 절차적 공정성을 담보할 수 있고, 생생한 현장의 언어와 행위를 담아 현실적으로 실천 가능한 행위 규범을 만들 수 있다.

근로기준법 제76조의2 및 제76조의3은 근로조건의 최저기준을 설정한 것이므로 직장 내 괴롭힘 방지법의 효과가 온전히 나타날 수 있으려면 이를 상회하거나 법에서 규정하지 못한 세부사항을 사내 규정화하는 작업이 필요하다. 따라서 취업규칙을 제정하여 기업의 반괴롭힘 메시지를 명확하게 정립하고, 모든 구성원에게 직장 내 괴롭힘에 대한 인식을 제고하여 일하는 방식이 변화할 수 있도록 해야 할 것이다.

취업규칙 작성,
이렇게 할 수 있다

직장 내 성희롱의 경우 사내 규범화 절차가 남녀고용평등법 시행규칙에 규정된 수준이나, 직장 내 괴롭힘의 경우에는 근로기준법에 따라 취업규칙에 직장 내 괴롭힘의 예방과 사후조치에 대한 내용을 명시하여야 한다.

취업규칙상 해당 사항이 누락되는 경우 과태료 처분에 해당하고, 감독관청의 제재를 받게 된다. 대부분의 사업장에서 취업규칙 개정작업을 진행하였지만, 형식적으로 괴롭힘 정의에 대한 법적 정의를 그대로 옮기거나, 실제로 괴롭힘이 발생하면 어떻게 해야 할지 구체적으로 명시되지 않고 있다. 그러나 직장 내 괴롭힘에 대한 근절 의지를 가지고 사업장 내 조사를 거치거나, 근로자들의 의견을 구체적으로 청취하고 해당 사업장에서 발생하는 직장 내 괴롭힘 행위를 도출하여 행위유형으로 열거하고 규범에 반영하거나, 교육자료로 활용하는 등 적극적으로 대응하는 사업장도 나타나고 있다.

직장 내 괴롭힘을 취업규칙에 반영하는 방식은 사업장마다 상이하며, 하나의 모범안을 제시하기도 어렵다. 중요한 것은 해당 사업장의 괴롭힘 예방과 사후 처리 절차를 기존 사내 규범의 체계에 부합하도록 제도화하는 것이다.

다음으로는 기존 취업규칙 중 직장 내 성희롱 규정에 통합하여 규정하는 사례와 단독으로 직장 내 괴롭힘 규정을 신설하는 경우, 그리고 '직장 내'에 한정하고 있는 현행법의 규율 범위를 넘어 자회사 등까지 규율 범위를 확대하는 경우 등을 살펴본다.[4-10]

① 성희롱과 통합하여 규정한 경우

A사는 공공기업으로 기존에 성희롱 등 고충처리 규정이 존재하고 그에 따라 고충처리가 이루어지고 있기 때문에 해당 규정에 직장 내 괴롭힘을 포괄하는 방식으로 일원화하였다. 이미 구체적인 신고 방법, 고충처리 담당자, 발생 시 처리, 예방을 위한 사용자의 의무 등이 규정되어 있기 때문에 동 규정이 적용되는 범위를 직장 내 괴롭힘까지 확장한 것이다.

A사의 통합적 고충 처리 규정 (발췌)

제1조 (목적) 이 규정은 성희롱·성폭력, 직장 내 괴롭힘 예방 및 발생 시 조치사항을 정하는 것을 목적으로 한다.

제2조 (용어) 1. 성희롱이란 …   2. 성폭력이란 …   3. 직장 내 괴롭힘이란 …

제3조 (기관장의 책임) 기관장은 성희롱·성폭력 및 직장 내 괴롭힘의 방지를 위하여 노력하며 발생 시 필요한 조치를 지체 없이 이행하여야 한다.

---

1. 성희롱·성폭력, 직장 내 괴롭힘 예방교육의 실시

2. 성희롱·성폭력, 직장 내 괴롭힘 고충상담창구 운영

…

제4조 (고충상담창구)

① 성희롱·성폭력, 직장 내 괴롭힘 고충 상담 및 처리를 위해 ○○부서에 업무 담당자와 상담창구를 둔다.

② 성희롱·성폭력, 직장 내 괴롭힘 고충상담원은 2인 이상이 되도록 하며 남성 및 여성이 각 1인으로 구성한다.

제5조 (조사)

① 성희롱·성폭력, 직장 내 괴롭힘의 조사를 원하는 피해 근로자 등은 조사 신청서를 제출하며, 고충상담원은 신청서가 제출되면 즉시 조사를 개시하여야 한다.

제6조 (피해자 등 보호)

① 기관장은 성희롱·성폭력, 직장 내 괴롭힘 피해자, 신고인, 참고인 등에 대하여 조사 신청이나 참여한 것을 이유로 불이익한 처우를 하면 안 된다.

② 성희롱·성폭력, 직장 내 괴롭힘 사건이 발생한 경우 피해자 지원, 행위자 조치 등을 통해 2차 피해를 예방하고 피해자를 보호하여야 한다.

② 직장 내 괴롭힘 규정을 신설한 경우

B사는 직장 내 성희롱 등 고충처리 규정이 있으나 별도의 규정을 신설했다. 이는 직장 내 성희롱을 규율하는 남녀고용평등법과 괴롭힘을 규율하는 근로기준법의 조문상 차이를 반영하기 위한 목적도 있으나, 실질적으로 성희롱과 괴롭힘이 가지는 특성이 다르기 때문에 이를 구체화하려는 측면도 있었다.

B사의 직장 내 성희롱 규정	B사의 직장 내 괴롭힘 규정
제00조(처리) 직장 내 성희롱이 발생한 경우 회사는 공식 조사를 통해 사실관계를 확인한 후 피해자 및 가해자에 대한 조치를 이행하여야 한다. 제00조(조사기간) 직장 내 성희롱 피해자가 사건을 신고하거나 사용자가 인지한 경우 신고 또는 인지일로부터 14일 이내에 조사를 완료하여야 한다.	제00조(처리) 회사는 직장 내 괴롭힘이 발생한 경우 피해 근로자 등의 의사에 따라 공식조사, 행위자와의 합의 및 조정을 통해 처리할 수 있다. 제00조(조사기간) 직장 내 괴롭힘 피해근로자등이 사건을 신고하거나 사용자가 인지한 경우 신고 또는 인지일로부터 14일 이내에 조사를 완료하여야 한다. 다만 사안에 따라 1회 14일을 한도로 조사기간을 연장할 수 있다.

③ 취업규칙으로 규율 범위를 확장한 경우

직장 내 괴롭힘을 근로기준법에서 규정하였기 때문에 근본적으로 동일한 사업장에서 근무하는 사용자와 근로자, 근로자 간에만 적용되는 한계점을 갖고 있다.[4-11] 그러나 전통적인 근로계약 형식을 벗어나 원-하청 관계, 자회사, 계열사 등 다양한 주체가 연계되어 업무를 수행하기 때문에 적극적으로 직장 내 괴롭힘을 규율하는 범위를 해당 사업장 소속 근로자뿐만 아니라 자회사, 협력사 소속의 경우까지 확장하는 기업도 확인할 수 있었다. 이때 괴롭힘의 행위자 및 피해 근로자 등은 규정을 만든 사업장 소속 근로자, 자회사 및 협력사 근로자 모두가 될 수 있도록 했다.

E사는 업무 특성상 자회사와 협력사 등과 연계성이 강하며 업무를 같이 수행하는 제3자의 수가 상당히 많았다. 또한 E사와 업무 관련 기업들의 계약관계상 E사 임직원이 업무 관련성이 있는 자에게 우월적인 지위에 있어 행위자가 될 가능성이 높았다. 이에 직장 내 괴롭힘의 적용 대상자를 확장하여 내부적인 괴롭힘뿐만 아니라 일종의 '갑질'을 예방하고자 하

였다. 적용 대상자를 하나의 사업주와 근로관계를 맺고 있는 근로자로 한정한 법상 요건을 확장하여 노동의 과정에서 발생하는 모든 괴롭힘에 대하여 금지하고, 그에 따른 일정한 의무를 사용자에게 부과함으로써 보다 두텁게 피해 근로자 보호를 강화하여 이탈을 예방할 수 있게 한 것이다.

근로기준법에 따른 적용범위	적용대상을 확장한 규정
제2조(적용범위) 이 규정에서 직장 내 괴롭힘은 당사의 사용자 및 근로자가 다른 근로자에게 …	제2조(적용범위) 이 규정에서 직장 내 괴롭힘은 E사의 임직원을 비롯하여, 자회사, 협력사 등 업무 관련성이 있는 자가 피해자인 경우를 포함한다.

조례 제정으로
규율 범위가 확대되고 있다

／ 직장 내 괴롭힘 금지법은 원칙적으로 '사용자'를 대상으로 하며, 근로기준법상 근로자를 대상으로 하는 것으로 규정되어 있다. 공무원에 대하여 동 법이 적용되는지에 대한 해석상 논란에도 불구하고 많은 지방자치단체들이 소속 공무원과 근로계약을 체결한 근로자, 그리고 소속기관이나 투자·출연·출자기관까지 규율대상으로 하는 조례를 제정하고 있다.

서울시는 2020년 1월 9일 서울시 구성원뿐 아니라 소속기관 및 투자·출연·출자기관에 대하여 괴롭힘을 금지하고, 예방교육을 의무적으로 실시하는 한편 실태조사를 정례화하는 내용의 '직장 내 괴롭힘 금지에 관한 조례'를 제정했다. 서울시는 동 조례에 따라 서울시 및 서울시 투자·출연·

출자기관에 대한 진단을 실시하는 등 적극 대응하고 있는 것으로 조사되었다. 다음은 서울시 조례의 주요 부분을 발췌한 것이다.

서울특별시 직장 내 괴롭힘 금지에 관한 조례 (일부 발췌)

[조례 제7450호, 제정·시행 2020. 1. 9.]

제1조 (목적) 이 조례는 서울특별시와 그 소속기관 및 투자·출자·출연기관의 직원을 직장 내 괴롭힘 행위로부터 예방하고 보호함으로써 직원의 인격권이 보장되는 안전한 근무 환경 조성에 기여함을 목적으로 한다.

제2조 (정의) 이 조례에서 사용하는 용어의 정의는 다음과 같다.
1. '직장 내 괴롭힘'이라 함은 직원 간 지위 또는 관계 등의 우위를 이용하여 업무상 적정범위를 넘어 다른 직원에게 신체적·정신적 고통을 주거나 근무 환경을 악화시키는 행위를 말한다.
2. '직장'이란 서울특별시(이하 '시'라 한다)와 소속기관 및 투자·출연·출자기관(이하 '적용대상기관'이라 한다)을 말한다.
3. '직원'이란 시와 적용대상기관에 근무하는 모든 인력을 말한다.

제3조 (적용범위)
① 이 조례는 시와 적용대상기관에 적용한다.
② 시와 적용대상기관은 법령 또는 조례에서 특별히 정하는 것을 제외하고는 이 조례에서 정하는 바에 따른다.

제4조 (시장 등의 책무)
① 서울특별시장(이하 '시장'이라 한다)은 괴롭힘 행위를 예방하고 직원을 보호하도록 노력하여야 하며, 이에 필요한 시책을 적극 추진하여야 한다.

② 시장 및 적용대상기관의 장은 관계 법령과 조례에서 정하고 있는 직장 내 괴롭힘 행위 금지 책무를 준수하여야 한다.

③ 시장 및 적용대상기관의 장은 직장 내 괴롭힘 행위가 발생한 경우 그 행위의 시정을 위해 적극 노력하여야 한다.

④ 적용대상기관의 장은 시의 직장 내 괴롭힘 행위 금지에 관한 정책에 적극 협조하여야 한다.

제7조 (직장 내 괴롭힘 예방)

① 시장 및 적용대상기관의 장은 직장 내 괴롭힘 예방을 위한 교육(이하 '직장 내 괴롭힘 예방교육'이라 한다)을 1년에 1회 이상 실시한다.

② 직장 내 괴롭힘 예방교육은 적용대상기관에 적합한 교육방식과 내용으로 구성되어야 한다.

③ 시장 및 적용대상기관의 장은 소속 직원들이 직장 내 괴롭힘 사건의 신고와 구제절차를 쉽게 알 수 있도록 적극 홍보하여야 한다.

제11조 (실태조사)

① 시장은 시와 적용대상기관을 대상으로 직장 내 괴롭힘 행위에 대한 실태조사를 2년마다 실시하고, 그 결과를 시의 홈페이지 등을 통해 공표할 수 있다.

② 제1항에 따라 실태조사의 방법과 절차, 내용 등에 관하여 필요한 사항은 별도로 정한다.

제13조 (비밀유지) 직장 내 괴롭힘 사건을 상담하거나 조사하는 사람, 조사 내용을 보고 받은 사람 또는 그 밖에 조사과정에 참여한 사람은 그 조사과정에서 알게 된 비밀을 피해자의 의사에 반하여 다른 사람에게 누설해서는 아니 된다. 다만, 조사와 관련된 내용을 시장 및 적용대상기관의 장에게 보고하거나 법령 또는 조례에 따라 관계 기관의 요청이 있어 필요한 정보를 제공하는 경우는 예외로 한다.

서울시 외에도 2021년 말 현재 직장 내 괴롭힘에 대한 조례와 규칙을 제정하고 있는 시군구 지방자치 단체와 교육청 등은 인천시를 비롯하여 45개에 달하는 것으로 조사되었다.

표 4-2 직장 내 괴롭힘 금지 조례 현황			
자치단체(제정시기)	적용 대상	예방 교육	실태조사
서울특별시 (2020.1.9.)	시와 소속기관 및 투자·출연·출자기관	연 1회 이상	2년 단위
인천광역시 (2020.6.2.)	청·의회사무처·소속행정기관	연 1회 이상	없음
충청북도 (2020.9.29.)	도 소속(의회사무처, 직속기관, 사업소, 출장소 포함)	연 1회 이상	2년 단위
전라남도 (2021.9.30.)	직속기관, 사업본부, 사업소 등과 의회사무처	연 1회 이상	실시 가능
경상북도 (2021.11.1.)	본청 및 소속기관, 합의제행정기관, 의회사무처	연 1회 이상	2년 단위
경상남도 (2020.2.6.)	도 소속(직속기관, 사업소, 의회사무처 포함) 공무원과 소속기관에 파견된 공무원	연 1회 이상	실시 가능
세종특별자치시 (2021.7.15.)	시와 소속기관 및 투자·출자·출연기관	연 2회 이상	2년 단위
증평군 (2019.12.13.)	군 소속 공무원 및 군과 계약을 맺고 근로하는 사람	연 1회 이상	없음
충청북도교육청 (2021.1.1.)	소관 교육행정기관과 각급 학교에 근무하는 공무원, 교육공미직원 등	연 1회 이상	정기적
서울특별시교육청 (2021.9.30.)	본청, 직속기관 및 교육지원청과 서울특별시교육감 소관 각급 학교	연 1회 이상	2년 단위

단체협약으로
제정할 수 있다

/ 직장 내 괴롭힘을 근절하고 발생 시 처리를

공정하게 하기 위해 노사가 함께 선언문을 작성하고 선언식을 열어 반괴롭힘 메시지를 대내외적으로 공표하는 경우도 있었다. 직장 내 괴롭힘은 일방의 노력만으로는 예방 및 근절이 어렵기 때문에 경영진과 노동조합이 함께하겠다는 선언을 하고, 선언문이나 단체협약 등의 직장 내 괴롭힘 방지 규정에도 공동 기구를 설치하거나 노동조합의 참여를 보장하여 공동으로 문제 해결에 앞장서도록 한 것이다.

한편 노조에서는 단체협약에 요구안을 마련하여 노동운동 차원에서 괴롭힘 개선을 도모하고 있기도 하다. 구체적으로 노동조합 상급단체들이 직장 내 괴롭힘에 대한 모범 단체협약안을 제시하고 협약에 반영하도록 협상하고, 실제로 협약으로 체결하는 사례들이 나타나고 있다. 아래는 노동조합이 제시하고 있는 표준 단체협약안이다.

포괄적 내용을 정한 단체협약안

[참고] "직장 내 괴롭힘 금지" 관련 모범 단체협약안

○○노동조합(이하 '조합'이라 한다)과 ○○주식회사(이하 '회사'라 한다) 직장 내 괴롭힘 방지 및 사후조치에 관하여 다음과 같이 합의한다.

제1조 (목적)
회사와 조합은 직장 내 괴롭힘 문제를 인식하고 노사가 상호 협력하여 그 행위를 방지하여 쾌적한 직장환경을 실현하는 데 노력한다.

제2조 (정의)

직장 내 괴롭힘은 같은 직장에서 또는 같은 일터에서 일하는 사람에게 직무상의 지위나 인간관계 등의 우위성을 배경으로 업무의 적정한 범위를 넘어 정신적, 신체적 고통을 주는 행위와 노동환경을 악화시키는 행위를 말한다. 회사와 조합은 직장 내 괴롭힘을 방지하기 위해 적극적으로 힘쓴다.

제3조 (직장 내 괴롭힘 금지)

회사의 모든 구성원은 다음의 열거된 사항에 해당하는 행위를 어떤 상황에서도 해서는 안 된다.

1. (성)폭행, 장애 등 신체적인 공격을 하는 것
2. 협박, 명예훼손, 모욕, 심한 폭언 등 정신적, 정서적인 공격을 하는 것
3. 격리, 동료 간 따돌림, 무시 등 인간관계에서 분리하는 것
4. 업무상 명확히 불필요한 것 또는 수행 불가능한 것을 강요, 업무방해 등을 하는 것
5. 업무상의 합리성 없이 능력과 경험 정도보다 낮은 업무를 명령하거나 일을 아예 주지 않는 것
6. 사적인 일에 지나치게 간섭하는 것
7. 기타 위와 유사한 행동을 하는 것

제4조 (방침의 명확화 및 예방교육 및 방지대책 수립 의무)

회사는 직장 내에서 괴롭힘 문제에 관한 방침을 명확히 하고, 모든 구성원을 대상으로 예방교육, 실태조사 및 방지대책을 마련한다.

제5조 (상담 및 민원에 대한 대응)

회사와 조합은 협의하여 공동으로 괴롭힘을 당한 피해자의 상담, 민원에 대응하는 상담창구를 사내 또는 사외에 설치하고, 상담창구 설치에 대하여 노동자

에게 주지시켜야 한다. 또한, 회사는 상담, 민원의 내용이나 상황에 따라 신속하고 적절하게 대응한다.

제6조 (상담 및 민원 신청)

괴롭힘당하고 있다고 생각하는 자, 혹은 괴롭힘 문제 발생이 우려된다고 판단되는 자는 상담창구, 민원처리위원회, 상담 핫라인을 이용하여 상담 및 민원을 서면 또는 말로 신청할 수 있다.

제7조 (민원처리 및 배제)

① 노사는 민원 신청을 받은 경우, 관계자에게 사정(의견) 청취를 하는 등 적절한 조사를 통해서 피해자의 억울함이 없도록 신속하게 문제를 해결하기 위해 노력해야 한다. 민원처리 시에는 당사자 쌍방의 프라이버시를 배려하여 원칙적으로 비공개로 한다.

② 민원 노동자가 가해자를 대표이사 또는 사용자 측의 최고 결정권자로 지목할 경우 당해 직장 내 괴롭힘과 관련된 조사 및 일체의 활동에서 배제한다.

제8조 (불이익 취급의 금지)

회사는 직장 내에서 괴롭힘에 관한 상담을 하거나 민원 신청을 하는 등의 이유로 불이익 취급을 하지 않는다.

제9조 (징계 및 처벌)

노사는 민원 신청을 받아 조사한 결과 제3조와 같이 직장 내에서 괴롭힘이 명확히 밝혀졌을 경우 회사는 피해자가 원하는 내용으로 최대한 협조한다. 그리고 가해자는 법적인 처벌 외에도 본 단체협상의 부족협약서로 즉시 징계한다.

*출처: 〈2021 임단추지침〉, 전국금속노동조합연맹, 2021, 350-351쪽.

사후조치를 구체화한 단체협약안

<hr>

민주노총 모범 단체협약 (발췌)

제○○조 (신고 및 상담 대응)

회사는 직장 내 괴롭힘 신고 및 상담창구를 설치하고 직원들이 이를 손쉽게 이용할 수 있도록 공식적인 방식으로 주지시켜야 한다.

제○○조 (직장 내 괴롭힘 행위 발생 시 조치)

① 누구든지 직장 내 괴롭힘 발생 사실을 알게 된 경우 그 사실을 상담창구 등을 통해 회사에 신고할 수 있다. 회사는 피해자나 신고직원의 의사를 물어 신원을 보호해야 한다.

② 피해자는 신고 접수 후 진행되는 절차에서 피해자를 지원하고 대리할 수 있는 대리인을 정하거나 노동조합에 대리를 요청할 수 있다. 이 경우 회사는 대리인의 활동을 유급으로 보장한다.

제○○조 (괴롭힘 처리의 절차)

① 회사는 직장 내 괴롭힘 처리를 위하여 비공식 절차와 공식 절차를 둔다.

② 비공식 절차는 피해자가 배치 전환을 원하거나 행위자와의 합의를 원하는 경우 괴롭힘상담원을 통한 상담을 통해 직장 내 괴롭힘 사건을 처리한다.

③ 공식 절차는 피해자가 직장 내 괴롭힘 행위에 대한 조사와 행위자에 대한 징계 또는 행위자의 배치 전환을 원하는 경우 회사가 정한 조사를 통해 직장 내 괴롭힘 사건을 처리한다.

④ 직장 내 괴롭힘에 대해 사내 처리절차를 신청하는 피해자는 비공식 절차 또는 공식 절차 중에서 원하는 방법을 선택할 수 있다.

⑤ 비공식 절차(괴롭힘 상담)를 통해 피해자의 괴롭힘이 처리되지 않은 경우 회사

는 피해자의 동의를 얻어 공식 절차(사건 조사)로 해당 사건을 이관할 수 있다.

제○○조 (괴롭힘상담원의 선임 등)

① 대표이사는 직장 내 괴롭힘 상담을 위하여 ○명 이상의 괴롭힘상담원을 선임 및 채용하여야 한다.

② 제1항의 괴롭힘상담원 중 ○명은 노동조합이 추천하는 직원을 회사 대표이사가 선임한다.

③ 회사와 노동조합은 괴롭힘상담원 선임 시 성을 고려하여 남성과 여성을 고루 배치하며, 직원들의 신망이 높은 직원이 선임되도록 한다.

④ 내부 괴롭힘상담원의 임기는 2년으로 하며, 연임할 수 있다.

⑤ 회사는 사업장 내 상주하는 괴롭힘상담원으로 전문인력 ○인을 채용·배치한다.

⑥ 회사는 괴롭힘상담원이 전문성을 재고할 수 있도록 교육이수, 자격증 취득 등을 지원한다.

제○○조 (조사)

① 직장 내 괴롭힘 행위에 대한 조사신청서가 접수된 즉시 회사는 조사위원회를 구성하여 조사를 실시한다.

② 회사는 신청서를 접수한 날로부터 신속하게 조사를 실시하여야 하며, 20일 이내에 완료하여야 한다. 다만, 특별한 사정이 있는 경우 10일의 범위 안에서 조사 기간을 연장할 수 있다.

제○○조 (조사위원회)

① 회사는 직장 내 괴롭힘 행위의 공정하고 전문적인 조사를 위해 독립적인 조사위원회를 구성해야 한다.

② 조사위원회는 노동조합 추천 인원 ○명, 노사협의회 근로자위원 ○인을 포

함하여 5명 이내로 구성한다. 필요한 경우 조사의 전문성을 위하여 노사합의로 외부 전문가를 조사위원으로 선임할 수 있으며, 관련 비용은 회사가 부담한다.

③ 조사신청서가 접수된 즉시 조사위원회를 구성하고, 조사위원회는 조사의 방향과 조사의 범위를 정하여 조사에 즉시 착수한다.

④ 조사위원회는 불리한 처우가 두려워 피해자 등이 공정하게 응답하지 않는 경우를 대비하여 무기명 설문조사 등의 방법을 통해 조사를 진행한다.

⑤ 피해자, 행위자에 대한 조사를 진행하는 경우 조사위원의 수는 2명 이내로 하여 조사받는 당사자들이 편안하게 조사받을 수 있도록 조치하여야 한다.

⑥ 조사위원회는 조사가 끝나는 즉시 조사보고서를 작성하여 직장 내 괴롭힘 심의위원회에 제출한다.

⑦ 조사위원회와 조사를 받는 당사자들은 비밀보호 서약을 하여야 하며, 조사에 관한 사항을 다른 사람에게 발설하지 않아야 한다.

제○○조 (괴롭힘심의위원회의 설치 및 구성)

① 회사와 노동조합은 직장 내 괴롭힘 사안의 처리 심의 및 방지 조치 수립·시행을 위해 독립적인 괴롭힘심의위원회를 구성한다.

② 전항의 위원회는 노동조합 추천 ○인과 인사부서 부서장을 포함한 회사 추천 ○인의 노사동수로 구성한다.

③ 위원장은 노동조합 임원과 인사부서 담당 임원이 공동으로 맡는다.

④ 상기 위원 외에 노사합의에 따라 외부 전문가를 위원으로 위촉·추가할 수 있다.

⑤ 위원 중 남성 또는 여성 어느 한쪽의 비율이 전체 위원의 10분의 7을 초과하지 않도록 해야 한다.

⑥ 위원회의 개최 등 위원회의 사무를 처리하기 위하여 간사 1인을 두되, 간사는 괴롭힘상담원으로 한다.

*출처: 직장 내 괴롭힘 근로기준법 시행 (2019.7.16)에 따른 민주노총사업장 대응지침

실효적 교육으로 괴롭힘을 예방하자

성희롱 예방교육 vs 괴롭힘 예방교육

직장 내 성희롱의 경우 1999년 남녀고용평등법 제정 당시부터 성희롱 예방교육에 대한 규정이 있었으며, 20여 년 이상 교육이 실시되어 왔으나, 그 실효성에 대하여는 논란이 있다. 직장 내 괴롭힘에 대한 개정법은 예방교육을 명시하지 않고, 취업규칙의 예방 조치로만 명시하고 있다. 공공 부문에서는 성희롱 예방교육과 같이 사실상 의무교육화하여 실시하는 사례가 있지만, 교육이 보편화되려면 예방교육에 대한 명시적 규범이 필요할 수 있다.

이러한 법적 의무가 아니더라도 직장 내 괴롭힘의 예방 중심 접근방법은 다양한 선행연구에 의해서도 지지되고 있다(문강분 등, 2018). 직장 내 괴롭힘은 조직 차원에서 선제적으로 예방해야 하는 분야로 정의하고 있으며, 조직 차원의 예방 노력은 반괴롭힘 정책, 직장 내 괴롭힘 예방과 근절을 위한 관리, 괴롭힘 발생에 따른 대응, 피해자의 보호 차원에서 적극적으로 개입하는 것이 중요하다는 점을 확인하고 있다.[4-12]

직장 내 괴롭힘은 개인적 특성으로 인해 사건이 전개될 수 있지만 조직의 환경과 구조, 구체적으로 일하는 과업환경이 복합적으로 관련되는 분야이므로 구성원의 심리·사회적 안전을 확보하기 위해 경영 차원의 적극적 예방 노력이 요구된다.

직장 내 괴롭힘의 예방과 관련하여 개정법은 취업규칙의 필수 기재사항으로 직장 내 괴롭힘 예방조치를 규정하였을 뿐 성희롱과 같이 예방교육에 대한 규정은 두고 있지 않다.

예방에 대해서는 산업안전보건법 제4조 제3호에서 직장 내 괴롭힘 예방을 위한 조치 기준 마련, 지도 및 지원에 대한 정부의 책무를 명시했다. 종합하면 개정법은 사용자에게 교육의무를 특정하지 않고 자율적으로 예방조치를 하도록 하고, 국가에는 구체적 조치 기준을 마련하여 사업장에 대한 지도, 지원을 하도록 규율하고 있다.

아직까지 법률에는 명시적 규정이 없으나 산업안전보건법 시행규칙에는 직무 스트레스 예방 및 관리에 관한 사항, 직장 내 괴롭힘 및 고객의 폭언 등으로 인한 건강장해 예방 및 관리에 관한 사항 등을 근로자 대상 정기교육 관리감독자 대상 정기교육 및 근로자 채용 시 수시교육으로 진행하도록 명시하고 있다.

산업안전보건법 시행규칙 [별표 5] (개정 2021. 11. 19.)

안전보건교육 교육대상별 교육내용(제6조 제1항 등 관련)

1. 근로자 안전보건교육(제26조 제1항 관련)

가. 근로자 정기교육

교육 내용
○ 산업안전 및 사고 예방에 관한 사항
○ 산업보건 및 직업병 예방에 관한 사항
○ 건강증진 및 질병 예방에 관한 사항
○ 유해·위험 작업환경 관리에 관한 사항
○ 산업안전보건법령 및 산업재해보상보험 제도에 관한 사항

○ 직무 스트레스 예방 및 관리에 관한 사항

○ 직장 내 괴롭힘, 고객의 폭언 등으로 인한 건강장해 예방 및 관리에 관한 사항

나. 관리감독자 정기교육

교육 내용

○ 산업안전 및 사고 예방에 관한 사항

○ 산업보건 및 직업병 예방에 관한 사항

○ 유해·위험 작업환경 관리에 관한 사항

○ 산업안전보건법령 및 산업재해보상보험 제도에 관한 사항

○ 직무 스트레스 예방 및 관리에 관한 사항

○ 직장 내 괴롭힘, 고객의 폭언 등으로 인한 건강장해 예방 및 관리에 관한 사항

○ 작업공정의 유해·위험과 재해 예방대책에 관한 사항

○ 표준안전 작업방법 및 지도 요령에 관한 사항

○ 관리감독자의 역할과 임무에 관한 사항

○ 안전보건교육 능력 배양에 관한 사항

- 현장근로자와의 의사소통능력 향상, 강의능력 향상 및 그 밖에 안전보건 교육 능력 배양 등에 관한 사항. 이 경우 안전보건교육 능력 배양 교육은 별표 4에 따라 관리감독자가 받아야 하는 전체 교육시간의 3분의 1 범위에서 할 수 있다.

다. 채용 시 교육 및 작업내용 변경 시 교육

교육 내용
○ 산업안전 및 사고 예방에 관한 사항
○ 산업보건 및 직업병 예방에 관한 사항
○ 산업안전보건법령 및 산업재해보상보험 제도에 관한 사항
○ 직무 스트레스 예방 및 관리에 관한 사항
○ 직장 내 괴롭힘, 고객의 폭언 등으로 인한 건강장해 예방 및 관리에 관한 사항
○ 기계·기구의 위험성과 작업의 순서 및 동선에 관한 사항
○ 작업 개시 전 점검에 관한 사항
○ 정리정돈 및 청소에 관한 사항
○ 사고 발생 시 긴급조치에 관한 사항
○ 물질안전보건자료에 관한 사항

살아 있는 교육을 실시하자

직장 내 괴롭힘과 유사한 법 구조를 가진 직장 내 성희롱의 경우 이미 성희롱 예방교육이 법정 의무교육이고, 그 내용도 시행령에 의해 규정되어 있다. 근로기준법 개정 당시 괴롭힘에 대한 교육을 포함시키는 안이 있었으나 개정안에는 반영되지 않았다. 다만 취업규칙에 이를 준용하여 괴롭힘에 대해서도 연 1회 교육 실시 및 포함되어야 하는 내용을 고용노동부 매뉴얼 및 표준취업규칙에서 제시하고 있다. 이에 따라 대다수 기업들도 이를 반영하여 예방교육을 시행하는 경우가 조사되고 있다.

미국 균등고용기회위원회EEOC의 보고서에서도 지적하였듯 현장과 괴리된 교육은 효과가 없었고, 특히 우리나라의 남녀고용평등법에는 직장 내 성희롱 예방교육 의무가 있음에도 계속하여 성희롱이 발생하고 있다. 따라서 이를 반면교사 삼아 현장 밀착형 예방 방안, 교육 등이 이루어져야 할 것이다.

　예방교육 강사에게 일정한 자격을 갖추도록 하는 등 전문성을 강화시키고 양성하는 것도 필요하다. 내부 고충상담원과 함께 예방을 위한 외부 상담전문가의 상담역량 향상과 지속적인 연구 등 지원도 실시되어야 한다. 미국 EEOC에서는 사업장 내 괴롭힘 교육이 실효적으로 이루어지기 위해서는 관리자와 일반 직원 등 대상자를 구분하여 교육 내용을 서로 다르게 구성하고, 직무 현장을 반영한 언어와 행위를 예시하는 것이 필요하다고 강조한다(Feldblum & Lipnic, 2016).

　실제로 예방교육을 실시한 기업의 교육 내용을 살펴보면, 근로기준법상 직장 내 괴롭힘의 개념과 성립요건, 대표적인 유형, 대응 방식을 강의식 교육으로 진행하되 기업 규모나 우선순위에 따라 전 직원/경영진/관리자/일반직원 등으로 교육대상자를 나누어 실시하는 것이 교육 효과가 높은 것으로 조사되었다.

　교육 방법은 강의식 교육에서 나아가 교육 대상자가 직접 참여하도록 하는 워크숍 등의 방법이 효과적이다. 강사는 워크숍 동안 조별로 과제를 제시하고 토론의 방향성을 잃지 않으면서 모든 참여자가 발언할 수 있도록 촉진해야 한다. 직급/직무 등으로 근로자를 나누어 서로 대면하여 무엇이 괴롭힘이라고 생각하는지, 경험하거나 목격했던 행위는 무엇인지, 바람직한 업무 수행 방법은 무엇인지, 여러 가지 예방조치 중에서 효과적이라고 생각하는 것은 무엇인지 등을 도출하고, 구성원에게 기업의 반괴롭힘 정책을 강력하게 전달하며, 개별 근로자의 인식이나 사고의 범위를 다른 근로자와 함께 소통하면서 확장시키는 효과를 달성할 수 있다.

　방법은 워크숍과 같은 대면 교육이 효과적이지만, 코로나19 팬데믹으로 인한 방역기준을 준수하거나 장시간 업무공백에 따른 시간 확보의 어려움으로 비대면 교육을 고려해야 할 필요가 높아졌다. 행복한 일 연구소는 직장괴롭힘아카데미와 고충처리 실무역량향상과정 등 2~3일 대면교육으로 진행하던 콘텐츠를 이론이나 법률 등 정보 전달 내용들을 동영상 강의로 전환하여 온라인으로 수강하게 한 뒤 테스트와 리포트 제출을 통해 피교육자의 심화교육을 모색하고 대면 교육에서는 실제 문제해결과 리더십 제고에 집중하는 온오프 통합방식 전환을 시도하였다. 이를 통해 대면 시간은 반 이상 줄이되 정보 전달과 교육 효과는 오히려 심화하는 결과를 거둘 수 있었다. 한편 줌zoom을 통한 온라인 강의의 경우 사업장이 지역별로 산재해 있는 상황에서는 채팅창 사용이나 참여자 발언 기회 부여 방식을 활용하여 교육 효과를 제고할 수 있다. 비대면 환경에서 어떻게 소통을 활성화할지에 대한 고민이 괴롭힘 교육과정에서도 핵심 과제가 되고 있다.

단체협약에 의한 교육

　직장 내 괴롭힘 교육은 노사관계의 이슈로 대두되기도 한다. 공공부문의 경우 정부의 가이드라인이 실제로 영향을 미치고, 지방자치단체의 경우 단체장의 적극적 대응과 조례의 제정 등이 영향을 미치게 된다. 민간부문 역시 최고경영자의 의지가 중요하지만, 노동조합의 강력한 리더십이 발휘되는 경우도 긍정적 변화의 단초가 될 수 있다. 총연합단체나 산별노조 주도로 직장 내 괴롭힘 예방교육을 의무적으로 실시하도록 하는 단체협약안이 제시되고 있기도 하다. 미국 괴롭힘 연구소에서도 단체협약을 통한 직장 내 괴롭힘 근절 노력을 강조하고 있다.

민주노총 모범 단체협약 (발췌)

제○○조 (직장 내 괴롭힘 예방교육)

① 회사는 임·직원 전체를 대상으로 직장 내 괴롭힘 예방을 위한 교육을 1년에 2회 이상 실시하여야 한다.

② 직장 내 괴롭힘 예방교육 시간은 1시간 이상이어야 한다.

③ 직장 내 괴롭힘 예방교육의 내용은 다음 각호와 같다.

 1. 직장 내 괴롭힘 행위의 정의

 2. 금지되는 직장 내 괴롭힘 행위

 3. 직장 내 괴롭힘 상담절차

 4. 직장 내 괴롭힘 사건처리절차

 5. 직장 내 괴롭힘 피해자 보호를 위한 조치

 6. 직장 내 괴롭힘 행위자에 대한 조치

 7. 그 밖에 직장 내 괴롭힘 예방을 위한 내용

④ 회사는 직장 내 괴롭힘 예방교육을 실시할 때에는 노동조합과 사전 합의하여 교육강사 및 교육주제, 일정 등을 정하여야 한다.

⑤ 회사는 직장 내 괴롭힘 예방교육의 주요 내용을 항시 게시하거나 직원들이 열람할 수 있도록 조치하여야 한다.

*출처: 직장 내 괴롭힘 근로기준법 시행(2019.7.16)에 따른 민주노총사업장 대응지침

직장 내 괴롭힘, 예측하고 개선할 수 있다

조직 상황에 맞는 진단과 처방이 필요하다

／ 직장 내 괴롭힘은 '일하는 과정에서 발생하는 대인관계상 공격성'으로 특정 산업이나 업종, 피해자의 성별, 공공과 민간 등을 구분하지 않고 발생할 우려가 항상 잠재하므로 예방이 중요하다. 예방을 위해서는 실태를 알아야 하고, 우리나라 특성과 조직 상황에 적합한 진단도구를 활용할 필요가 있다.

국내에서는 2014년 이후 주로 국가기관을 중심으로 연구가 수행되어 왔으며 최근까지 다양한 조사가 이루어지고 있는데, 직장 내 괴롭힘에 대한 실태조사를 유형화해 보면 목적상 크게 3가지로 구분할 수 있다.

하나는 직장 내 괴롭힘이 사업장 내부에서 신고되거나 외부로 알려져 사건화된 경우, 사업장 내에서 추가적인 피해가 있는지 현황을 파악하고 단기적인 해결방안을 도출하기 위한 일종의 '역학조사'이다. 두 번째는 수시/정기조사로서 주로 공공분야에서 관계법령이나 가이드라인에 규정된 실태조사 의무를 이행하고, 장기적인 개선 방향성을 수립하며 계속하여 정책의 효과성을 확인하기 위해 수행하게 된다. 세 번째는 법적 의무를 이행하는 차원을 넘어 '존중 일터'를 만들기 위해, 바람직하지 않은 행위를 발굴하고 전체 조직문화를 긍정적인 방향으로 개선하는 데 중점을 두는 것이다.

표 4-3 직장 내 괴롭힘 실태조사의 유형			
구분	역학조사	수시/정기조사(공공)	존중 일터 구축을 위한 조직진단
목적	신고 사건 등이 발생하여 실태를 파악하고 문제점 및 단기적 개선 과제 도출	관계법령, 공공부문 가이드라인 등에 규정된 조사의무 이행 장기적인 개선방향성 수립 정책 효과 평가	구체적인 괴롭힘 행위 예시 발굴 조직문화, 위험요인 확인을 통한 예방 중심 전사적인 시스템 정비
대상	해당 사업장 소속 구성원		
조사 방법	온라인 설문조사(이메일 발송)		
문항 구성	괴롭힘 경험 당사자 관계 조직문화 예방 및 발생 시 조치 인구통계정보	괴롭힘 경험 당사자 관계 괴롭힘으로 인한 피해 개인의 대응방식 예방 및 발생 시 조치 고충처리 시스템 인구통계정보	괴롭힘 경험 괴롭힘 인식 당사자 관계 직장 내 무례함 경험 조직문화 개인의 대응방식 괴롭힘 위험요인 고충처리 시스템 인구통계정보

괴롭힘 연구 초기에는 심각한 정신적·신체적 고통을 감내하고 있는 피해자를 찾아내는 것이 주요 목적이었기 때문에 임상적인 기준을 사용한 괴롭힘 피해 빈도를 주로 조사하였으나, 이는 괴롭힘 예방을 위해 전체 사업장 또는 조직에서 현황을 파악하고 개선점을 도출하는 데에는 충분하지 않은 방법이다.

직장 내 괴롭힘의 예방을 위하여 우리나라의 법과 제도 및 행태적 특성에 맞는 직장 내 괴롭힘 유형을 설계한 후, 괴롭힘이 발생하는 조직적·개인적 위험 요인을 파악하고, 괴롭힘에 대한 예방과 사후조치에 대한 관리 수준을 파악하여 개선 과제를 도출하는 방향으로 새로운 분석 틀을 가지고 실시할 필요가 있다.

행복한 일 연구소의
진단 모형

／ 실태조사는 해당 기업에서 주로 발생하는 괴롭힘 행위가 무엇인지를 확인하고, 주로 발생하는 관계, 발생 시 조치 사항, 괴롭힘을 유발하는 일의 특성과 조직문화 등에 대한 종합적인 조사를 수행함으로써 기업의 현황 진단 및 특화된 개선안을 제시할 수 있어, 상당히 적극적인 방식의 예방조처라 할 수 있다.

이러한 문제의식에 따라 행복한 일 연구소에서는 괴롭힘 진단 모형을 개발하여 국가와 지방자치단체, 공공기관과 민간기업을 진단하고 있다.

직장 내 괴롭힘으로 발생할 수 있는 28개의 부정적 행동들을 6가지 유형으로 분류하고, 각 행동을 직접 경험하거나 주변에서 목격한 빈도를 조

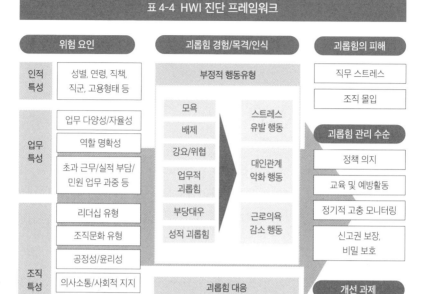

표 4-4 HWI 진단 프레임워크

위험 요인	괴롭힘 경험/목격/인식	괴롭힘의 피해
인적 특성: 성별, 연령, 직책, 직군, 고용형태 등	부정적 행동유형	직무 스트레스
		조직 몰입

부정적 행동유형: 모욕, 배제, 강요/위협, 업무적 괴롭힘, 부당대우, 성적 괴롭힘 → 스트레스 유발 행동, 대인관계 악화 행동, 근로의욕 감소 행동

업무 특성: 업무 다양성/자율성, 역할 명확성, 초과 근무/실적 부담/민원 업무 과중 등

조직 특성: 리더십 유형, 조직문화 유형, 공정성/윤리성, 의사소통/사회적 지지, 경쟁과열/부서이동/연령편중/성별편중/직군, 고용형태 다양성

괴롭힘 관리 수순: 정책 의지, 교육 및 예방활동, 정기적 고충 모니터링, 신고권 보장, 비밀 보호

괴롭힘 대응: 행위자/괴롭힘 대처방식/2차 피해의 내용/미신고 사유/괴롭힘 발생 원인

개선 과제: 고충처리제도 개선 과제/존중 일터 구축과제

사하여 괴롭힘 발생률을 측정한다. 괴롭힘 위험요인을 인적 특성과 업무 특성, 조직특성으로 구분하고, 집단별 차이와 각 위험요인이 괴롭힘 발생에 어떠한 영향을 미치는지를 분석한다. 6개 유형별 집단 간 차이를 분석하고, 각 괴롭힘 유형들이 직무 스트레스와 조직 몰입에 어떠한 영향을 미치는지를 분석한다. 특히 각 부정적 행동에 대한 구성원의 심각성 인식 수준(스트레스 유발, 대인관계 악화, 근로의욕 감소 등에 영향을 주는 행동)을 조사하면 보다 구체적인 예방정책을 수립하는 데 도움을 준다.

괴롭힘 관리 차원을 분석하기 위하여 괴롭힘 행위자, 대처방식, 미신고 사유, 2차 피해의 내용 등 괴롭힘 발행 후 조치에 대한 응답 결과를 분석하며, 고충처리제도 및 존중 일터 구축을 위한 개선 과제에 대한 응답을 분석할 수 있도록 설계하였다.

괴롭힘 행위의 경험과 목격

괴롭힘 행위 - 6개 유형

괴롭힘 실태조사를 위한 괴롭힘 행위를 도출하기 위해 과거 국내외 연구에서 사용된 괴롭힘 실태조사의 행위들을 정리한 후, 국내 현실에 타당하고 정부조직에 적용 가능한 28개의 행위로 요약하였다. 28개의 행위는 모욕, 배제, 강요/위협, 업무상 괴롭힘, 부당대우, 성희롱 등 다시 6개의 유형으로 재분류하였다. 모욕, 배제, 강요/위협, 업무상 괴롭힘은 NAQ 등 대표적인 괴롭힘 측정지표에서 활용되는 유형이므로 본 조사에서도 해당 내용을 포함하였다.

성희롱은 NAQ 등 주요 측정지표에서는 포함하지 않는 것이 일반적이지만 ILO 190호 협약 등에서는 괴롭힘에 포함할 수 있으며, 성적 괴롭힘을 괴롭힘에 포함하는 국내외 논의와 현행법상 규율 대상이 동일하고, 개념 정의와 사후조치 등에 대한 규율체계가 유사한 점, KICQ에서도 괴롭힘 유형에 포함한 사례 등을 참조하여 하나의 유형으로 분류하였다. 한편 근로기준법, 남녀고용평등법 및 기간제 및 단시간근로자 보호 등에 관한 법률 등 노동관계법령과 국가인권위원회법에 의하여 불합리한 차별과 부당한 처우 및 사직압력을 금지하고 있고, 노동위원회 등에 의한 구제 절차를 예정하고 있는 점을 참고하여 별도의 유형으로 설계하였다.

조사 문항은 6가지 유형 내에서 직장 내 괴롭힘 행위의 키워드를 기초

표 4-5 직장 내 괴롭힘 유형 6가지와 행위

유형	키워드	괴롭힘 행위 내용
모욕 (5)	1. 호칭	나에게 회사에서 통용되는 직함이나 호칭으로 부르지 않았다.
	2. 무시	내 말을 가로막거나 의견을 무시했다.
	3. 비하	나의 신상(외모, 종교, 출신 등)이나 사생활(취미, 가족관계 등)을 비하하는 말을 했다.
	4. 시비	나에게 사소한 일로 시비를 걸거나 트집을 잡았다.
	5. 모욕	나에게 반말, 폭언, 욕설 등 모욕적인 말을 했다.
배제 (4)	6. 배제	대화 참여나 회식 및 친목 모임에서 나를 제외시켰다.
	7. 고립	내 자리를 업무상 필요한 기자재의 사용이 어렵거나 동료들과 소통이 어려운 위치로 배치했다.
	8. 소문	나에 대해 부정적이거나 악의적인 소문을 퍼뜨렸다 (SNS를 통한 소문 포함).
	9. 누명	부당하게 나를 의심하거나 누명을 씌웠다.
강요 / 위협 (5)	10.간섭	나의 취미나 성향 등 사생활을 지나치게 간섭했다.
	11. 강요	나에게 회식 등의 참여를 강요하거나 음주, 흡연을 강요했다.
	12. 사적 지시	나에게 업무와 무관한 사적인 일(개인 심부름 등)을 시켰다.
	13 .위협	나에게 화를 내거나 고함을 치면서 위협했다.
	14. 폭력	나에게 신체적인 폭력을 가했다(물건 던지기, 뒤통수 때리기 등).
업무상 괴롭힘 (6)	15. 과소업무	나의 능력(직급)에 비해 낮은 수준의 업무나 허드렛일만 시켰다.
	16. 과중업무	나에게 다른 사람의 업무를 떠넘기거나, 지나치게 많은 양의 업무를 시켰다.
	17. 촉박업무	나에게 기한 내에 마칠 수 없는 일을 주거나, 불필요한 추가 근무(야근, 휴일근로 등)를 시켰다.
	18. 정보배제	업무수행에 중요한 정보를 알려주지 않거나, 의사결정 과정에서 제외했다.
	19. 감시	내가 일하거나 휴식하는 모습을 감시했다.
	20. 질책	나의 업무 실수에 대해 심하게 질책하고 비난했다.
부당 대우 (5)	21. 차별	교육, 승진, 보상 등 대우에서 나를 불합리하게 차별했다.
	22. 권리방해	내가 사용할 수 있는 휴가나 병가, 각종 복지 혜택을 못 쓰도록 했다.
	23. 저평가	나의 업무능력이나 성과를 인정하지 않고, 부당하게 평가했다.
	24. 사직압력	나에게 부당한 발령이나 사직을 압박했다.
	25. 징계	나에게 부당하게 징계(시말서, 강등조치 등)를 했다.

유형	키워드	괴롭힘 행위 내용
성적 괴롭힘 (3)	26. 외모 평가	나의 외모나 몸매에 대해 성적인 비유와 평가를 했다.
	27. 원치 않는 사적 관심	내가 거절 의사를 밝혔음에도 사적으로 관심을 보이거나 연락을 했다.
	28. 성적 언동	나에게 성적 혐오감을 느끼게 하는 말 또는 행동을 했다. (전화, SNS 포함).

로 괴롭힘 행위를 열거하는 방식으로 설계하였다. 첫째, 모욕은 호칭, 무시, 비하, 시비, 모욕 등 5개, 둘째, 배제의 경우 배제, 고립, 소문, 누명 등 4개, 셋째, 강요/위협은 간섭, 강요, 사적 지시, 위협, 폭력 등 5개, 넷째, 업무상 괴롭힘은 과소업무, 과중업무, 촉박업무, 정보배제, 감시, 질책 등 6개, 다섯째, 부당대우는 차별, 권리방해, 저평가, 사직압력, 부당징계 등 5개, 여섯째, 성적 괴롭힘은 외모 평가, 원치 않는 사적 관심, 성적 언동 등 3개 키워드로 제시하여 28개 문항으로 구성하였다. 해당 문항은 사업장과 구성원의 특성을 반영하여 조사문항 변경이 가능하도록 설계했으며, 실제 조사에서는 해당 기관의 특성에 맞도록 협의를 거쳐 문항을 수정한 뒤 진행한다.

이렇게 도출한 28개 괴롭힘 행위에 대하여 구성원들이 최근 1년 내 직접 경험하거나 주변에서 목격한 적이 있는지, 해당 조직에서 각 행위가 얼마나 심각한 상황인지, 스트레스를 유발하는 행위는 무엇인지, 대인관계를 어렵게 하는 행위는 무엇인지, 근로의욕을 감소시키는 행위는 무엇인지 등을 질문하고, 응답하도록 한다.

업무적, 조직적 위험 요인

수행하는 업무와 관련해서는 단순·반복적이거나, 자율성이 낮거나, 역할이 명확하지 않을수록, 그리고 잔업이 많거나 민원을 많이 처리하는 특징을 갖는 업무를 수행할수록 해당 구성원이 상대적으로 더 많이 괴롭힘을 경험하는 것으로 조사되었다.

조직 특성과 관련해서는 조직이 공정하고 의사소통이 원활하며 부서원 간 지지를 많이 하는 조직에서는 괴롭힘을 경험하는 빈도가 상대적으로 낮은 것으로 조사되었으며, 직원 간 경쟁이 치열하고 인적 구성이 특정 연령대나 성별로 편중이 심하며, 부서 이동이 잦은 조직에서는 괴롭힘을 경험하는 빈도가 상대적으로 높은 것으로 조사되었다.

한편 상사의 리더십 유형 중 관료형과 성과주도형 리더와 함께 일하는 구성원, 그리고 관료주의와 성과주의 문화가 강한 조직에서 일하는 구성원이 상대적으로 더 많이 괴롭힘을 경험하는 것으로 조사되었다.

괴롭힘은 개인의 조직 몰입과 스트레스에 부정적 영향을 미친다

다양한 조직에 대한 설문 결과, 공통적으로 괴롭힘 피해 경험은 조직 몰입에 대한 인식과 직무 스트레스에 부정적 영향을 주고 있는 것으로 조사되었다. 회귀분석 결과를 확인해 보면 6가지 유형 중 '모욕'과 '업무적 괴롭힘'에 해당하는 경험들이 구성원의 조직 몰입도를 낮추는 데 많은 영향을 미치고, '업무 괴롭힘', '부당대우'에 해당하는 경험들이 주로 직무 스트레스를 높이는 것으로 조사되었다. 특히 '모욕'과 '배제' 유형의 경험은 대인관계를 어렵게 하고, '업무적 괴롭힘'과 '부당대우' 유형의 경험들이 근로의욕을 낮추고 이직을 고민하게 하는 원인으로 조사되었다.

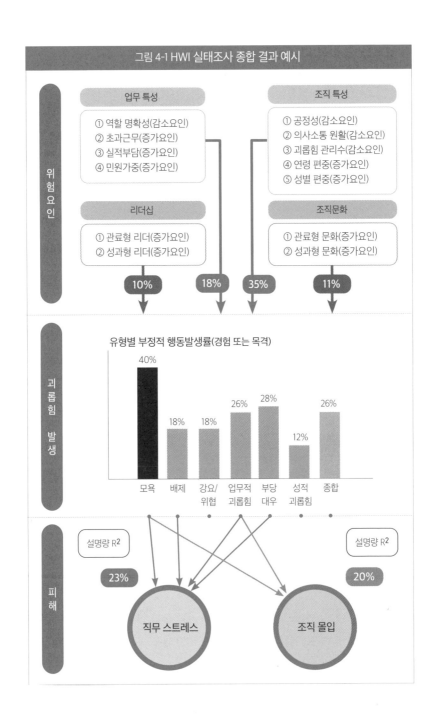

그림 4-1 HWI 실태조사 종합 결과 예시

괴롭힘 발생은 인적 특성에 따라 다른 결과를 보인다

괴롭힘 실태조사에서 부정적 행위를 경험하거나 목격한 응답자의 비율은 인적 구성에 따라서도 다른 결과를 보여 준다. 조사를 진행한 대부분의 기관에서 괴롭힘을 경험하거나 목격한 비율이 높은 집단은 성별로는 주로 여성이며, 연령은 20~30대, 직급에서는 실무자급, 직군에서는 기능직과 사무직이었다. 이러한 계층은 활동력이 가장 왕성하고 타인과의 접촉면이 많지만, 반면에 괴롭힘에 대한 감수성도 높은 특징이 있다. 이들은 잠재적으로 괴롭힘 피해를 경험할 확률이 높은 집단으로 구분된다. 또한 앞서 언급한 초과근무, 실적부담, 경쟁, 민원업무 등의 특성이 높은 조직 내 부서들(기획부서, 영업부서, 현장관리부서 등)에서 상대적으로 괴롭힘 경험이 더 높은 것으로 조사된다.

직장 내 괴롭힘의 관리

직장 내에서 괴롭힘에 대한 조직의 관리 수준을 파악하기 위해 Larrazabal, Lopezdelallave & Topa(2019)[4-12]가 제시한 직장 내 괴롭힘에 대한 조직의 내성 수준POT: Perceived Organizational Tolerance for workplace harassment 을 측정하는 지표를 재구성하여 8개 문항을 개발하였다. 주요한 내용은 괴롭힘 발생 시 행동 요령에 대한 설명, 정기적인 실태 조사, 신고 대응, 공정한 처리, 비밀 보장, 재발 방지 등을 얼마나 잘 진행하고 있는지에 대한 구성원의 인식을 파악하는 방식이다. 이와 별도로 괴롭힘을 경험한 경우 어떻게 대응했는지, 괴롭힘에 대한 신고가 잘 이뤄지지 않는다면 이유가 무엇인지, 2차 피해에 대한 경험 또는 목격 내용은 무엇인지, 마지막으로 현재 조직 내에서 괴롭힘을 포함한 고충 발생 시 잘 해결되고 있는

지 등을 조사한다. 직장 내 괴롭힘 관리체계를 잘 갖춘 조직에서는 괴롭힘 발생률이 낮은 것을 볼 수 있다.

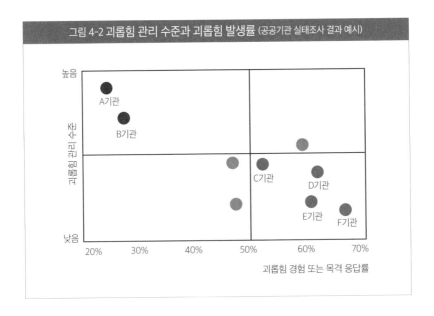

그림 4-2 괴롭힘 관리 수준과 괴롭힘 발생률 (공공기관 실태조사 결과 예시)

직장 내 괴롭힘 행위자에 대한 조사에서는 압도적 다수가 상급자로 조사되며, 다수가 남성인 것으로 조사되었다. 그러나 동료 직원을 행위자로 응답한 비율도 상당했는데, D기관의 경우 행위자 중 동료가 가장 많은 것으로 조사되었다. 한편 E기관에서 여성이 행위자인 경우 피해자의 다수가 여성으로 조사된 결과는, 여성이 다수인 직종에서 같은 성별 간 괴롭힘이 발생할 수 있다는 점을 시사한다.

괴롭힘 대처 방법으로는 특별한 대처를 하지 않았다는 응답이 가장 많았으며, 직장 동료와 상담했다는 응답도 많았다. 반면에 상급자와 상담하거나 괴롭힘 행위자에게 직접 문제를 제기했다는 응답은 매우 적었으며,

대부분의 기관에서 조직 내·외부의 고충처리기구를 활용한 상담이나 신고를 한 응답자 비율은 매우 낮게 나타난다.

직장 내 괴롭힘에 대한 신고가 잘 이뤄지지 않는 이유는 '신고 내용에 대한 비밀이 보장되지 않을 것 같아서', '신고 시 불이익을 받을까 봐 두려워서', '신고하더라도 행위자를 처벌할 것 같지 않아서', '행위자와의 관계가 나빠질까 봐' 순으로 응답했다. 직장 내 괴롭힘 2차 피해에 대한 직·간접 경험에 대한 응답 결과, '주변 사람들이 피해자의 태도나 행동을 비난함', '피해자의 신원이나 사건 내용이 주변에 알려지거나 SNS에 유포됨', '피해자가 불이익을 받음' 순으로 응답 비율이 높았다.

마지막으로 조직 내 고충처리 제도의 활성화를 위한 방안과 존중 일터를 구축하기 위한 방안에 대해서도 조사하여 개선 과제에 대한 구성원들의 의견을 취합하고, 제도 개선에 반영하는 것도 중요하다.

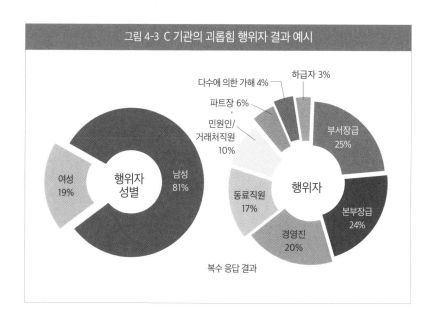

그림 4-3 C 기관의 괴롭힘 행위자 결과 예시

존중 일터 구축, 이렇게 할 수 있다

통합적 전략을 수립하자

① 전략의 수립

ILO는 가정, 사업장, 지역 사회, 거시적인 사회 환경 속에 중첩적으로 존재한다는 생태모델Ecological Model을 제시한 바 있다. 조직을 유기체 속에서 파악하는 생태모델은 ESG의 접근방식이기도 하다. 존중 일터를 구축하기 위해서는 각 단위에서 상호작용하는 존재라는 관점에서 정책을 수립해야 한다.

② 정기적 실태조사와 모니터링 시스템 구축

괴롭힘 진단을 통한 예방을 위해서는 정기적인 실태점검과 개선조치가 매우 중요하다. 그럼에도 이는 매우 미흡한 것으로 조사되었다. 따라서 통합 모니터링 시스템을 구축하여 실태조사 결과를 데이터베이스화함으로써 위험요인을 직관적으로 파악하여 대응하고, 추적관리를 통해 장기적인 예방 정책을 수립하며, 정확한 개선조치를 실행하고, 또한 연구를 위한 기초자료로도 활용해야 할 것이다.

③ 산업 안전 및 건강 관점의 통합 전략 수립

최근에는 산업안전보건법, 산업재해보상보험법, 중대재해처벌법의 제정과 개정 등으로 산업재해의 범위와 사용자의 책임이 확대되고 있다. 이런 시점에서 기업들은 조직 내 모든 기관이 직장 내 괴롭힘을 실효적으로 예방할 수 있도록 산업 안전 및 건강 증진을 포괄하는 종합적인 정책을

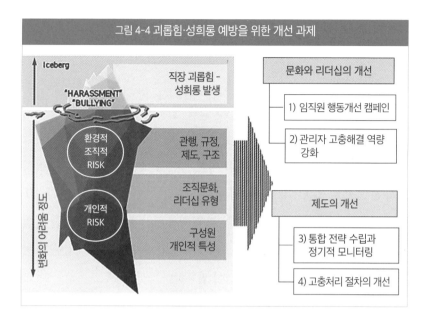

그림 4-4 괴롭힘·성희롱 예방을 위한 개선 과제

수립해야 할 것이다.

직장 내 괴롭힘, 통합적으로 대응하자

① 통합 체계 구축

조직 규모가 큰 경우 인권, 윤리, 감사, 인사 및 교육 등 관련 부서가 나뉘어 있는데, 반괴롭힘과 존중 문화 정책을 각자 다른 방식으로 운영하면서도 협력이 잘 안 되는 경우가 많다. 존중 일터를 구축하기 위해서는 전문성을 갖춘 독립적 전담조직을 구성하여 운영하는 것이 좋다. 조직 내 흩어져 있는 관련 기능들을 통합하여 일원화하고, 팀 또는 과 단위의 규모로 일관되고 신속한 대응이 가능하도록 전담조직을 구성해야 한다. 본부 단위 조직의 정책이 각 팀 단위까지 전달되고, 각 지역의 지사까지 일관성 있게 연계되어 실행되도록 유기적으로 작동하는 네트워크 체계가 구축되어야 한다.

② 전문성 제고

업무 특성을 기초로 필요한 교육훈련을 체계적으로 제공해야 한다. 부서 고충상담원의 경우 고충해소 등을 위한 사내 제도를 숙지하고, 직장 내 괴롭힘과 성희롱 피해자에 대한 이해 속에서 상담과 코칭이 이루어지도록 훈련 프로그램이 제공되어야 한다.

신고와 조사 및 심사 담당 조직의 경우 괴롭힘이나 성희롱에 대한 법적 쟁점을 파악하고, 2차 피해 방지나 피해자나 가해자에 대한 적법한 조치가 가능하도록 역량 향상 프로그램이 필요하다.

상담과 신고 및 조사 단계마다 담당 조직이 다르다 해도 하나의 고충이 해결되기 위해서는 해당 조직 간에 유기적으로 협력체계가 구축되어야 한다. 담당 조직 간 협력이 원활히 이루어지면 정기조사 외에도 상담이나 사건조사 현황을 공유할 수 있으며, 이를 반영하여 캠페인이나 예방교육을 효율적으로 진행할 수 있다.

고충처리 절차 개선으로 조기감지 시스템을 구축하자

직장 내 괴롭힘이 극단적으로 심화되지 않고 조기에 감지될 수 있는 고충처리 절차의 개선은 필수적으로 강조하는 과제이다. 실제로 그간의 실태조사의 특징을 보면 고충처리 절차가 잘 작동되는 조직은 구성원의 신뢰도가 높고 괴롭힘 발생률도 상대적으로 낮은 특성을 보이고 있다. 다음 사항은 조직의 특성에 따라 변동하지 않고 일반적으로 권고하는 고충처리 절차의 개선 내용이다.

표 4-6 고충처리 절차의 개선 내용 (권고안)	
개선 과제	**관련 내용**
① 고충처리 상담 및 신고절차의 개선, 안전한 상담창구 마련	• 신고자 비밀 보장을 가장 중요한 개선 과제로 응답함. 편리한 상담과 접근 용이성, 심리상담 및 치유지원, 상담원 전문성 강화 등 상담에 대한 개선 요구도 높음. • 괴롭힘이 심화되기 전에 비밀을 보장하며 안전하게 상담할 수 있도록 전문성과 중립성을 갖춘 상담창구를 구축해야 함. 단기적으로는 고충상담원의 전문성을 높이고, 담당 부서에 전담자를 배치하는 방식으로 보완책을 마련해야 함.
② 신속하고 공정한 조사 및 심사 절차의 필요성	• 괴롭힘 사건은 신속한 진행과 괴롭힘 여부의 판단 및 관련 조치의 처리를 통해 악화되지 않도록 조기 종결할 필요가 있으므로 처리 기간의 단축이 요망됨. • 조사 기간을 단축하기 위한 인력의 확보보다는 별도의 지원체계 마련이 필요함.
③ 관리자의 고충해결역량 강화	• '리더들의 소통능력과 고충해결 역량 강화'가 존중 일터 구축을 위해 중요하다고 응답함. • 관리자의 역할을 재정의하여 직원들의 업무지원과 고충해결이라는 '코치'로서의 역할 비중을 증가시키고, 관리자 선발에 있어 고충해결역량을 우선순위로 선정하고, 예비 관리자 교육과정에 고충해결역량 향상을 주 교육내용으로 진행함으로써 관리자들의 인식과 행동 변화를 위해 노력할 필요가 있음. • 관리자들을 대상으로 한 인식과 행동 변화, 고충해결역량 강화 등의 교육을 '존중 리더 과정'으로 진행하고, 수료 시 '존중 리더 인증' 등을 부여하여 행동변화를 유도하고 책임감을 높이는 방법 모색.
④ 비공식적 분쟁 해결 절차의 필요성	• 신고인이 원하는 경우 신고와 조사 및 판단 절차로 진행하지 않고, 전환배치 등 인사조치를 통하여 고충을 해결하여 종결하거나, 당사자 간 화해나 조정 및 중재로 해결하는 비공식적 분쟁 해결 절차를 활용할 수 있도록 권고하고 있음.
⑤ 고충처리 활성화를 위한 외부 고충처리 전문 서비스의 도입 검토	• 직장 내 괴롭힘에 대한 노동부의 매뉴얼이나 공공갑질 관련 가이드라인에서는 고충처리 절차를 외부 전문기관 서비스를 통해 보완하도록 권고함. • 적절한 외부 고충처리 서비스의 활용은 상담에 대한 접근성을 높여 조기 해결 가능성을 높이며, 상담과 코칭 및 비공식적 해결방안을 연계하여 관계의 악화를 방지하고, 조사의 공정성과 신속성, 비밀 보장 이슈를 해결하는 긍정적 효과를 기대할 수 있음.
⑥ 직장 내 괴롭힘의 관리 수준 모니터링	• 직장 내 괴롭힘에 대한 교육과 훈련, 점검과 평가, 공정한 처리, 비밀보장과 피해자 보호, 재발 방지 등 조직의 관리 수준에 따라서 반괴롭힘 정책의 효과가 결정될 수 있음. 또한 조직은 예방 및 대응체계에 대해 지속적으로 모니터링하고 그 결과를 바탕으로 정책의 방향이나 제도의 변경 등을 추진해야 함.

행동 변화를 모색하고 실천하자

① 의사소통, 일하는 방법 개선을 위한 프로그램

직장 내 괴롭힘은 주로 부서의 인적 구성, 업무 자율성, 역할 갈등, 의사소통 수준, 조직문화, 리더십 유형 등 부서 및 직무의 특성, 일하는 방법과 매우 관련이 높으며, 이러한 부분이 위험요인으로 작용한다. 그중에서 의사소통은 워크숍, 교육, 코칭 등 부서 소통 프로그램을 통해서 개선할 수 있을 것이다. 사내 존중 문화 확산을 위해 평소 존중 행동을 잘 실천한 우수 직원을 선발하여 포상하고 실천 모델로 지정하는 방법 등을 추천한다.

② 실태조사 결과를 반영한 행동 개선 캠페인

직장 내 괴롭힘 진단 결과, 많은 조직에서 통상적으로 '모욕', '업무상 괴롭힘', '부당대우' 등의 경험 빈도가 높게 조사된다. 이러한 유형의 빈도가 높은 이유를 상세히 분석하여 개선해야 할 행동들을 도출하고, 가시적인 홍보물을 통해 캠페인 활동을 전개하는 것이 바람직하다. 행동 개선을 위한 캠페인 활동 중 하나로 'Do & Don't' 캠페인을 추천한다.

표 4-7 행동 개선을 위한 'Do & Don't' 캠페인 사례	
DO	**DON'T**
• 공식적인 직함과 호칭을 사용한다. • 동료의 의견을 끝까지 경청한다. • 동료를 신뢰하고 격려한다. 의심, 누명 NO! • 능력을 인정하고, 공정하게 평가한다. • 휴가, 병가 복지제도의 사용을 지원한다. • 타인의 사생활을 존중하고, 보호한다.	• 부정적, 악의적 소문을 내지 않는다. • 사소한 일로 시비 걸거나 트집을 잡지 않는다. • 갑자기 화를 내거나 질책하지 않는다. • 자신의 업무를 타인에게 떠넘기지 않는다. • 퇴근 후 또는 휴일에 업무연락을 하지 않는다. • 타인이 원하지 않는 사적 관심이나 연락은 NO!

하나의 괴롭힘 사건이 일어났다면 그것은 해당 국가와 사회 및 문화적 환경, 기업의 구조와 전략, 업무의 특성, 행위자와 피해자의 관계와 대응이 상호작용한 결과이다. 따라서 하나의 괴롭힘 사건은 우연한 사고가 아니라, 우리가 속한 조직에 문제가 있으며 이를 해결해야 한다고 알려 주는 중요한 경고 메시지로 받아들여야 한다. 서울의료원의 간호사 자살이나 미국 우정공사의 살인 사건은 모두 갑작스러운 '사고'였지만, 사실 오래전부터 예고된 불행이었다. 양 기관은 이후 심도 있는 조직 진단을 통해 문제의 원인을 도출하였고, 해결책도 찾았다.

우리나라는 봉건 잔재를 청산하지 못하고 일본의 식민 지배, 좌우 대립, 전쟁, 군사독재와 민주화 운동 등 불행한 근대사를 지나왔다. 경제적으로는 급격한 경제성장과 IMF 구제금융 위기를 거쳐 지금은 저성장기를 맞아 이른바 수축 사회에 도래한 상황이다. 성, 연령, 고용 형태, 기업 규모에 의한 고용 격차가 만연하고, 갑질, 미투 등 극단적으로 대립하는 경향은 더욱 거세지고 있다. 고립되고 소외되며 분노한 노동자는 옆자리의 동료와 협력하기보다 서로 경쟁하고 반목하며 '을들의 전쟁'을 벌이기도 한다.

OECD가 2016년 경제보고서에서 조사한 우리나라의 사회적 지지 수준은 OECD 국가 중 꼴찌였다. 도움이 필요할 때 의지할 수 있는 사회적 관계망이 무너진 '피로 사회', '우울 사회'의 전형을 보여 주고 있다.

항공사 일가의 폭행과 신진 IT 재벌의 폭행 동영상 등으로 자괴감을 느꼈던 우리는, 이제 2019년 1월 15일 공포되고 7월 16일 시행된 직장 내 괴롭힘 금지법에 기댈 수 있게 되었다. 국제노동기구^{ILO}는 2019년 6월 21일 100주년 기념 총회에서 '일하는 세계에서의 폭력과 괴롭힘 근절'을 선언하는 제190호 협약을 채택하였고, 직장 내 괴롭힘 금지는 명실공히 국제 규범이 되었다. 일본보다 1년을 앞선 법률로서, 내용적으로나 시기적으로 선진적 수준의 직장 내 괴롭힘 금지법을 아시아 최초로 시행하고 있는 것이다.

그러나 법 제정과 시행만으로 존엄 일터와 행복한 사회를 이룰 수 있는 것은 아니다. 제정법을 정확히 이해하고, 그 취지를 제대로 현장에 적용하며, 구성원 모두가 책임을 갖고 지킬 때 그 법이 추구하는 가치가 실현되는 것이다.

직장 내 괴롭힘은 '성적 언동' 여부가 핵심인 성희롱이 나타나는 양상과는 매우 다르다. 성희롱의 경우 행위자와 피해자가 명확히 구분되지만, 괴롭힘의 경우 양자 간의 관계가 불명확하거나 쌍방 가해가 이루어지는 경우가 허다하다. ILO와 관련 연구들은 모두 괴롭힘의 원인이 개인적 특성 외에 일하는 방식과 일하는 사람과의 관계, 무엇보다 조직문화가 지대한 영향을 미친다는 사실을 웅변하고 있다.

직장 내 성희롱 법제가 20여 년의 역사를 가지고 있고 법 내용을 지속적으로 보완해 왔음에도 우리 노동시장 내 여성 근로자의 지위를 실질적으로 개선하고 양성평등과 존엄의 일터를 구축하는 데 충분한 역할을 했다고 평가하기는 어렵다. 과태료 부과 대상일 뿐인 성희롱 예방교육은 보험상품 판매의 끼워팔기 대상으로까지 전락해 버렸다. 미투 운동이 조직의 성희롱 문제와 연계되어 지속하고 있고, 1990년대생들이 본격적으로 조직에 진입하면서 세대 간 갈등이 모든 조직에서 난제가 되었다. 젠더 간의 화해와 성숙한 조직문화로 가기 위해서는 기업 차원의 진지한 노력이 반드시 수반되어야 한다.

직장 내 괴롭힘을 판단하려면 개별 사건뿐 아니라 조직 전체의 일하는 방식과 구성원을 이해해야 한다. 가해자를 색출하여 해결하는 방식만으로는 본질적인 문제를 해결할 수 없다. 법 자체만이 아니라 '리더십'과 '조직문화'가 직장 내 괴롭힘의 법제화의 실효성에 결정적인 영향을 미친다는 것이 다양한 연구의 일치된 결론이다.

직장 내 괴롭힘을 해결하는 길은 인간은 모두 불완전한 존재라는 겸양의 마음으로 시작하는 데 있다. 누구나 행위자가 될 수 있고 피해자가 될 수 있다. 가해의 의도가 없다 해도 상대방에게 깊은 상처를 줄 수 있다.

인간은 누구나 행복을 추구한다. 직장은 행복을 추구하는 구성원의 욕구를 해결해 줄 수 있어야 한다. 괴롭힘이 난무하는 직장에서는 어느 누구도 열심히 일할 수 없다. 갈등이 일상화된 직장에서 벗어나기 위해 구성원들이 일하는 '척'하며 다른 직장을 알아보는 그런 직장에는 미래가 없다.

직장 내 괴롭힘, 남의 일이 아니다.

나의 일, 내 가족의 일, 내 친구의 일이다.

서울의료원의 서지윤 간호사처럼, 미국 우정공사의 수많은 구성원이 당하고 있는 괴롭힘처럼….

직장 내 괴롭힘의 법제화는 우리에게 수많은 과제를 던져 주고 있다. 개념이 포괄적이고 사후 처리 기준이 엄격하다는 이유로 법의 실효성에 의문을 제기하기도 하고 기업의 혼란을 걱정하기도 한다. 그러나 '노동'이라는 사회적 행위를 통해 맞닿는 관계에서 '무례'나 '폭력'이 아니라, '관심'과 '배려'로 나아가는 계기로 이 법의 의미를 찾아 보면 어떨까?

한나 아렌트Hannah Arendt는 타인의 고통에 무지하다는 것을 '악'으로 규정했다. 폭력의 '악'으로부터 남의 고통에 귀 기울일 때 우리는 성숙한 사람, 존엄한 직장, 살 만한 사회로 나아갈 수 있다. 이 책이 그 길에 작은 디딤돌이 되기를 감히 희망한다.

주(註)

책을 시작하기 전에_나의 괴롭힘 이야기

0-1 홍성국. (2018).《수축사회》, 메디치미디어. 2008년 이후 인구 감소와 생산성의 획기적 증가로 공급 과잉이 상시화되었고, 역사상 최고 수준의 부채와 양극화로 더 이상 성장이 어려워져 과거 팽창 사회의 반대인 수축 사회가 되었다고 진단했다.

제1장 고통의 새로운 이름, 직장 내 괴롭힘

1-1 박창진. (2019).《플라이 백》, 메디치미디어.

1-2 https://blog.naver.com/healthtapa/221631180758

1-3 https://blog.naver.com/healthtapa/221631180758

1-4 Adams, Andrea (1992). *Bullying At Work: How to Confront and Overcome it,* Virago; Adams, Andrea & Bray Frank (1992). Holding out against workplace harassment and bullying, *Personnel Management 24 (10),* pp.48-52; Adams, Andrea (1987). The Standard Guide to confronting bullying at work, *Nursing Standard 7 (10),* pp.44-46.

1-5 2000년대에 들어 유럽연합(EU)에서 차별 관련 지침의 괴롭힘 금지 조항을 개정하면서, 영국에서도 인적 속성별로 차별이 금지되는 차별금지법을 단일한 체계와 조항으로 통합하여 2010년 평등법을 제정하였다. 그 밖에 근로자가 괴롭힘으로 의제 해고를 당한 경우 고용권리법상 의제 해고 규정으로 고용심판소를 통해 인정한 사례가 있으며, 산업안전보건법은 안전과 보건 관리 규정에 따라 사업장의 위험을 적절하게 통제조치

할 것에 대한 사용자의 의무를 요구하고 있다. 영국 산업안전보건 당국에서는 사업장에서의 괴롭힘을 근로자의 건강과 안전에 영향을 주는 요인으로 파악하여 괴롭힘 방지를 위한 사업을 수행 중이며, 차별적 괴롭힘에 대해서는 영국 인권위원회 및 노사 분쟁 조정·중재 기관(ACAS)에서 예방을 위한 교육과 캠페인 등의 활동, 상담 및 방문 컨설팅 활동을 지원하고 있다. 영국에서는 직장 내 괴롭힘이 사회적 의제화가 되기 시작한 1990년대 후반부터 영국의 노동조합회의(TUC)에서 조합원을 대상으로 교육을 실시하고, 예방 및 대응에 대한 지침을 개발하고 배포하였으며 '존엄하게 일할 권리 보장법안'의 입법 운동을 전개하면서 직장 내 괴롭힘 입법과 정책에 상당한 영향을 주었다.

1-6 Forastieri, Valentina(Eds.). (2012). *SOLVE: Integrating Health Promotion into Workplace OSH Policies: trainer's guide,* International Labour Office, p.143.

1-7 Forastieri, Valentina(Eds.). (2012). *SOLVE: Integrating Health Promotion into Workplace OSH Policies: trainer's guide,* International Labour Office, p.143.

1-8 Feldblum, Chai R. & Lipnic, Victoria A. (2016). Select Task Force on the Study of Harassment in the Workplace, U.S. Equal Employment Opportunity Commission, pp.25-29.

1-9 Einarsen, Ståle, et al.(Eds.). (2010). 'The Concept of Bullying and Harassment at Work: The European Tradition', *Bullying and Harassment in the Workplace: Developments in Theory, Research, and practice,* CRC Press.

1-10 Fredericksen, Elizabeth D. & McCorkle, Suzanne. (2013). 'Explaining Organizational Responses to Workplace Aggression', Public Personnel Management.

1-11 스웨덴에서는 1993년 세계 최초로 직장 내 괴롭힘을 독자적으로 규율하기 위하여 3개의 장(범위와 정의, 총칙, 일상적 조치)과 6개의 항으로 구성된 직장 내 괴롭힘 조례 Victimization at Work, Ordinance AFS 1993:17를 제정하였다. 조례의 제1장에서는 직장 내 괴롭힘을 '근로자 개인에 대하여 공격적인 방식으로 반복적으로 행해지는 비난 또는 명백한 부정적인 행동으로 해당 근로자가 직장 공동체에서 배제되는 결과를 초래하는 행동'으로 정의하고, 제2장에서는 직장 내 괴롭힘 예방을 위한 계획 수립 및 사용자의 의무를 명시하고, 제3장에서는 직장 내 괴롭힘을 감지할 수 있는 일상적 조치, 구제 제도, 사후 조치 사항에 대하여 규정하였다.

1-12 프랑스는 2002년 사회선진화기본법을 통해 노동법전(Code du travail), 형법전(Code pénal) 등에 직장 내 괴롭힘에 관한 법적 정의와 관련 규정을 마련하고 있다. 노동법

전 제1편 개별적 근로관계에서는 직장 내 괴롭힘을 '근로자 자신의 권리와 존엄을 침해하거나, 신체적·정신적 건강을 훼손하거나, 직업적 장래를 위태롭게 할 수 있는 근로조건의 훼손을 목적으로 하거나, 그러한 결과를 초래하는 반복적인 정신적 괴롭힘 행위'라고 정의하면서 괴롭힘 가해자의 범위를 한정하지 않고 있다. 또한 '육체 및 정신 건강'의 개념을 사용자의 예방 의무, 위생안전근로조건위원회(CHSCT)의 권한, 산업보건의의 권한 및 근로자 대표에 통보할 권리, 근로계약 성실 이행 의무로서 규율하고 있다. 또한 사용자에 대한 직장 내 괴롭힘 방지 조치, 직장 내 괴롭힘 구제에 따른 불이익(제재, 해고, 차별 조치 등) 금지, 취업규칙에 직장 내 괴롭힘에 관한 의무 사항을 명시할 사용자의 의무, 직장 내 괴롭힘의 증명 책임 부담의 완화(피고인 가해자와 사업주가 행위의 정당성을 입증해야 할 책임 부담), 기업 내 대표 노조가 직장 내 괴롭힘을 당한 근로자를 대신하는 소송 진행, 직장 내 괴롭힘의 행위자(가해자)에 대한 징계처분 등을 규정한다. 노동법전 제2편 안전·보건에서는 위험한 작업환경에 노출되었을 때 근로자에 대해 경고 및 작업 중지권을 규정하고 있으며, 사용자에 대한 결과적 안전 의무로 인해 사용자의 채무불이행 배상 책임이 인정되고 있다. 법전에서는 괴롭힘에 대한 독자적인 정의 규정을 통해 노동법전에서 근로자를 적용 대상으로 하는 것과 달리, 모든 인간을 적용 대상으로 하여 괴롭힘에 대한 보호와 제재를 하고 있다. 특히 직장 내 괴롭힘을 형사처벌함으로써, 2년의 징역형과 3만 유로의 벌금형에 처한다고 규정하고 있다. 그 밖에 차별금지법에서는 노동 분야를 중심으로 성적 취향, HIV 감염자, 유전자적 특징에 따른 차별 요인 등 새로운 차별 문제에서 발생하는 괴롭힘을 규율하는 조항을 두고 있다. 2002년 노동법전에 괴롭힘 조항을 규정하면서 종업원 대표 및 위생안전근로조건위원회 법률에 '정신적 건강'을 추가하여 해당 사업장 및 하청 기업 근로자의 건강과 안전 보호 등을 규율하고 있다. 프랑스는 법적 규율 이외에도 사회적 협력 주체들 간에 직장 내 괴롭힘 관련 협정을 전 산업에 대하여 체결할 만큼, 정부와 사회적 협력 주체들의 활동이 두드러지는 국가이다.

1-13 「근로기준법」 (2019.1.15. 공포, 2019.7.16. 시행)

제76조의2(직장 내 괴롭힘의 금지) 사용자 또는 근로자는 직장에서의 지위 또는 관계 등의 우위를 이용하여 업무상 적정범위를 넘어 다른 근로자에게 신체적·정신적 고통을 주거나 근무 환경을 악화시키는 행위(이하 "직장 내 괴롭힘"이라 한다)를 하여서는 아니 된다.

제76조의3(직장 내 괴롭힘 발생 시 조치) ① 누구든지 직장 내 괴롭힘 발생 사실을 알게

된 경우 그 사실을 사용자에게 신고할 수 있다. ② 사용자는 제1항에 따른 신고를 접수하거나 직장 내 괴롭힘 발생 사실을 인지한 경우에는 지체 없이 그 사실 확인을 위한 조사를 실시하여야 한다. ③ 사용자는 제2항에 따른 조사 기간 동안 직장 내 괴롭힘과 관련하여 피해를 입은 근로자 또는 피해를 입었다고 주장하는 근로자(이하 "피해 근로자 등"이라 한다)를 보호하기 위하여 필요한 경우 해당 피해 근로자 등에 대하여 근무장소의 변경, 유급휴가 명령 등 적절한 조치를 하여야 한다. 이 경우 사용자는 피해 근로자 등의 의사에 반하는 조치를 하여서는 아니 된다. ④ 사용자는 제2항에 따른 조사 결과 직장 내 괴롭힘 발생 사실이 확인된 때에는 피해 근로자가 요청하면 근무장소의 변경, 배치전환, 유급휴가 명령 등 적절한 조치를 하여야 한다. ⑤ 사용자는 제2항에 따른 조사 결과 직장 내 괴롭힘 발생 사실이 확인된 때에는 지체 없이 행위자에 대하여 징계, 근무장소의 변경 등 필요한 조치를 하여야 한다. 이 경우 사용자는 징계 등의 조치를 하기 전에 그 조치에 대하여 피해 근로자의 의견을 들어야 한다. ⑥ 사용자는 직장 내 괴롭힘 발생 사실을 신고한 근로자 및 피해 근로자 등에게 해고나 그 밖의 불리한 처우를 하여서는 아니 된다.

「산업안전보건법」 (2019.1.15. 공포, 2020.1.16. 시행)

제4조(정부의 책무) ① 정부는 제1조의 목적을 달성하기 위하여 다음 각호의 사항을 성실히 이행할 책무를 진다.

3. 「근로기준법」 제76조의2에 따른 직장 내 괴롭힘 예방을 위한 조치기준 마련, 지도 및 지원

「산업재해보상보험법」 (2019.1.15. 공포, 2019.7.16. 시행)

제37조(업무상의 재해의 인정 기준) ① 근로자가 다음 각호의 어느 하나에 해당하는 사유로 부상·질병 또는 장해가 발생하거나 사망하면 업무상의 재해로 본다. 다만, 업무와 재해 사이에 상당인과관계(相當因果關係)가 없는 경우에는 그러하지 아니하다.

2. 업무상 질병

다. 「근로기준법」 제76조의2에 따른 직장 내 괴롭힘, 고객의 폭언 등으로 인한 업무상 정신적 스트레스가 원인이 되어 발생한 질병

1-14 박선영. (2019). 〈직장 내 괴롭힘과 직장 내 성희롱의 법적 구조의 교차와 쟁점〉, 제18회 직장괴롭힘 포럼 발제문.

제2장 이것도 직장 내 괴롭힘일까?

2-1 Lubit, Roy H. (2003). *Coping with Toxic Managers, Subordinates and Other Difficult People: Using Emotional Intelligence to Survive and Prosper,* FT Press.

2-2 Lubit, Roy H. (2003). *Coping with Toxic Managers, Subordinates and Other Difficult People: Using Emotional Intelligence to Survive and Prosper,* FT Press.

2-3 Matthiesen, Stig Berge & Bjørkelo, Brita & Burke, Ronald J. (2011). Workplace Bullying as the Dark Side of Whistleblowing, *Bullying and harassment in the workplace: Developments in theory, research, and practice,* 2, p.306.

2-4 Matthiesen, Stig Berge & Bjørkelo, Brita & Burke, Ronald J. (2011). Workplace Bullying as the Dark Side of Whistleblowing, *Bullying and harassment in the workplace: Developments in theory, research, and practice,* pp.301-324.

2-5 Boatright, John R. (1997). *Ethics and the conduct of business 2nd edition,* Prentice Hall.

2-6 김유선. (2015). 청년고용과 임금피크제, 양대 노총 공공부문 노동조합 공동대책위원회가 주최한 정책토론회.

2-7 방하남, 어수봉, 유규창, 이상민, 하갑래. (2012).《기업의 정년실태와 퇴직 관리에 관한 연구》, 한국노동연구원.

2-8 손희삼. (2018). 임금피크제에 대한 小考,《공공부문 이론과 실제-상생을 위한 노사의 역할과 과제》, 레인보우북스, p.308에서 재인용.

2-9 손희삼. (2018). 임금피크제에 대한 小考,《공공부문 이론과 실제-상생을 위한 노사의 역할과 과제》, 레인보우북스, p.308에서 재인용.

2-10 손희삼. (2018). 임금피크제에 대한 小考,《공공부문 이론과 실제-상생을 위한 노사의 역할과 과제》, 레인보우북스, p.309에서 재인용.

2-11 호경임. (2018). 〈공공기관 일가정양립제도의 지속적 변화관리에 대한 제언〉,《공공부문 이론과 실제-상생을 위한 노사의 역할과 과제》, 레인보우북스, p.124에서 재인용.

2-12 호경임. (2018). 〈공공기관 일가정양립 제도의 지속적 변화관리에 대한 제언, 공공부문 이론과 실제-상생을 위한 노사의 역할과 과제〉, 레인보우북스, p.124에서 재인용.

2-13 호경임. (2018). 〈공공기관 일가정양립 제도의 지속적 변화관리에 대한 제언, 공공부문 이론과 실제-상생을 위한 노사의 역할과 과제〉, 레인보우북스, p.130에서 재인용.

2-14 호경임. (2018). 〈공공기관 일가정양립 제도의 지속적 변화관리에 대한 제언, 공공부문 이론과 실제-상생을 위한 노사의 역할과 과제〉, 레인보우북스, p.133에서 재인용.

2-15 박보람, 김효선, 구자숙, 박찬희. (2007). '부서의 업무과정 특성과 가족친화 분위기가 듀얼아젠다에 미치는 영향', 《인사·조직연구》 15 (3), 한국인사조직학회.

2-16 노세리, 이상민. (2011). 〈가족친화적 고성과작업시스템에 대한 듀얼아젠다 접근〉, 《인사·조직연구》 19 (3), 한국인사관리학회.

2-17 '육아휴직 복귀자에게 퇴직할 수밖에 없는 직장분위기를 조성하고 책상을 치워 버린 행위 등은 불법행위로 정신적 고통 등에 대한 위자료를 지급할 의무가 있다.'

2-18 이하늬, 〈왕따 논란 카드사 직원에게 무슨 일이…〉, 《경향신문》, 2019.5.12. http://news.khan.co.kr/kh_news/khan_art_view.html?artid=201905120901001&code=940100

2-19 Schwickerath, J., & Zapf, D. (2011). 'Inpatient treatment of bullying victims', *Bullying and harassment in the workplace: Developments in theory, research and practice,* CRC Press, p.405.

2-20 Workplace Bullying University 교재(2016) 중 발췌.

2-21 Kohut, Margaret R. (2008). *The Complete Guide to Understanding, Controlling, and Stopping Bullies and Bullying at Work: A Guide for Managers, Supervisors, and Employees.* Atlantic Publishing Group, Inc.

2-22 공공기관 알리오 주요 통계 참조. www.alio.go.kr

2-23 직장 내 괴롭힘과 관련하여 정부는 《공공분야 갑질 근절을 위한 가이드라인》을 통해 공공 부문 종사자에게 '갑질'을 하지 않을 의무를 부과하고 있다. 정부는 2018년 7월 5일, 〈공공분야 갑질 근절 종합대책〉을 발표한 뒤, 공무원 행동 강령에 갑질 행위 금지 규정 신설(국민권익위원회, 2018. 12.), 갑질에 대한 징계 기준 마련 및 감경 제한(인사혁신처, 2019. 4.), 갑질 개념과 판단 기준, 신고·처리 절차, 피해자 보호 방안 등 공공 분야 갑질 근절 가이드라인 마련(국무조정실, 2019. 2.), 법령·제도상 갑질 요인 제거를 위해 26개 부처, 99건의 갑질 유발 법령 개정을 추진해 왔다. 마침내 2018년 12월 27일 국회 본회의에서 직장 내 괴롭힘 방지법이 통과되면서, '공공분야 갑질 근절 종합대책'의 실질적인 시행에 동력을 얻게 되었다. 정부 국정현안점검조정회의에서 2019년 6월 5일 다시 한번 '갑질 근절 추진 방안'을 발표하고, 법 시행과 동시에 공공과 민간을 포괄할 수 있는 갑질 근절 방안을 마련할 것임을 공포하였다. 가이드라인은 공공분야에서 발생하는 갑질에 대한 최소한의 판단 기준, 갑질 행위에 대한 처리 절차, 갑질 예방 대책 추진에 관한 사항 등을 제시하여 갑질을 근절하고 상호 존중하

는 사회적 풍토를 조성하기 위해 작성하였으며, 중앙 행정기관, 지방자치단체, '공공기관의 운영에 관한 법률'에 따른 공공기관, 지방공기업법에 따른 지방공기업, '지방자치단체 출자 출연 기관의 운영에 관한 법률'에 따른 지방자치단체 출자 출연 기관 및 제 기관으로부터 공무를 위탁받아 행하는 기관, 개인 또는 법인과 공무원으로 의제 적용되는 사람에게 적용한다고 밝힌 바 있다.

2-24 고용노동부. (2018). 〈직장 내 괴롭힘의 예방 및 방지를 위한 사업장 매뉴얼〉, p.26. 자료: 김근주 작성, 2018년 5월 기준.

제3장 직장 내 괴롭힘, 예방할 수 있다

3-1 서울시장이 위촉한 '서울의료원 간호사 사망사건 관련 진상대책위원회(진상대책위)'는 서지윤 간호사의 죽음을 공공병원이 책임져야 할 조직적인 직장 내 괴롭힘이라고 진단하였다. 그 책임 소재에 대해서는 다양한 의견이 있을 수 있지만, 진상대책위는 서울시장의 사과와 의료원 경영진의 인적 쇄신, 간호 관리자의 인사 처우와 징계, 간호부원장 제도와 같은 조직 구조 개선 등 제반 운영 체계의 변화 그리고 의료원에 대한 평가 제도의 개선을 주문했다. 이에 대해 서울시장이 100퍼센트 이행을 약속하며 진상대책위는 마무리되었다.

3-2 문강분, 〈문강분의 미국 대안적 분쟁해결(ADR) 제도(9)〉, 《법률저널》, 2016. 11.15. http://www.lec.co.kr/news/articleView.html?idxno=42588

제4장 괴롭힘을 넘어 존중 일터로

4-1 문강분, 〈직장 내 괴롭힘 방지법은 '노동인권헌장' 예방체계도 구축해야〉, 월간 《노동법률》 2020년 7월호.

4-2 BBC 기사 https://www.bbc.com/news/business-49000046 2019.7.16.

4-3 https://www.weforum.org/agenda/2019/07/workplace-bullies-jail-south-korea/

4-4 근로감독관 집무규정 제12조 제3호 라목은 "직장 내 괴롭힘 등으로 사회적 물의를 일으킨 사업장은 직장 내 괴롭힘뿐만 아닌 전반적인 노동관계법령 위반 사실을 수사하는 특별근로감독의 대상이 될 수 있다"고 규정하고 있다.

4-5 법제화의 의의에 대하여는 문강분. (2020). 〈직장 내 괴롭힘의 법제화, 어떻게 볼 것인가〉, 《국회입법조사처보》, 통권 44호, 국회입법조쪽 참조.

4-6 영국의 노사분쟁, 조정, 중재기관 ACAS(Advisory, Conciliation and Arbitration Service)는

직장 내 괴롭힘을 비롯한 사업장 분쟁 해결을 지원하는 기구로서 노사 갈등을 해소하기 위한 정보와 온-오프라인 교육 서비스를 상시적으로 제공하고 알선, 조정, 중재 등 대안적 분쟁 해결 서비스를 제공하여 사업장의 협력 노력을 적극적으로 지원하고 있다.

4-7 SSDG Action Manager는 비랩(B Lab)과 유엔글로벌콤팩트(UNGC)의 공동주관에 따라 GRI(Global Reporting Initiative), 유엔개발계획(UNDP), IMP(Impact Management Project) 등 전 세계적으로 임팩트 측정과 평가 및 사회혁신을 이끌고 있는 기관들의 자문을 통해 개발되었다. SDG Action Manager는 크게 2개의 모듈로 구성된다. 기본 모듈(Baseline Module)은 유엔글로벌콤팩트가 인권, 노동, 환경, 반부패의 카테고리를 중심으로 주창한 기업의 사회적 책임 10대 원칙을 주로 다룬다. 기본 모듈은 개요 인권, 노동, 환경 및 반부패 등 37개 질문으로 구성되어 있고, 노동문항은 기본질문 1-19~1-27에 걸치는 9개 문항이다. 구체적으로 19.취업규칙 20.건강 및 안전에 대한 경영약속, 21.생활임금지급 22.유급연차일수 23.결사의 자유 24.직장 내 괴롭힘 방지, 25.차별금지정책, 26.아동노동스크리닝, 27. 강제노동스크리닝 등이며 직장 내 괴롭힘은 독립문항으로 비중 있게 설계되었다. 출처 : https://bcorporation.co.kr/SDG-Action-Manager

4-8 ESG와 노동에 대한 자세한 논의는 다음을 참고하라. 송관철, 〈ESG와 노동〉,《KLSI 이슈 페이퍼》제 148호 2021-07호(2021.5.12.) ,한국노동사회연구소.

4-9 https://bcorporation.co.kr/SDG-Action-Manager

4-10 동 부분은 한국노동연구원의 〈직장 내 괴롭힘 방지법이 고용에 미치는 영향〉 연구에서 당 연구소가 집필한 부분을 수정 작성하였다.; 김태호, 김향아, 우하린, 한승주, 문강분, 조은정, 신규수, 〈직장 내 괴롭힘 방지법이 고용에 미치는 영향〉, 한국노동연구원, 2020.

4-11 다만 파견근로자 보호 등에 관한 법률에 따라 사용사업주에게 파견근로자에 대한 보호 의무를 인정하는 것이 판례의 입장이므로, 사용사업주 소속 근로자와 파견 근로자 사이에서 괴롭힘이 발생한 경우 사용사업주도 사용자로서 근로기준법상 조치 의무 등을 부담한다(문강분 등, 2018).

4-12 Einarsen 외, 2011, pp.364-370 참조.

4-13 Larrazabal,J.P., Lopezdelallave,A., & Topa,G.(2019). *Organizational tolerance for workplace harassment: Development and validation of the POT scale*, Sustainability, 11, 4078.

참고문헌

제1장 고통의 새로운 이름, 직장 내 괴롭힘

문강분. (2015). 〈미국의 고용 ADR과 고용차별분쟁해결에의 시사점〉, 《젠더법학》 6 (2), 한국젠더법학회.

문강분. (2019). 〈직장 내 괴롭힘 금지법을 위한 소고〉, 《월간노동법률》 2019년 8월호 (339).

문강분, 김근주. (2019). 〈직장 내 괴롭힘의 쟁점과 과제: 공공부문 적용을 중심으로〉, 《월간노동리뷰》 2019년 8월호, 한국노동연구원.

문강분, 김근주, 김인아, 윤문희, 민대숙, 조은정. (2018). 〈직장 내 괴롭힘의 예방 및 방지를 위한 사업장 매뉴얼 연구〉, 고용노동부

문강분, 이수연, 김명환, 이영희, 조은정. (2017). 〈직장 내 괴롭힘 대책 마련을 위한 실태조사〉, 고용노동부.

박창진. (2019). 《플라이 백》, 메디치미디어.

이철수, 이다혜. (2019). 《영혼 있는 노동》, 스리체어스.

제3장 직장 내 괴롭힘, 예방할 수 있다

고용노동부. (2019). 〈직장 내 괴롭힘 판단 및 예방·대응 매뉴얼〉, 고용노동부.

서울의료원 간호사 사망사건 관련 진상대책위원회. (2019). 〈서울의료원 간호사 사망사건 관련 진상대책위원회 조사 보고서〉, 서울의료원 간호사 사망사건 관련 진상대책위원회.

임지선, 허승. 〈'꿈의 직장'의 두 얼굴…40대 간호사의 죽음〉, 《한겨레》 2016년 6월 24일자

http://www.hani.co.kr/arti/economy/working/749529.html#csidx7e007196c1cebfda42 a3534a2df15c8

한국산업안전공단. (2003).《주요국의 산업재해현황 및 통계제도》, 한국산업안전공단.

한미정, 윤은정. (2015).〈2015년 보건의료노동자 실태조사〉, 전국보건의료산업노동조합.

US Postal Service Commission on a Safe and Secure Workplace (2000) 'Report of the United States Postal Service Commission On A Safe and Secure Workplace', National Center on Addiction and Substance Abuse, Columbia University.

USPS Office of Inspector General (2016), 'Postal Service Workplace Violence Program.'

제4장 괴롭힘을 넘어 존중 일터로

김태호, 김향아, 우하린, 한승주, 문강분, 조은정, 신규수. (2020).《직장 내 괴롭힘 방지법이 고용에 미치는 영향》, 고용노동부, 한국노동연구원.

문강분. (2020).〈직장 내 괴롭힘 방지법은 '노동인권헌장' 예방체계도 구축해야〉,《월간 노동 법률》2020년 7월호.

문강분. (2020).〈직장 내 괴롭힘의 법제화, 어떻게 볼 것인가〉,《국회입법조사처보》통권 44 호, 국회입법조사처.

문강분, 민대숙, 임범식, 조은정, 우하린, 조미옥. (2021).《서울시 직장 내 괴롭힘 실태조사》, 서울특별시(미공개).

문강분, 이영희, 민대숙, 임범식, 조은정. (2020).《여성 전문 체육인 인권상황 실태조사》, 국 가인권위원회.

문강분, 박선영, 변혜정, 심선희, 민대숙, 임범식, 조은정. (2020).《성희롱에 대한 국민의식조 사 연구보고서》, 국가인권위원회.

송관철. (2021).〈ESG와 노동〉,《KLSI 이슈 페이퍼》제148호 2021-07호, 한국노동사회연구 소.

Fredericksen, E. D., & McCorkle, S. (2013). Explaining organizational responses to workplace aggression, Public personnel management, 42(2), pp.223-238.

Larrazabal, J. P., Lopezdelallave, A., & Topa, G. (2019). Organizational tolerance for workplace harassment: Development and validation of the POT scale, Sustainability, 11, 4078.

직장 내 괴롭힘 예방과 갈등 해결 가이드북

이것도 직장 내 괴롭힘인가요?

초판 1쇄 발행	2020년 1월 22일
개정증보판 발행	2022년 1월 30일
개정증보판 2쇄 발행	2022년 7월 15일

지은이	문강분

펴낸이	신민식
펴낸곳	가디언
출판등록	제2010－000113호 (2010.4.15)
주 소	서울시 마포구 토정로 222 한국출판콘텐츠센터 306호
전 화	02-332-4103
팩 스	02-332-4111
이메일	gadian7@naver.com
홈페이지	www.sirubooks.com

ISBN	979-11-6778-028-7 (03320)

이 도서의 국립중앙도서관 출판예정도서목록(CIP)은 서지정보유통지원시스템 홈페이지
(http://seoji.nl.go.kr)와 국가자료공동목록시스템(http://www.nl.go.kr/kolisnet)에서
이용하실 수 있습니다.